ヨーロッパ統合とは何か

―EU政治研究余滴―

What is European Integration?
A 40-year Retrospective Political Study of the EU

児玉 昌己
Masami Kodama

芦書房

はじめに――EUを学ぶ意味

EU政治研究者の筆者は、とりわけ欧州議会の専門家として三〇代に自己規定して、いつのまにか古稀を遥かに超える歳となった。大学院の修士課程に進学したのが一九七四年だから、研究生活は今年で半世紀になる。EUとヨーロッパ政治に関して公刊した学術的な書籍は単独で今回で五冊目となる。一〇余の共著を含めて、一〇〇〇頁を遥かに超えている。

本書は『ヨーロッパ統合とは何か』とし、副題を「EU政治研究余滴」としている。本書では、未だ書いていなかったこと、また書き足らないこと、書いてはきたが再度強調したいことなどを記した。さらにウクライナ戦争についても論述した。EUでは発展がEUの苦境を招くという観点で、「その成功と苦悩」を副題にして二〇二一年一月からNHKのラジオ講座で三カ月間話す機会を得た。それに合わせて書いたテキストを基にして、『欧州統合の政治史――EU誕生の成功と苦悩』（芦書房、二〇一五年）を刊行した。本書でもそうした見方を一貫して保持している。

なぜ政治学を研究したいと思うようになったかについては、基地の街佐世保で生まれ、全国有数の紛争高に身を置き、迫る「七〇年安保」の政治に緊張していたこともあった。また大学に入ってからはヨーロッパ政治や思想を専門にされていた先生方との出会いと指導もあった。

それだけではない。早くに他界した父、旧姓吉田四朗とその戦時下の青春とも関わる。母方については最終講義で触れているが、父については触れていなかった。ヨーロッパ統合の書を始めるに当たって、「大東亜戦争」のころの父のこと、つまり個人史のことから始めよう。ヨーロッパは日本の一般人にも大きな影響を与えたのだから。

あらゆる歴史は政治指導者が演じる国家の政治、すなわち大文字の歴史だけでなく、膨大な庶民の個人史、つまり小文字の歴史が交錯しつつ進む。わが家についても例外ではない。

EU政治の研究者としての出発は、長じて知ることになる厳しくて暗い時代の戦前、戦中の日本と父の青春にも関係するのである。

父は一九二〇年(大正九年)舞鶴に生まれた。元来は三代にわたり吉田孫左ェ門を名乗る福井の呉服商であったが、没落して舞鶴に移り、そこで旧制中学を終えている。優秀ではあったが、経済的には恵まれず高等教育の機会がなく、当時植民地であった満州の会社に就職した。電気工学を学べる学校を持つ満州軽金属工業である。電気技師の卵として勤務しつつ、ハルビンなどで青春を送っていた。

父が残していたアルバムでは上質のコートなど羽織る父があり、豊かな戦前の満州がそこにあった。ただし、ところどころに中国語で「没法子」(メイファーズ)と書き込みがあった。「どうしようもない」という意味である。日中戦争が激しくなり、四歳年上の兄義憲は武漢攻略作戦で不帰の人となり、自身の徴兵も目前に迫り、将来について案じていたのだろう。実際、その平和な時代はすぐに終わり、「一銭五厘」の赤紙で国民の義務としての兵役に就くことになる。

軍装の父の写真では、襟に五〇の数字が見てとれる。後年大学院で指導していた陸上自衛隊の戦史科教官に尋ねると、松本の歩兵第一五〇連隊という。すでに日中戦争が始まっていた。父は一九四一年(昭和一六年)三月に富山の連隊に入営した。ほどなく第一五〇連隊に移籍している。途中、東京にあった陸軍経理学校に分遣。その後、主計業務に就いた。最終的には中部太平洋の要であるトラック島(現ミクロネシア連邦)に派遣された。

悲惨なことに松本連隊はガダルカナルなど南洋諸島の部隊と同様、一九四四年（昭和一九年）七月サイパンで総員玉砕している。「ゲゲゲの鬼太郎」で知られる二年歳下で境港で育った水木しげるも帝国陸軍の歩兵として、パプア・ニューギニアのラバウルに送られ、左腕を失う過酷な体験を余儀なくされている。

父の場合、一九四四年二月、帝国海軍の根拠地のトラック島は米機動部隊の急襲を受けた。父が乗船していた輸送船暁天丸も潜水艦の攻撃を受け、海の中で生死の淵を彷徨った。後年、末期の肺がんで苦しむ中で、あの時死んでいれば楽だったということも語った。高校一年生だった筆者は、ベッドの横で、ただうなだれるだけだった。

父について続ければ、九死に一生を得て生還し、復員した。主計曹長という最終肩書であった。以降、米軍の空襲で廃墟となった佐世保の市街地で所帯を構え、母と私ども三人を育てた。

遺されていた日記には「植民地戦争にわが青春を捧げてまた悔いあり」と記していた。しかもあろうことか、職業軍人と何ら変わりなく国家に青春を捧げ、しかも生命さえ奪われようとしたにもかかわらず、従軍の期間を理由に恩給の対象者から外れていた。国家に二度裏切られたということだ。

戦前の日本といえば、真珠湾攻撃に先立つ四年前の一九三七年（昭和一二年）七月に始まった「日華事変」という日中戦争を始めていた。死者は四一万、戦傷者は九二万といわれている。もとより中国の死傷者はその比ではない。

泥沼の日中戦争にもかかわらず、米英仏の意思も知らず、父が兵役につく前年の一九四〇年日独伊三国同盟を締結した。同年北部仏印進駐と翌四一年の南部進駐を敢行し、対米関係を決定的に損ない、石油の完全禁輸状況に追い込まれた。

しかし、中国大陸で出した膨大な犠牲、即ち「死者への負債」（ジョン・ダワー米国の日本近代史家）を抱えつつ、中国での戦場を放棄する決断もできず、日米交渉での中国大陸からの日本軍の撤退という条件には不決断のまま、「清水の舞台から飛び降りる覚悟」（東條英機首相）の言葉にみる非合理な対米戦争への決断を下す。二正面作戦でわが国に勝利の目などあるはずもない。明治維新から七三年しか経っていない後発の日本がである。

「石油の一滴は血の一滴」とは、フランス大統領、クレマンソーの言葉（一九一七年）で、地政学を象徴する表現である。戦争遂行には必須の石油だが、米国はこれを許容するだろうという「期待可能性」（wishful thinking）を頼みとして、日本は仏印進駐を進めた。

日露戦争までは、戊辰戦で実戦を経験した児玉源太郎（長州徳山支藩）など戦争指導者は、みな政治と戦争の、血に塗られたリアルな体験を自身の内に持っていた。日露戦争の二年前の一九〇二年、当時最強の海軍国家であるイギリスと日英同盟を結んでロシアのバルチック艦隊に備える外交の感覚ももっていた。これに対して、後に「昭和軍閥」といわれる無能な将官は先輩諸将の日清、日露の軍功、戦功に憧れ、彼我の工業生産力の格差も分かっていながら、ドイツの一時的勝利に幻惑されて、米英連合軍と事を構え、国家経営を誤った。

実際、日本は第一次大戦後では戦勝国の側についていたが、その後は枢軸国側に身を置いた。ドイツ、イタリアとともに反共主義を国是とし、一九三六年（昭和一一年）一一月日独防共協定を結ぶが、欧州ではその三年後の一九三九年（昭和一四年）八月にそのドイツがソ連と独ソ不可侵条約を調印した。この報に接して、平沼騏一郎首相は「欧州の天地は複雑怪奇なる新情勢を生じた」と有名な言葉を残し、総辞職した。日本がドイツ、イタリアとの軍事同盟を図る方針の中で、反共産主義に立つヒトラーのドイツが、共産主義のソ連と手を結ぶことなど、あってはならないことだったからである。

平沼内閣を吹き飛ばしたこの独ソ不可侵条約は一九四一年六月、ヒトラー・ドイツがソ連領内に侵攻を開始したことで、二年もたたずに紙くずと化した。いわば「サソリと毒グモ」の騙しあいだったが、わが国の政治指導者は期待可能性でヨーロッパの政治を見、そして誤った。

日本は真珠湾攻撃の八カ月前の一九四一年四月に、ソ連のモロトフ外相と松岡洋祐外相が日ソ中立条約を締結した。ヒトラー礼賛者の駐独大使の大島浩をはじめとして政府と軍の指導部はドイツの初戦の勝利に幻惑されていた。そして英米連合軍との開戦を告げる真珠湾攻撃となった。

その一九四一年一二月八日は、ヒトラーが総統司令三九号を発令し、モスクワ戦線からの後退を具申する司令官に対して、戦線の維持を命じた日でもあった。わが国が戦勝に沸いていた真珠湾攻撃のその時点で、ドイツは独ソ戦の勝敗の転換点となるモスクワ攻略戦での敗北が明確になり始めていたのである。それはドイツ第三帝国の瓦解の始まりでもあった。

ベルリンを制圧し、対独戦に勝利したソ連は、一九四五年八月九日、長崎への原爆投下と同じ日に敗戦寸前のわが国に対し中立条約を破棄し、満州侵略を開始し、対日参戦した。そしてロシアは北方四島を含むわが国固有の領土を不法に奪取した。そのソ連に日米戦争の調停者となるよう期待していたのが、河辺虎四郎参謀次長らの軍首脳である。河辺はソ連の満州侵攻を聞いて、以下のごとく日記に記している。

「蘇（ソ連－筆者注）は遂に起ちたり、予の判断は外れたり」。

期待可能性で動く将官の無様さを自ら歴史に残す言葉だ。ストックホルムから駐在武官の小野寺信は一九四五年二月の英国チャーチル、米国ルーズベルト、そしてソ連スターリンの指導者によるヤルタ会談でのソ連の対日参戦の密約を一早く知り、参謀本部に打電していたのに、である。この経緯は岡部伸『消えたヤルタ密約緊急電――情報士官・小野寺信の孤独な戦い』（新潮選書、二〇一二年）に詳しい。

わが国は後発の帝国主義国家として、朝鮮半島はもとより、「大東亜共栄圏」や「五族共和」のイデオロギーを掲げ、満州や東南アジア諸国での植民地支配を実践した。植民地の独立に寄与したと評価するものもいる。だが、支配下の市民がどう思っていたか、これも知るべきだろう。彼らにとっては、支配者の単なる交代でしかなかったのだから。

ヒトラーにより惨憺たる結果を招いたヨーロッパ政治は、実に日本の政治にも直結するものであった。そしてヨーロッパ政治に対する冷厳な見識もなく無様に翻弄されたのが、わが国の戦争指導者であった。第二次世界大戦は日本とヨーロッパ双方での大惨禍をもって終わる。

これ以降始まったのが、戦後政治である。戦後ヨーロッパ政治の潮流を一言で言い表すと、ヨーロッパ統合ということができる。異様な排外主義と人種主義に立ち、国家さえも喰いつぶすウルトラ・ナショナリズムからの脱却、そして国家主権の暴発を抑えるための国際統合がヨーロッパの政治指導者の新たな政治指針となった。

第二次世界大戦後のヨーロッパの統合は、その実戦部隊というべきEUをもって進んでいる。すなわちドイツ、フランス、イギリスなど個別の国家の政治を見ているだけではヨーロッパの政治は見えないということが一層明確になりつつある。EU研究は国際政治学の重要な一分野なのである。

わが国は海に囲まれており、国境を意識することも希薄であり、それゆえ普段、国家やナショナリズムをあまり意識することがない。だからこそ、陸続きで隣国との共存が絶対的命題であるヨーロッパの政治を学ぶ必要がある。

もとよりヨーロッパにおいて進展する国際統合の動きは、これに消極的な加盟国との対立や摩擦も招く。本書で指摘するが、ヨーロッパ統合は本質的に加盟国の国家主権と抵触する契機を内包している。国家主義や排他的なナショナリズムを不可避に刺激するのである。

学ぶべき対象としてのヨーロッパとＥＵは、二一世紀においては二〇世紀以上に極め重要である。そんな思いでこの書を著した。ヨーロッパ統合とはそうなのか、ＥＵとはそんなことだったのか、またＥＵとはこんな問題を抱えているのかを感じていただければ、嬉しいことである。

なお本書のサブタイトルに使用した「余滴」という語は、尊敬する国際政治学者、東京工業大学教授永井陽之助が冷戦史研究の中で使用した表現である。敬意を示す形で、採らせていただいた。


本書は、三部からなっている。

第Ⅰ部では、ヨーロッパ統合とは何か、ＥＵの目指す統合とは何かを、国連やＡＳＥＡＮとの相違などＥＵの統治構造も含めて書いた。ＥＵで使われる様々な言葉の意味にこだわった。近時注目されるＥＵ二七カ国を統べる「ＥＵ法」についても、その重要性から頁を割いている。ＥＵ法は政治学者も大学の教壇で触れるべきと思ってきた事柄である。

第Ⅱ部では、「国際政治の中のＥＵ外交」と題して、ＥＵ自身の対外的側面に焦点を当てた。経済誌『世界経済評論』二〇二二年一一月・一二月号に書かせていただいた論考や、同誌デジタル版「ＩＭＰＡＣＴ」での欧州の地政学やＧ７の記事や、同誌掲載のプーチン戦争に関する論稿を基にその後の状況を付加した。

第Ⅲ部では、初めて大学教員として教壇に立った純心女子短期大学（現長崎純心大学）の学園誌『草人』（一九八九年）に寄稿した「欧州大学院大学留学記」を収録した。この大学院はオックスフォード大学やパリ政治学院を経て、ここで学ぶというほどの有力校になり、EU各国の指導者も多数生んでいる。さらに久留米大学を定年退職する二〇二二年一月に行った最終講義を基に『久留米大学法学』に掲載した論稿も再録した。留学に関心がある方、大学の欧州政治の研究者の生活に興味がある方には参考になるだろう。

なお、留学記はオリジナルでは「ヨーロッパ大学のころ」としているが、今回、同校が大学院であることから、欧州大学院大学と改めた。最終講義録も、掲載したものに若干加筆した。

本書の作成に当たっては、佐世保北高校の同級生で元西日本新聞社論説委員長の中川茂君に助言を得た。欧州大学院大学（ベルギー）留学記では、大阪外国語大学出身の大手ゼネコンOBで、久留米大学公開講座の長年の受講者である高橋剛氏に古い論考のデジタル化を、また行政書士の山下幸二氏には作図を手伝っていただいた。もとより思わぬ誤りについては、すべての責は筆者にある。

出版に当たっては、これまでの数冊の書と同様、芦書房の山中元春社長と佐藤隆光編集部長に大変お世話になった。ここに記して感謝の意を表したい。

二〇二四年盛夏

児玉昌己

目 次

はじめに――EUを学ぶ意味 1

第Ⅰ部 ヨーロッパ統合とは何か―― 19

1 EUを学ぶこと 21
(1) 国際関係論と国際政治学 21
(2) 日本におけるEU政治研究 22
(3) EU政治学の対象 25
(4) EU政治の五つの対象領域 27
(5) EUの主要機関 29

2 ヨーロッパ統合とは何か 34
(1) ヨーロッパの統合 34
(2) EUは非軍事的「帝国」か 36
(3) EU条約では定めのないヨーロッパの地理的範囲 37

3　ＥＵにおける「統合」とは何か――「統合」と「協力」の相違　40
（1）統合の意味　40
（2）協力とは何か　40
（3）「連邦」と「連合」の相違　42
（4）アメリカやドイツの連邦形成とＥＵ　43
（5）「民主主義の赤字」とサブシディアリティ　46
（6）集権と分権の連邦制　47
（7）連邦か否かの識別要素としての立法府の存在　49
4　国連やASEANとEUの違い　50
（1）国連とＥＵの相違　50
（2）国際統合組織のＥＵ　52
（3）東南アジア諸国連合（ＡＳＥＡＮ）とＥＵの相違　53
（4）内政不干渉のＡＳＥＡＮ、毎日が内政干渉のＥＵ　55
（5）「欧州同盟」か「欧州連合」か――ＥＵの日本語表記問題　57
（6）ＥＵを通したヨーロッパ統合の最終到達点は未定　59
5　ＥＵの目的「一つの声」・「一つの市場」の形成　61

（1）ヒト、モノ、カネ、サービスの自由移動　61
（2）関税同盟創設に発する「ルクセンブルグの危機」　63
（3）免許資格の相互承認　65

6　EUの歴史　67
（1）第一次世界大戦後から明確になるヨーロッパ統合構想　67
（2）四つの帝国の消滅と群小の民族国家の成立　68
（3）地政学としてのヨーロッパ統合構想とリヒャルト・クーデンホーフ・カレルギー　69
（4）リヒャルト・クーデンホーフ・カレルギーと鹿島守之助　70

7　EUはいつできたのか――シューマン宣言とEUの成立　73

8　EU加盟　77
（1）EUを創設した六カ国　77
（2）EU加盟の三つの流れ　78
（3）コペンハーゲン基準　80
（4）トルコのEU加盟の可能性　82
（5）EUの制度設計から見たトルコとロシアのEU加盟　83

（6）ロシアのＥＵ加盟の可能性　85
（7）ウクライナのＥＵ加盟の道程　85
（8）ウクライナのＥＵ加盟候補国認定が及ぼす先発候補国の不満　88
（9）ＥＵ加盟の効用　90

9　ＥＵ離脱（脱退）　93
（1）イギリスの事例　93
（2）ＥＵ離脱（脱退）の手順　95

10　ＥＵ法　99
（1）法の構造物としてのＥＵ　99
（2）アキ・コミュノテール　100
（3）ＥＵ法の種類　101
（4）ドイツ純粋ビール法事件　103
（5）国境障壁除去のためのＥＵ法と「ブリュッセル効果」　105
（6）ＥＵ競争法とその威力　107
（7）ＥＵ加盟国の経済産業政策の全領域に及ぶＥＵ法──六つの事例　109

11　欧州議会　118
（1）諮問機関から共同立法権者への変貌　118
（2）欧州議会のＥＵにおける代議制での位置づけ　119
（3）「加盟国議会の代議員」から「ＥＵ市民の議会」へ　120
（4）単一欧州議定書と欧州議会　122
（5）立法発議権がない欧州議会と立法発議請求権の獲得　124
（6）国家の意思さえ覆す欧州議会の条約制定のための同意手続　126
（7）欧州議会の予算権限と政治問題化するＥＵ財政　128
12　欧州議会の選挙制度　130
（1）直接選挙の起源は欧州石炭鉄鋼共同体条約第二一条にある　130
（2）国家を超えた立候補と投票　131
（3）比例代表制を欧州議会選挙に導入した英仏　132
13　低投票率が生んだ欧州委員長選出権限　134
（1）行政府を選択できない欧州議会と低投票率　134
（2）欧州議会の正統性の危機と欧州委員長選出権限　134
（3）欧州政党による欧州委員長候補者の選出（spitzenkandidaten）手続の導入　136

14　欧州政党と欧州議会院内会派　138
（1）欧州議会と欧州政党のＥＵ条約上での位置づけ　138
（2）欧州政党と院内会派の違い　139
（3）二〇二四年欧州議会選挙結果とその考察　141
15　統合の深化が生むＥＵの問題　145
（1）経済格差拡大　145
（2）ユーロ危機　149
（3）ユーロ・グループと過酷なギリシャへの要求　150
（4）難民危機と排外主義勢力の伸長　151
（5）史上初のオーストリアの極右ナショナリストの政権入り　153
（6）反ＥＵ政党のドイツ選択肢党（ＡｆＤ）　154
（7）反ＥＵナショナリズムの限界　155

第Ⅱ部　国際政治の中のＥＵ外交

第Ⅱ部　国際政治の中のＥＵ外交――159
1　ＥＵ外交　161
（1）新しい概念としてのＥＵ外交安保　161

（2）顔のない外交責任者――米国務長官キッシンジャーの戸惑い　162
（3）欧州政治共同体と防衛共同体の失敗とNATO　163
（4）国家主権の砦としての外交と防衛　166
（5）EUの外交の顔としての外交安保上級代表　168
（6）EU対外行動庁（EEAS）　170
（7）EUとNATOとの関連　171
2　ユーラシアにおけるEU、中国、ハンガリー、ロシアの地政学　174
（1）地政学とは　174
（2）地政学の父マッキンダーとリヒャルト・クーデンホーフ・カレルギー　175
（3）激変するヨーロッパ地政学と中国のヨーロッパ進出　177
（4）中国に接近するハンガリー　178
（5）中国の「一帯一路」とヨーロッパでの蹉跌　179
3　G7とEU　181
（1）G7におけるEUの存在　181
（2）G7の歴史とEUの参加　182
（3）G7プラスでなく「G7・EU」会合　184
（4）G7はEUの独仏伊の他に二四カ国を加えて三一カ国　185

４　プーチンの戦争とＥＵ――その地政学的衝撃　186
（１）プーチンのウクライナ全面侵略　186
（２）「プーチンの戦争」の論理と開戦理由　187
（３）ロシア勢力圏の後退とゼロサムで進むＥＵ統合、射程はコーカサスへ　190
（４）ＥＵ加盟の困難――ＥＵの連邦主義的な意思決定方式　191
（５）ＥＵの対ロシア制裁　193
（６）ＮＡＴＯ新戦略とＥＵの共通安全保障・防衛政策の強化　194
（７）独、仏、ヴィシェグラードへの衝撃と対応　198
（８）欧州平和ファシリティ（ＥＰＦ）とウクライナファシリティ　202
（９）ＥＵの年来の制度改革議論への影響　204
結　論　206

第Ⅲ部　ＥＵ政治研究余滴――209

１　懐かしき欧州大学院大学留学のころ　211
２　最終講義録　229

（1）わが家と高校生のころ 229
（2）同志社大学大学法学部時代 231
（3）同志社大学大学院修士課程とロンドン留学 233
（4）大学院後期博士課程進学 237
（5）ベルギーの欧州大学院大学（College of Europe）留学 138
（6）純心女子短期大学・長崎純心大学時代 241
（7）ＥＵの個別政策領域からＥＵの諸条約の翻訳と機関間関係の研究へ 244
（8）ＥＵの最終形態とＥＵの邦語表記問題 250
（9）マーストリヒト条約と欧州議会の立法発議請求権 254
（10）久留米大学法学部への移籍と母校欧州大学院大学での在外研究 257
（11）選挙とＴＶメディア出演、ＮＨＫラジオ〈歴史再発見〉「ヨーロッパ統合の政治史」連続講話 259
（12）欧州議会による欧州委員長の選出と欧州政党による予備選挙導入、英国のＥＵ離脱 262
（13）危機また危機のＥＵ――高まる欧州統合終焉論・ＥＵ崩壊論批判 267
（14）ＥＵの対外政策研究（Ⅰ）――朝鮮半島問題 270
（15）ＥＵの対外政策研究（Ⅱ）――「ユーラシアとＥＵ」、寄附講座で共著刊行と久留米大学公開講座 272
終わりに 275

あとがき　279
編著書一覧　285

第Ⅰ部
ヨーロッパ統合とは何か

EU本部(ベルギーの首都ブリュッセル)

地図１　EU 加盟国と加盟候補国

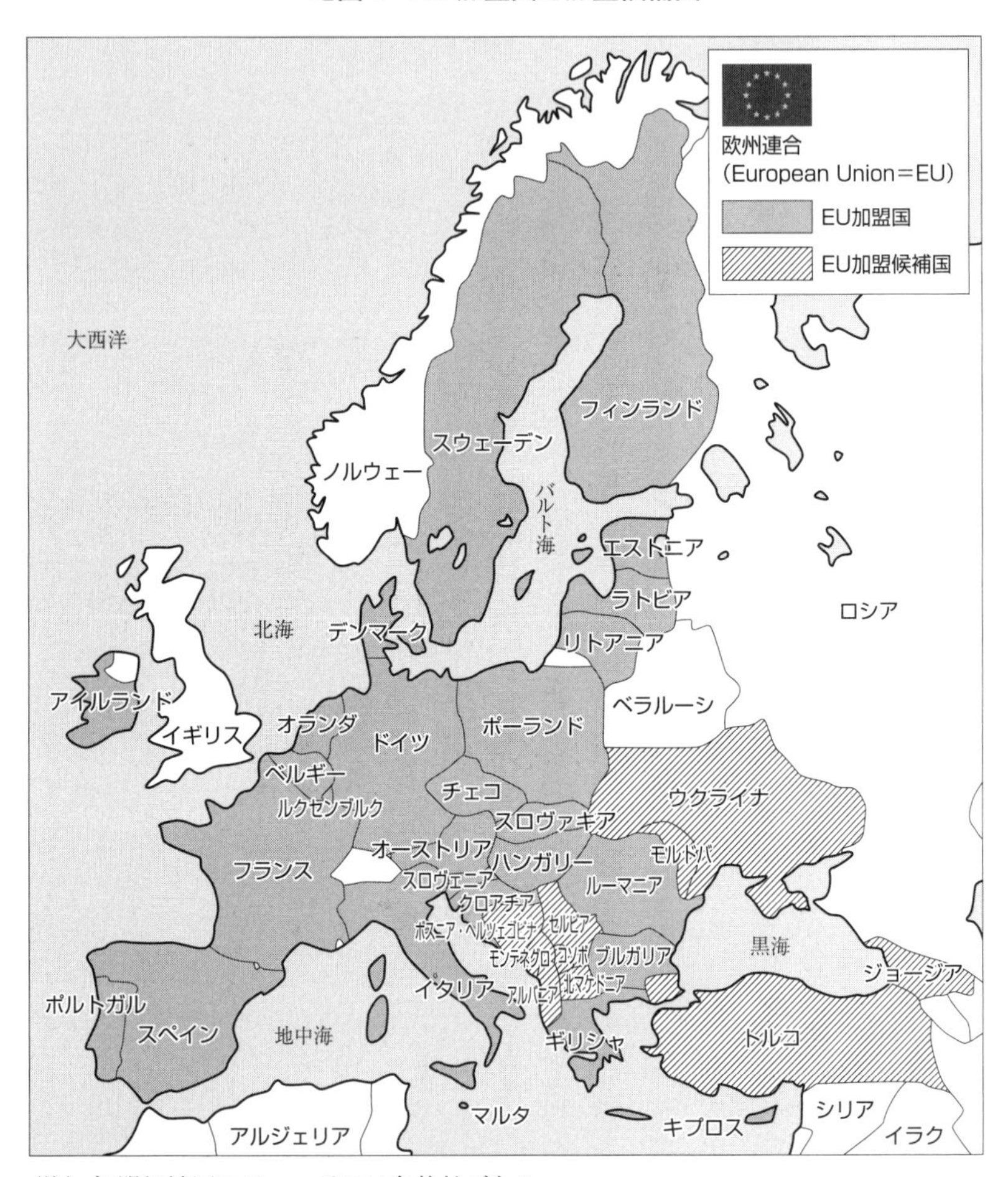

（注）加盟候補国のジョージアは条件付である。

1　EUを学ぶこと

(1) 国際関係論と国際政治学

国際政治学や国際関係論と言えば、すでに故人だが、高坂正堯（こうさかまさたか）京都大学教授や東京外国語大学で中国政治の専門家だった中嶋嶺雄教授を思い出す。

それぞれ高坂正堯『国際政治――恐怖と希望』（中公新書、一九六六年）、中嶋嶺雄『国際関係論――同時代史への羅針盤』（中公新書、一九九二年）と言う著作を出版し、その学問の存在を広めた。

国際関係論と言う領域は対象が広い。「国際」と言う語も、「関係」と言う語も実に広大な概念だ。国際関係論と言えば、講座の中身は担当者により千差万別である。例えば、経済出身であれば、その国際関係論は限りなく国際経済的になり、金融出身者であれば、国際金融論的になる。国際法の出身であれば、国際法的な講義になるであろう。担当者に中身を聞かないと講義内容が不鮮明である。

これに対して国際政治学は、まだ国際の政治を扱うと言うように、対象が限定された学問領域である。それでも国際政治学も広大な学問的な空間である。国際政治学も国際関係論の一範疇と言える。

国際関係論と国際政治学に関連して、片方は「論」が付き片方は「学」がつく。「学」と「論」の相違はなんだろうか。

一般に「学」は体系的、理論化が進んだ学問領域と言うことができる。これに対して、「論」はまだ十分体系化や理論化が出来ていないもの、学問として発展途上で、「学」にまでなり切れていないものと言えるだろう。余談だが京都大学人文科学研究所教授だった桑原武夫は「研究」と「学習」について、「研究」と言う言葉が安易に使われている傾向を憂い、両者の相違について、「研究」は論理的、体系的に事象を考察し、理論を導き出すことであり、他方、「学習」は研究の前提となる知識の習得をすることであると書かれている。

ＥＵ政治学ということになれば、ＥＵの政治の仕組みや実際についてその制度、意思決定、立法過程、ＥＵの政治集団やそのイデオロギーなど広範に扱う。一般に政治学が政党、政治家、議会、内閣、政治権力、圧力団体、イデオロギーなどを扱うように、ＥＵ政治学となれば、それがそのままＥＵでの政党、政治家、意思決定などなどを対象とし、実に幅が広い。

(2) 日本におけるＥＵ政治研究

わが国では、ＥＵの研究やＥＵの研究者と言う漠然とした使い方が一般的である。だが、ヨーロッパ統合の当事者でもあるＥＵ加盟国では、ＥＵの主要機関に限定しても、例えば、欧州議会の研究者、欧州委員会の研究者、ＥＵ司法裁判所を扱う学者など、主要な機関や専門機関のそれぞれに専門家がいる。さほどに現地では学問の対象としてのＥＵは専門化し、分化している。他方、わが国はＥＵの当事国ではないこともあり、まだそうした機関の研究に特化した専門家は数えるほどしかいない。ＥＵ研究はまだまだ歴史が浅いと言える。

日本でのＥＵ法の研究で言えば、一九五一年にパリで調印され一九五二年から動き出した石炭鉄鋼共同体（ＥＣＳＣ）条約が青山学院大学の佐藤和男教授により一九五八年に訳出された。これは、『国際法外交雑誌』五七巻二号に解説が付されて掲載された。おそらくＥＵ法の分野の翻訳と研究としてはこれが最初といえるであろう。

戦後すぐにできた日本国際政治学会には遅れたが、しばらく後にＥＣを専攻にする法学者、政治学者、経済学者が参加し、日本ＥＣ学会（現在の日本ＥＵ学会）が組織された。片山謙二関西学院大学教授が初代ＥＣ学会理事長に就任された。当時まだＥＣ、もしくはＥＥＣと呼ばれていた時代である。

ＥＵ研究の第一世代は、戦争と民主主義の弾圧と言う苦い経験から、ヨーロッパがどのようにファシズムの克服と取り込んでいるのか、反ファシズムの観点で、共通して関心を持っていたように思う。実際、木下悦二九州大学名誉教授は経済学部にあって欧州共同体の経済政策研究でリードされた。木下先生は若き日、治安維持法で二年半も獄にあったと聞いている。教え子には田中素香東北大学名誉教授がいる。また、『シベリア出兵の史的研究』（有斐閣、一九五五年）で有名な細谷千博一橋大学教授もヨーロッパ研究を深められＥＵ学会の理事長を務められた。ＥＵの発展と共に法律学、政治学、経済学、社会学などの研究者がヨーロッパ統合とＥＵに取り組むことになる。

日本におけるＥＵ研究活動の広がりについては、その一端を僅かに紹介するだけでしかないが、参考として記しておこう。

関西では上述の経済学者の片山謙二教授を中心に研究会が、また山手治之立命館大学教授の関西EC法研究会が置かれた。これらの研究会がEU（当時EEC）の経済、金融と法学の研究の先駆けであろう。片山研究会では、日本EU学会理事長を同じく務められた内田勝敏同志社大学教授や立命館大学教授の清水貞俊教授など、経済分析は高いレベルで進められてきた。

EU法の分野では、ピエール・ペスカトール（大谷良雄・最上敏樹訳）『EC法――ヨーロッパ統合の法構造』（有斐閣、一九七九年）や、P・S・R・F・マテイセン（山手治之監訳・小室程夫訳）『EC法入門』（有斐閣、一九八二年）といったヨーロッパの第一級のEU法学者の優れた翻訳と解説から本格化した。わが国のEU法学はこれらの書の翻訳と解説からスタートしたといえる。EU研究の草創期を担った先生方の多くが故人となられた。

EU法研究に戻っていえば、東京大学から早稲田大学に移籍した中村民雄『イギリス憲法とEC法――国会主権の原則の凋落』（東京大学出版会、一九九三年）、中村民雄・須網隆夫『EU法基本判例集』（日本評論社、二〇〇七年）、一橋大学の中西優美子『EU法』（新世社、二〇一二年）などの優れた業績が出ている。

政治学と経済学の分野において長く刊行されている二つの書について触れよう。

政治学では、同志社大学でも恩師金丸輝男教授が国際政治統合研究会を一九八〇年代中期に主宰され、その成果は『EC――欧州統合の現在』（創元社、一九八七年）というタイトルで刊行された。その後同書はEU誕生を受けて『ECからEUへ』と変じ、現在は鷲江義勝編著『EU――欧州統合の現在』（創元社、二〇二二年）第四版として刊行されている。本書は実に三七年にわたり刊行され、二〇二五年には第五版も予定されている。一つの書が、かくも長く刊行されていることは極めてまれであるといってよい。執筆者としては私が最高齢者となってしまった。また同研究会では単一欧州議定書から、マーストリヒト条約、リスボン条約とEUの基本条約が翻訳され解説を付して刊行されている。現行EU条約であるリスボン条約については、以前の条約との対比を示しつつ『リスボン条約による欧州統合の新展開――EUの新基本条約』（ミネルヴァ書房、二〇〇九年）として条約発効と同じ年に刊行されている。

EU経済、金融関係では、東北大学の田中素香教授（前出）の率いる研究者グループから『現代ヨーロッパの経済』（有斐閣、二〇〇一年）が出されて現在第六版を重ねるなど、長い歴史がある。

なおEU研究はEUというくくりを持ちつつ、経済、法、政治、社会学等の多様で学際的な研究を必須としている。この点、九州EU研究会は毎年春夏の二回、三六年にわたり研究会を西南学院大学関係者のご配慮で開催しており、様々な学際的な研究発表と研究者の交流を続けていることは特筆に値する。

（3）EU政治学の対象

ところで政治学の対象は、国家レベルで言えば、権力論、国家学、イデオロギー論、政党論、民主主義論、政治の歴史など広範囲な対象を持つ。さらに国際政治学と言えば、「国際」と言う語がつくから、その広大さは理解できると言うものである。

地球上には、国際連合の加盟国で言えば、わが国を含め一九三の国家があり、その国家ごとにそれぞれに制度があり、歴史がある。国際社会における国家の政治的影響力に大小はあれ、それぞれに政治がある。ＥＵとなれば、二七カ国からなる（二〇二四年現在）。それがために加盟国の国家組織とは別に、現代国家と並存する形でＥＵ固有の制度が置かれている。欧州議会、欧州理事会、欧州委員会、ＥＵ司法裁判所、欧州中央銀行などの機関がそれである。

あまり意識されていないが、テレビを含めたメディアも、時にＥＵのことをテーマにしていながらも、実はフランスの政治やドイツの政治を語っている場合がある。たしかに、ＥＵは二七の加盟国から成り、国家の分析なくしては十分にＥＵ政治の理解とはなりにくい。そして独仏伊など大国の場合、その動向がＥＵ政治に与える影響も大きい。

だが強調すべきは、ＥＵの政治は加盟国の対ＥＵ政治と連関しながらも、ＥＵが自律的に存在していることである。加盟国の利害とその総和がＥＵの利益であることにはならない場合もある。ＥＵ最初にして最大の危機であるフランスにより引き起こされた一九六五年の「ルクセンブルグの危機」や、その後ではドイツ首相メルケルが中心となり調印までこぎつけたものの、欧州議会が中国政府によるウイグル族の弾圧を理由に「ＥＵ・中国包括投資協定」の批准の凍結を行った事例がある。これは加盟国の意思とＥＵの意思が同一ではないという意味で重要であった。これらは後述する。

ＥＵは欧州委員会の任務の独立性が規定されているように、加盟国の個別利害の代表ではないのであり、それが故にＥＵ内部で欧州委員会と加盟国の激しい対立も起こりうるのである。

（4）EU政治の五つの対象領域

一般に、EUの政治の対象と領域は、次の五つに整理される。

①国際統合組織としてのEUとEU加盟国の関係

例えば、近時EU内で移民・難民や少数意見の保護などEUの価値を巡り対立を深めるハンガリーやポーランドとEUの関係がそうである。EUは、ポーランドの権威主義的な法と正義党の政権にたいし司法制度改革を求め、二〇二三年のコロナ復興のEU基金配分の凍結解除まで、総額三五四億ユーロの配分を凍結し、対立していた。ハンガリーについていえば、政府与党のフィデスを率いるヴィクトル・オルバンがロシアの独裁者プーチンを擁護し、EUによるウクライナの支援を阻害したり、EU関係者が反発するアメリカの前大統領トランプの支持を事実上明らかにしたり、EUの価値を巡り、制裁処分を受けるほどである。

②EUを巡る加盟国間の関係

EUが打ち出す政治に対する独仏伊の大国や東欧諸国の関係などがそうだろう。EUが打ち出すウクライナ支援を巡るドイツ、北欧諸国やポーランドと、ハンガリーやスロバキアの対立などがこれに当たる。

③ EUの諸機関間の関係

ＥＵの主要機関である欧州議会と欧州委員会の関係や、欧州理事会と欧州議会の関係などである。欧州理事会の意思と欧州議会の意思は同じではない。

二〇一九年に、欧州理事会はウルズラ・フォン・デア・ライエンを推し、spitzenkandidaten（一三六頁参照）を無視する形で、同女史の指名がなされ、欧州議会の反発を惹起した。

またハンガリーは二〇二三年一二月の欧州理事会で、ウクライナの加盟交渉入りや財政支援に強く反対した。欧州委員会は全会一致で議案を通すため、同国に対する一〇二億ユーロ（約一兆六四六〇億円）の補助金の凍結を解除した。これに対して、欧州議会は二〇二四年三月欧州委員会によるハンガリーに対する補助金の凍結解除は公金の悪用だとして、ＥＵのＥＵ司法裁判所に提訴する方針を固めた。

これは欧州理事会、欧州委員会、欧州議会の意思が同じではない典型的事例である。

④ EU機関内部での政治

欧州委員会の法務関係総局と他の総局の関係、欧州議会の欧州政党と院内会派の関係などＥＵの個別機関内部の関係である。同じ欧州委員会でも、最終的には調整されるものの、個別総局では扱う事案を巡り必ずしも同じ意見ではないこともある。また異なるイデオロギーがために、欧州議会の院内会派では対立する局面が多々ある。

⑤ 国際統合組織であるEUとEU域外諸国との関係

ＥＵと日本、米国、中国、ロシアなど域外諸国政府の駆け引きなどがこれに当たる。

これらの五つの局面が重複し、錯綜しながらＥＵ政治が進む。一カ国の政治研究だけでも大変であるから、二七の国家に加えて、ＥＵ機関の動きも対象にし、実に空前絶後と言うべき学問領域であるといってよい。フランスやドイツというような近代国家とは違い、ＥＵはまさに第二次世界大戦後に生まれてきたヨーロッパの「超国家的組織」とも「国家横断的組織」ともいわれる新しい機関である。従って、面倒だが、ＥＵの諸条約やＥＵを実践する機関や役割について学ぶ必要がある。

（5）ＥＵの主要機関

ＥＵには欧州理事会、ＥＵ理事会、欧州議会、欧州委員会、ＥＵ司法裁判所、欧州会計監査院、欧州中央銀行の七つの主要機関がある。そのほか多数の専門機関がある。主要機関にはそれぞれの長、すなわち七名のプレジデントがいる。欧州理事会のプレジデントは常任議長、欧州委員会の長は欧州委員長、欧州議会は議長。このほか一般の閣僚理事会は議長、欧州中央銀行は総裁、ＥＵ司法裁判所は長官、会計検査院のトップは院長と表記される。ＮＨＫの大河ドラマの「鎌倉殿の一三人」になぞらえていえば、「ＥＵ殿の七人」である。

ＥＵ政治研究の対象としてＥＵ機関とその関係に少し触れたが、ＥＵ理解に当たって押さえておくべき主要機関をここで五つ取り挙げ、簡単に説明しておこう。

①欧州理事会・理事会

欧州理事会はEUの最高協議機関である。加盟国の首脳会議として以前からあったが、欧州理事会として、EU条約で明記されるのは比較的新しい。一九八七年発効の単一欧州議定書からである。二七カ国の首脳に加えて欧州理事会議長及び欧州委員長が出席する。EUの立法には直接関知しないが、EUの将来の方針などを定める。その長は欧州理事会常任議長である。メディアでは「EU大統領」とも呼ばれる。

欧州理事会の下に加盟各国の閣僚（大臣）からなる理事会がある。理事会は農水大臣とか、金融財政担当大臣とか議案ごとに集まる。それ故、閣僚理事会ともいわれる。理事会は欧州議会と共同してEUの立法に当たる。

②欧州議会

近時EUにおける「勝ち組」と評されてきたのが、欧州議会である。あまり知られていないが、「総会」とされていたEEC条約から機関としては、最初に記されている。EUの代表民主主義を機能させる役割を担っており、近代国家における議会の重要性に範をとっている。EU加盟国の当該閣僚からなる理事会と共同してEUの立法に当たる。二〇二四年六月の選挙では七二〇議席を争った。議員は五年に一度の選挙で加盟国をベースに選出される。ただし他の加盟国からの立候補と投票も居住条件などを満たせば可能である。議場は、本会議場がフランスのストラスブールにあり、ベルギーのブリュッセルでも会議を行う。

欧州議会は欧州理事会が指名する欧州委員長候補者を最終的に選出する。また欧州議会は欧州委員会全体の不信任権限も持つ。欧州議会は委員会制度になっており、欧州委員会の総局に対応する常設の委員会が置かれている。そこで必要な議案を討議する。さらに本会議で議決し、各種の決議を出し、欧州委員会に書面や口頭での質問書を求めるなど、行政統制においても重要な役割を果たしている。

③ 欧州委員会

新聞ではEU関係で欧州委員会の名をみない日はないほどに重要である。グーグル、アップル、フェイスブック、アマゾン、マイクロソフトなどの米国の巨大IT企業に対するEU競争法（独占禁止法）違反による巨額の課徴金はこの欧州委員会によって科されるものである。EU法が正しく適用されているか、欧州委員会はその番人である。

欧州委員会はEUの行政府であり、国家においては内閣に相当する。国家行政が中央官庁に支えられているように二〇以上の総局などで構成され、二万を超えるEU公務員が働いている。本部ビルはブリュッセルにあり、ベルレモンと呼ばれる。上から見ると、十字架を想わせる。長くアスベスト問題で改築か解体かで議論があったが、外観を残して改装された。

欧州委員会は欧州議会が選出する欧州委員長の指揮の下、加盟国に独立して、EUの各種政策を立案し立法発議権を独占的に行使する。また加盟国およびその市民だけでなく、海外の企業にたいしてEU条約およびEU法が適切に執行されているか監視している。

二七カ国から国の大小を問わず各国一名が指名される。委員長は欧州議会が選出し、委員会を構成する各委員予定者を審査し、全体として欧州議会が最終的に承認する。欧州委員の任期は欧州議会選挙と合っていなかったが、近年は議会の議員の任期に合わせて五年で、委員長はフォンデアライエン。ドイツのキリスト教民主同盟（ＣＤＵ）出身で、母国のドイツ語他、英仏語も堪能で、女医にして七人の子を持つスーパー・ウーマンで、ドイツでは国防大臣を務めた。

④ＥＵ司法裁判所

ＥＵ司法裁判所はＥＵ条約、ＥＵ運営条約に従い、加盟国、ＥＵ機関、自然人、法人により提訴された訴訟に最終決定権をもつ。加盟国はＥＵ法の解釈についてはＥＵ司法裁判所に判断を仰ぎ、ＥＵ法の解釈の統一性を保つ。ＥＵ司法裁判所は紛争当事者双方の付託を前提とする国際司法裁判所と違い、当事者の一方的付託で裁判は開始する。

ＥＵ司法裁判所はヨーロッパ統合とＥＵの発展を受けて、変化が著しい。ＥＵ条約は、ＥＵ司法裁判所（Court of Justice of the European Union）と明記し、ＥＵの裁判所であることをより明確にした。ＥＵ司法裁判所は、①司法裁判所、②一般裁判所（General Court）／旧名第一審裁判所、および③一般裁判所に付属する専門裁判所（specialised courts）からなる。ＥＵ司法裁判所とは三つの裁判所の総称でもある。

ＥＵ司法裁判所は、一般的に良く知られた主に以下の訴訟を扱う。

（A）加盟国がＥＵの法令に違反していると考えられるとき、欧州委員会または他の加盟国は当該国を相手にし、ＥＵ司法裁判所に対し違法状態の認定を求める義務不履行訴訟。

（B）ＥＵが制定したＥＵ法の適法性を審査、法令に権限の欠缺、重大な手続要件違反、基本条約やほかのＥＵ法違反、権限の濫用が認められればＥＵ司法裁判所は無効を宣言する取消訴訟。

（C）ＥＵの機関がＥＵの活動のために必要な行動をしないとき、ＥＵの機関を被告として不作為と認定ができる不作為訴訟。

（D）ＥＵの諸機関やその官吏の職務の行為によって損害が発生した時は、ＥＵ市民はＥＵ司法裁判所に損害賠償請求訴訟を提起することができる損害賠償請求訴訟。

なお、ＥＵ司法裁判所はその法解釈において、ＥＵ条約が定める目的である経済統合の実現に沿う「目的論的解釈」（竹中康之広島修道大学）を採り、統一的なＥＵ法秩序の形成、維持に大きな役割を果たしてきたといわれている。

2 ヨーロッパ統合とは何か

(1) ヨーロッパの統合

ヨーロッパの統合とは何かと言う問いについては、あまり意識されることなく、既に存在するもの、所与のものとして語られる。だが、その意味をよくよく考えると、簡単ではない。

ヨーロッパの統合とは何か、という設問は二つの要素からなる。ヨーロッパという要素と、統合という要素である。

ヨーロッパとは何かとは一見、簡単そうで、突き詰めてみるとそれほど簡単ではない。それはその地域の歴史、文化、そして文明全般に係り、小著ではまるで説明が困難である。ただし、ヨーロッパというものを説明する際、よく使われる言葉がある。ギリシャとローマの歴史と伝統を受け継ぐ地域ということだ。この地理的範囲についてはわずかに語りうる。

例えば、ルーマニアはローマン・ランド、すなわちローマ帝国の土地と言う語源を持つ。ローマ帝国の版図はカスピ海西岸に及んでいた。時代が下っても、シャルルマーニュ大帝(在位七六八年—

八一四年）統治時代の版図はローマ帝国ほどでなくとも、それに重なるところがある。

ドイツ語では、西洋は日の沈む国「アーベントラント」（Abendland）と言う語がある。思想史的にはドイツで特殊な意味を持つ言葉であるが、英語ではOccidentと言う。オズワルト・シュペングラーに「西洋の没落」と言う書があるが、扱っているのは、主にヨーロッパのことだ。

西洋と言う語に対して東洋（オリエント）と言う言葉がある。オリエントは、古い時代には実に眩しい響きを放っていた西アジアを指す言葉である。ローマ帝国で使用されていたラテン語で「太陽が昇る地域」を意味していた。ヨーロッパは世界の文明圏の長い歴史からすると周辺地域であった。実際、肥沃で豊かなオリエントに対して、「ドイツやフランスという今日我々が知るヨーロッパは長く針葉樹林が広がる、ひどく痩せた地域」（井上文則早稲田大学教授）であった。二一世紀の現在、オリエンテーションと言う言葉が大学の新入生行事にあるが、元来、それは高次の文明世界への導きの意味も持っていたのである。

ヨーロッパの統合という文脈では、ヨーロッパはキリスト教世界とイスラム世界と言う認識で使用されたことをヨーロッパ統合史に詳しいデレック・ヒーター（Derek Heater）が『ヨーロッパ統合の理念（*The Idea of European Unity*）』（エジンバラ大学出版会、一九九二年）で書いている。現在EUはローマ帝国が支配していたエジプトやマグレブといった地中海岸のアフリカのアラブ諸国は入っていないとしても、広くローマ帝国の版図を想わせるほどにも拡大している。

（2）EUは非軍事的「帝国」か

元ポルトガル首相で二〇〇四年から一〇年にわたり欧州委員長を務めたマヌエル・バローゾがいる。彼は、EUを帝国と形容し、「EU帝国は、旧来の超国家的帝国で、軍事的征服ではなく、権力の自発的な共有で建設させられている。それは人類が持った初めての非帝国主義的帝国である」と述べていた（EUobserver, 2007/01/11）。

バローゾ欧州委員長については、その権威的言動で私は評価していない。実際、彼はEUを「帝国」と形容したことで物議をかもした。帝国は領土を統べる皇帝を前提とする。バローゾがEUを帝国となぞらえたこと自体が不遜である。「それでは貴君はEU帝国の皇帝か」という批判となった。

EUをヨーロッパと同義語として捉える傾向に対して、反発した政治家がいた。イギリスの宰相で「鉄の女」の異名を持つマーガレット・サッチャーである。

彼女は一九八八年九月、加盟国の首脳として筆者（児玉）の母校でもある欧州大学院大学（ベルギー）の年次開講記念演説で、「私にヨーロッパ統合の理念を語らせるのは、ジンギスカンに平和共存の美徳を語らせるものである」とむき出しの敵意を示した。イギリスから見れば、EUが「ヨーロッパ」と言う概念を独占することに我慢がならなかったのである。結局イギリスは一九七三年にEU（当時EEC）に加盟した後、四七年の時を経てEUを離脱することになる。

ヨーロッパとは何かは実に巨大なテーマだが、ヨーロッパは、各種の組織により、定義によってその範囲を変える。もとより、EUとヨーロッパは同義語ではない。スポーツの世界では参加国のヨーロッパの範囲は、ラグビーやサッカーなどそれぞれである。

(3) EU条約では定めのないヨーロッパの地理的範囲

ヨーロッパと言う一般的な言葉は広い意味を持ち、その範囲は時代により、定義によって可変的であることは指摘した。意外だが、EUでも同じことが言える。EU条約第四九条では「ヨーロッパの国家はEUに加盟できる」としており、後は加盟の条件を述べている。しかしながら、EU条約はヨーロッパの地理的範囲には定義を行っていないのである。

かつてEU経済の専門家イギリスのジョン・ピンダー教授は自著『EU入門』（オックスフォード大学出版会、二〇〇一年）（未翻訳）で、EUを念頭にして「ヨーロッパはアスピレーション（願望）であったが、今やそれは限りなく現実のものとなりつつある」と述べた。

この書が出た当時は、ソビエト連邦が解体して一〇年ほどのことである。旧ソ連圏にあった東欧諸国のEU加盟はEU関係者に意識されていたが、まだ実現されていなかった。一九九一年のソ連崩壊後東欧諸国は二〇〇四年にようやくキプロスやマルタの島嶼国家も含めて一〇カ国がEUに加盟した。ブルガリアとルーマニアが二〇一七年に続いた。

EUがいうヨーロッパの地理的範囲は依然未確定である。モロッコは北アフリカなので除外されるとしても、アルメニアやアゼルバイジャンはヨーロッパ大陸にある。ローマ帝国は紀元三九一年にテオドシウス帝がキリスト教を国教としたが、これに先立つ三〇一年にアルメニアが世界最初のキリスト教国家となっている。他方、現在、アルメニアの隣国でコーカサス山脈とカスピ海に囲まれるアゼルバイジャンはそうでない。後者は国民の九七％がムスリムの国家であり、イランなどと同様、少数派のシーア派が多数派を構成する国家である。他方、トルコはEU加盟候補国と位置付けられ、加盟交渉まで始まっている。EUはトルコをEU加盟国となりうるヨーロッパの国家と一応、認定しているのである。確認しておくべきは、EU条約ではヨーロッパの定義がないが、時の政治情勢に応じて、その範囲が決定されていくと言うことである。

筆者が大学院でEU政治を専門にしたころには、一九八五年の市場統合白書が出されて、EUの当時の一二カ国で達成すべき「一九九二年の市場統合」と言う大目的があった。とは言え、その時点ではその後のヨーロッパ政治と国際政治の大変動を予期するものは誰一人いなかった。ソ連ではミハイル・ゴルバチョフがソ連の指導者として、「ペレストロイカ」（改革）や「グラスノシチ」（透明化）と言う言葉を掲げてソビエト連邦の民主化を始める頃で、その後間もなく始まる一九八九年のベルリンの壁の崩壊や一九九〇年の東西ドイツの統一、九一年のソビエト連邦自体の崩壊は想定外のことであった。事実、当事者のドイツ民主共和国（東独）の国家評議会のホーネッカ議長でさえ、ベルリンの壁が崩壊する年に、「ベルリンの壁は今後一〇〇年はそびえたっている」、と豪語していたほどだった。かつて冷戦と分断の象徴であった東ドイツはもとより、ポーランド、チェコ、スロバキア、ハンガリーなど旧ソ連の衛星国家群がEUに加盟したのを始めとし、なんとソビエト連邦を構成していたウクライナやモルドバもEU加盟候補国となっている。さらにカスピ海にも近いジョージアもＥＵ加盟候補国となった。ＥＵにおける「ヨーロッパ」の範囲は、このように時代でダイナミックに動く国際政治を反映しているのである。

3　EUにおける「統合」とは何か
――「統合」と「協力」の相違

(1) 統合の意味

次に、ヨーロッパの統合と言う表現を構成する「統合」と言う言葉を考えてみよう。「統合」とは英語ではunificationと言う。またintegrationと言う表現もある。統合とは統一や一体化と言う類義語があるように、統合組織はそれを目的とした組織である。インテグレーションも統合、完成、調整、(学校などの)人種的差別の廃止の意味がある。共にその意味することは複数のものを一つにすることといってよい。

(2) 協力とは何か

この統合と言う語を理解するために「協力」(Co-operation)と言う言葉を取り上げて比較してみよ

う。「統合」と「協力」と言う語は重複する部分を持ちつつも、一種、反意語を形成する。「協力」はある事柄について、双方があるいは複数の独立した政治単位が互いにその目的のために助力し合うことである。まさに「ともに仕事をする」(Co-Operate)、言い換えれば、協力していない項目については、それぞれの組織がそれぞれに意思を働かせる。協力できないものには協力しないと言うことである。協力は目的と対象が限定的であるのに対して、統合は協力以上の概念であり、全体を一つにするということである。この両者は国際組織の機能を説明する際、往々にして安易に使われているが、国際組織では、明らかに組織原理上大きな相違を持つ。

統合組織は、その語が示すように、常にその構成体が統合を掲げる組織の中で一体となることをその目的とし、ゴールとしている。例えば、米国は「合州国」と言う州の連合体でなく、「州の連合」を超えた「合衆国」と言う連邦の形成にあった。

これに対して国際連合のように国際協力組織は、ある定められた特定の政策領域で協力することであり、それ以上の組織に変化する契機を持つものではない。

EUは国際統合組織であり、国連やASEANは国際協力組織である。すなわち、対象とする地域が世界的か地域限定的かの相違はあれ、ASEANも国連も主権国家間の協力を前提とする国際協力組織である。国連もASEANもその構成国が協力できる分野において協力すると言うことを通して、地域の平和と安定に貢献することを目的としている。逆を言えば、協力しない分野や政策領域については一〇〇年後も現状のままと言うことになる。石油輸出国機構(OPEC)も石油と言う分野に限定して加盟国間で協力すると言うもので、それ以上でも以下でもない。

（3）「連邦」と「連合」の相違

統合と協力と言う言葉の相違を書いた。同様に「連邦」（federation）と「連合」（confederation/association）もあまり深く考えられず日本では使用される。しかし、英語では水と油、犬と猫と言うように、相互に交換できない語義を持つ。日本では国際組織の表記は、組織原理に対する識別がなく、多くは深い考察が払われることもなく「連合」と言う表記が採られている。

「国際連合」（United Nations）、「欧州連合」（European Union）、「東南アジア諸国連合」（Association of South-East Asian Nations）、そして地域の国家間の協議組織である「アフリカ連合」（African Union）までが、EUと同様に「連合」と言う表記を採っている。

まさに猫も杓子も国際組織は日本では「連合」である。こうした組織表記は日本人に誤った国際組織の認識を与えると言う事態を起こしている。ちなみにEUの表記については、韓国では日本と同じ「欧州連合」を、中国では「欧州聯盟」（略記で欧盟）を採用している。

「連合」と「連邦」の違いは、歴然としている。国際組織で言えば、その違いは国家主権の在り方にある。EUではユニオンと言う語が連合とされているが、EU条約に至るまでの政治過程を触れた拙著『欧州統合の政治史――EU誕生の成功と苦悩』（芦書房、二〇一五年）でも書いているとおり、EUの制度形成の過程を原語で見ていくと、多くはFederal Unionと言う言葉で使用されており、ユニオンはフェデラル、すなわち連邦的な性格を持っていることが分かる。

EUの指導者はヨーロッパ統合構想に当たって、歴史的にアメリカ合衆国の形成過程を意識してきた。リヒャルト・クーデンホーフ・カレルギーもジャン・モネも、経済の単一市場構想はモデルとしての米国に言及していた。

（4）アメリカやドイツの連邦形成とEU

アメリカもドイツも連邦制国家である。EUとの関係でそれを見てみよう。

アメリカ合衆国と言う連邦国家の形成のコンテキストでは「ユニオン」（Union）という語が重要である。合衆国の建国の父は「フェデラリスト」（連邦主義者）と「リパブリカン」（共和主義者）が混在し、イデオロギーの対立はあったが、合衆国は連邦制に立った共和制に収斂している。

米国では対英植民地独立戦争を戦った軍隊をユニオン軍と称していた。対英独立戦争では「自由か死か」や「代表無ければ課税なし」の有名なフレーズで知られている。この戦争は植民地の独立を目指す王権打倒の革命であり、イギリスの王政からの脱却を意味した。すなわち王政脱却後の米国の政体をどうするかは建国に父にとって最大の政治的課題であった。建国の父の多くはフェデラリストであった。フェデラリストの目標はユニオン形成にあった。フェデラリズムとユニオンは多く同義語として使用されている。

アメリカ合衆国独立と言う政治組織形成史を言えば、当初の州の結束のための緩やかな州の連合を意味するコンフェデレーションでなく、それを超えて、より中央集権的なユニオンへの移行過程と言うことができる。この過程で、アメリカの国家財政の連邦的一元化に尽力したのが、建国の父の一人で初代の財務長官を務めたアレクサンダー・ハミルトンである。

アレキサンダー・ハミルトンは独立戦争での一三の植民地諸州のそれぞれが保有していた戦時公債を一括して連邦に組み入れ、連邦政府がこれを処理した。彼は財政連邦主義に立った合衆国の財政上の基礎を築いたフェデラリストである。

ユニオンと言う連邦主義的国家形成を進めた米国に戻って言えば、奴隷制擁護も絡みつつ、連邦国家化に抵抗する南部一一州は、「州の連合体」のコンフェデレーション（Confederation）を形成し、合衆国からの分離独立を目指し、北部諸州に対抗した。即ちこの両軍がアメリカの将来の政体を決めるべく一七七六年の建国から八五年が経った後の一八六一年から四年にわたり南北戦争を戦った。それが米国である。ちなみにここでも北軍はユニオン軍ともよばれた。

対英独立戦争と八五年後の米国内での南北戦争時の両時代において「連邦」（ユニオン）と「州連合」（コンフェデレーション）は常に反意語として使用された。ユニオンとコンフェデレーションという両者の意味の相違はかくも大きく、明確である。

ちなみに、合衆国政体の完成にアメリカは時間をかけている。例えば、わが国の日本銀行に相当する連邦準備銀行の制度（ＥＲＢ）が連邦準備法を完成したのは、実に二〇世紀に入った一九一三年のことである。一七七六年の建国からみれば、一三〇有余年の時がかかっている。

他方、ＥＵは未だ欧州石炭鉄鋼共同体を導入したパリ条約から二〇二四年までで七三年である。一一カ国を持って始めた単一通貨ユーロの発行は一九九九年であり、まだ二五年しか経っていない。

思い出すべきは、二一世紀の現在振り返ると笑えるが、ＥＵでは経済統合が最初であるべきか、通貨統合があるべきかで、長くＥＵの政治家や経済学者の間で「卵が先か鶏が先か」というような、神学論争をしていた。ユーロをもって当面の達成目標とする通貨統合など夢物語とするものも多くいた。通貨の創造は経済の論理ではなく、なにより政治指導者の政治的決断でユーロが創設されたのである。

このユーロについては、クロアチアが二〇二三年一月にユーロの使用を開始し、ユーロ圏は二〇カ国、人口三億二六〇〇万人を擁するまでに発展した。二〇二五年にはブルガリアも導入予定である。ＥＵはユーロに象徴される単一通貨を創出するが、通貨発行は政治学的には国家のシンボルでもある。サッチャー英首相は市場統合を超えて通貨統合を目指すＥＵに対して、「ソビエトと言う中央集権国家が崩壊しているのを目撃しているのに、ＥＵはソ連に似た集権的性格を強くしている」と、後述するジャック・ドロール欧州委員長を意識し、論難した。

通貨は国家の象徴である。ウクライナがロシアから離脱し独立したのと同時に、ソ連の通貨のルーブルを捨て去り、通貨フリブナを直ちに導入したのは象徴的であった。バルカン地域の小国コソボはＥＵ未加盟ながら、米ドルを使用しているプエルトリコ同様に、ユーロを公式通貨としている。ＥＵは政治組織形成では思想的にはアメリカを意識したところがあるのだが、ＥＵとアメリカの関連については、最近でも事例がある。

ＥＵはコロナ禍を契機として、欧州委員会が起債できるＥＵ債を発行できるようにして、コロナ禍で傷んだ加盟国に対してＥＵとしての財政上でのテコ入れをする、財政連邦主義に立ったコロナ復興基金を創設したことだ。この過程で、上述した、初代の財務長官を務めたアレクサンダー・ハミルトンの名が頻繁に登場している。

ＥＵのコロナ復興基金については、欧州中央銀行による加盟国の国債買い入れ禁止に対して、欧州委員会が起債できるなど、資金運用に風穴を開け、ＥＵの金融財政上の自立性を広げたと言うことで、画期的であった。財政連邦主義に立つこの復興基金の形成過程については、拙著『現代欧州統合論――ＥＵの連邦統合の深化とイギリス』（成文堂、二〇二一年）第一〇章を参考にされたい。

連邦制をとる米国の事例は見たが、ドイツも連邦国家である。ドイツの場合はどうであろうか。ＥＵでは理事会と欧州議会の共同意思決定の過程で、両者の相違を埋める制度があるが、これはドイツの連邦議会（下院）と連邦参議院のシステムと近似している。初めてこの調整のメカニズムをみた時驚いたほどだ。ドイツといえば、中世の時代から領邦国家としての長い過去があり、それを基に帝政ドイツを形成し、第一次世界大戦後のワイマール共和国を経て、第二次世界大戦後現在のドイツ連邦共和国がある。政体としては連邦国家を採用している。

統一国家としてドイツ帝国を一八七一年に形成する以前には、バイエルンやザクセンなど多数の領邦国家からなっていた。ドイツは、その統一の過程で同じ連邦主義とは言え、米国とは異なる形で国家形成を果たした。ナチスが敗北した第二次世界大戦後は東西ドイツに分割されたが、一九九〇年の東西ドイツの統一時にはドイツ連邦共和国（西独）がドイツ民主共和国（東独）を編入する形で併合し、その政治体制を維持しており、連邦参議院も州を代表して、強い権限を持っている。

（5）「民主主義の赤字」とサブシディアリティ

連邦国家は集権制をとる国家と分権性を採る国家があるが、一般的にいって、連邦の権限が強化されることで集権制を強める傾向がある。ＥＵにあってもこの傾向が顕在化している。

ＥＵでは不十分な民主主義と言う意味を持つ「民主主義の赤字」（democratic deficit）と言う言葉が一九八〇年代よく使われた。この表現はＥＵが集権的性格を強めるなかで、それに見合う民主主義の正統性と正当性がＥＵの中で十分担保されていない傾向が顕在化してきたことに由来していた。

またＥＵが特定多数決を強化し、加盟国の主権的権限の貫徹を阻害する事態が進む中で、「補完性の原理」（サブシディアリティ）と言う言葉も登場した。これは「最適場所での意思決定」を意味している。中央と地方と言う権力構造にあって、下部の構成体の独自性に配慮した言葉であった。この言葉は中央集権に傾斜するＥＵに対する反発や危惧を配慮して出てきた分権の意味を持つ用語であった。これらを反映して、欧州議会の権限拡大に反比例して、ゼロサム的に権限が縮小する加盟国の議会については、ＥＵの立法過程への関与をＥＵ条約に付属する議定書の形で整備している。

（6）集権と分権の連邦制

ＥＵはヨーロッパ統合と言う大義名分で、国家主権の集中を強めていると言うことからくる反発がある。英首相マーガレット・サッチャーがその代表である。彼女は真正のナショナリストの側から、ＥＵの政治形態が向かっている方向がフェデラリズムであることを見てとっていた。

連邦と言う政体は、上述の如く、中央集権的と分権的国家があるが、アメリカ合衆国の政治制度を観れば、連邦政府と下部の構成体である州政府との権限関係の性格と相違をより明確に理解できる。卑近な事例で説明しよう。

米国では映画やテレビで人気が高いのは、警察関連のサスペンスやアクション映画と番組である。古くはコジャックのニューヨーク市警、キーラ・セジウイック演じるクローザーのロサンゼルス市警、クリント・イーストウッド演じるダーティハリーのサンフランシスコ市警などが有名である。

これに対し、全米の各州の間をまたぐ犯罪については連邦捜査局（Federal Bureau of Investigation: FBI）がこれを所管している。ＦＢＩはフェデラルの名を冠しているように、まさにアメリカの連邦政府の機関である。日本で「羊たちの沈黙」と題する映画はジョディ・フォスター演じるＦＢＩ捜査官の物語である。

そして大都市の市警察とＦＢＩの確執がその中でよく扱われている。多く、ＦＢＩが介入し、指揮権の移譲が起き、州警察が不満を募らせる場面も見かける。州や市の警察は各州やその市の犯罪だけに捜査権限を有するのに対して、ＦＢＩは全米規模で捜査権限を持つ。州域を超えて逃亡し、移動する犯罪容疑者に対しては州警察、都市警察では対応できない。とりわけ麻薬や企業の財務での不正事案の捜査権限は州警察や都市警察にあるのではなく、連邦捜査局の管轄事項となる。

日本やフランスのように中央政府の権限の強い国家と違い、連邦を構成する国家では、全国を統べる中央政府とその機関の権限と、州政府が持つ権限があり、権限が配分されている。なおＥＵでは警察や検察の捜査、逮捕の協力機関である欧州警察機構（ユーロポール本部はハーグ）、欧州司法機構（ユーロジャスト本部はハーグ）がある。前者は米国のＦＢＩ的な機関の萌芽と見ることができる。

（7）連邦か否かの識別要素としての立法府の存在

連邦というとき、もう一つその識別で重要なことがある。これは時に見落とされがちだが、連邦制は、その定義の一つに、その政治体の中にそれを構成する国家や組織に対して上位規範性を持つ法律を制定する議会があることである。

ＥＵ内にあっても欧州議会があり、加盟国の利益を代表する理事会との共同決定という形をとっている。日本の国会は「国権の最高機関であり唯一の立法機関」とされている。欧州議会は国家のように単独ではなく理事会との共同立法権者として、重要な立法機能を果たしている。これはＥＵ法として定立され、加盟二七カ国を統べる。しかも加盟国の法に対する上位規範性を持つ。米国は連邦法として連邦組織全体を律し、州法は州のみに限定的に適用される。ＥＵ法は、ＥＵの基本条約はもとよりＥＵ法の一形態である「規則」はＥＵ加盟国全体に適用される。

ＥＵの立法とその種類、それを発出する欧州議会やＥＵの立法手続については後で触れる。

4　国連やASEANとEUの違い

(1) 国連とEUの相違

「国際連合」(United Nations: UN 略称「国連」) と「欧州連合」(European Union: EU) の組織原理上の違いは決定的である。

国際連合と言う表記の歴史を言えば、第二次世界大戦末期に戦争終結を見越して新たな時代の平和と安全を確保する目的で生まれたのはこの組織である。国際連合は、中国語では「連合国」と訳されている。枢軸国であった日本は、敗戦後、国連に加盟することが意識された時、枢軸国と言う過去の歴史から、さすがに「連合国」の表記は採用できずに外務省が国際連合と言う表記を採用した。因みに国際連合以前の平和と安全保障の組織である国際連盟は、League of Nations と呼ばれていた。

国際連合の設立時期は一九四五年四月から国際会議で議論され、六月にサンフランシスコ会議で国連憲章が署名され、同年一〇月二四日に発足した。実際、国連憲章が審議されていた時、ドイツは降伏していたが、日本は依然として中国大陸や太平洋で戦争を続けていた。日本は敗戦から一一年目の一九五六年一二月に国連に加盟する。

ドイツ（当時西ドイツ）は日本よりも加盟が遅れて、一九七三年、当時ソ連圏にあった東ドイツと抱き合わせで国連加盟を果たした。国連は加盟国の国家主権を前提にしている。国連の総会は人口一四億の中国も、人口五〇万余のマルタも一票と言うように、一国一票制を採っている。ただし、例外があり、国連の中で最も重きをなす安全保障理事会には米、英、中、仏、ソ連（後にロシア）の五大国に拒否権を付与している。

プーチンによるウクライナ侵略やハマスによるイスラエル攻撃と報復によるガザでの惨憺たる状況は日々伝えられている。国連では安保理の拒否権があるがゆえ、戦闘行為の停止、治安の回復、侵略の中止などといった重要な点において、米、ロ、中の国家利害が激突し機能していない。

実際、ウクライナについても欧米とロシア・中国がそれぞれ拒否権を行使し、パレスチナのガザでは同じくロシアと米それぞれの提案に拒否権を行使し、機能不全を露呈している。ただし、重要なことは、なにより拒否権は国連形成時にはそれが無ければ、ロシアが参加しないと言う状況下で、米国がこれを認めて、スタートしたのである。国連の機能不全の危惧は設立当初から存在していた。

表1−1　国連とEUの比較

1. 名称	国際連合（国連：UN）	欧州連合（EU）
2. 英語	United Nations	European Union
3. 目的	世界規模での国際協力	欧州統合（共通農業政策、運輸政策、ヒト・モノ・カネ・サービスの自由移動）
4. 設立年	1945年	1952年
5. 参加国	当初51カ国、現在193カ国	当初6カ国（ECSC）、現在27カ国
6. 主要機関	総会・安保理、国際司法裁判所	欧州理事会（閣僚理事会）、欧州議会、欧州委員会、EU司法裁判所など
7. 意思決定	安保理5大国拒否権	最重要事項の全会一致を除き、特定多数決

筆者作成。

（2）国際統合組織のEU

国連については触れたが、ＥＵはどうだろう。ＥＵの前身は欧州石炭鉄鋼共同体（ＥＣＳＣ）である。一九五一年にパリ条約で成立し、一九五二年から稼働を始めた。意思決定において全会一致が採られ、国家主権が維持されていた。理事会でのＥＵの意思決定について言えば、全会一致から多数決への移行の歴史であると言える。現在では多くが多数決制の下にあり、ＥＵ条約の改正やＥＵの新規の加盟、安保・防衛分野など、限定された最重要事項についてのみ、全会一致である。

加えて一九九〇年代からは欧州議会の権限が拡大し、理事会でも多数決制で、しかも共同立法権者である欧州議会の議決も必要で、二つの要件により加盟国の国家主権の貫徹は困難となっている。

主権国家からなる国際組織において、ＥＵのように多数決が採られていると言うのは異例のことで、実に驚くべき

表1－2　国連とEUの裁判制度の相違

	UN	EU
1. 名称	国際司法裁判所	EU司法裁判所
2. 所在地	ハーグ	ルクセンブルグ
3. 準拠法	国際法	EU諸条約
4. 権限	国際法の解釈権限	EU条約、EU法の最終解釈権限
5. 原告適格	原則として国家	国家、EU機関、私人
6. 裁判の開始	当事国双方の付託	原告の提訴による
7. 判決の拘束力	あり*	あり

筆者作成。＊現実問題としては当事国の対応により必ずしも拘束力があるとは言えない。

ことである。それが故に、この組織は、日々統合の推進が可能となっているのである。EUが国際統合組織であり、国際協力組織でない所以(ゆえん)である。

（3）東南アジア諸国連合（ASEAN）とEUの相違

東南アジア諸国連合（Association of South East Asian Nations 以下ASEANと略）はAssociationという英語が示すように、国家の「連合」組織であり、地域限定的な国際協力機関である。

EUでは、国家主権の最高独立性が多数決制の事項では貫徹が不可能となる。他方、ASEANは国家主権を前提とし、他の加盟国による内政への不干渉を組織の原理を、基本条約であるASEAN憲章に記している。わが国ではASEANは「東南アジア連合」と訳されているが、まさに適切な訳語である。

メディアでは時に「ASEAN統合」や「ASEAN共同体」と言う表現を目にすることがある。もとよりそれも定義次第でそれも不可能ではないが、ＥＵを意識して使われているとすれば、メディアの主観的で、情緒的表現か、もしくはＡＳＥＡＮの広報部のリップサービスとも言える。ＡＳＥＡＮがその憲章で規定した内政不干渉の原則を改めない限り、ＥＵ的意味での「ＡＳＥＡＮ統合」や「ＡＳＥＡＮ共同体」はありえないし、非現実的である。もとより東南アジア地域の一〇カ国をそのメンバーとし、総人口は六億七〇〇〇万人（二〇二二年）で、世界の人口の約九％を占めており、その重要性は理解しておく必要がある。

だが忘れてはならないのは、ＡＳＥＡＮは緩やかな政府間協力機関であり、実際、構成国家の政府には他国と統合する意思など持ち合わせてはいない。それどころかＡＳＥＡＮ憲章第二条で加盟国の独立と主権の尊重と内政不干渉を掲げているのである。

ＥＵでは多くの加盟国が大陸国家であり、ギリシャ・ローマの遺産を汲んでいるのとは違い、ＡＳＥＡＮの加盟国はＥＵが持つ文化、言語、宗教、歴史の共有性はほとんどないといってよい。ＡＳＥＡＮの場合、地理的にも海洋国家、島嶼（とうしょ）国家、大陸国家と地理的に多様である。ＡＳＥＡＮの国家群とその市民にＥＵ加盟国ほどのアイデンティティがあるかは不明である。

実際、ＡＳＥＡＮの限界ははっきりしている。とりわけミャンマーの民主化弾圧の現状を見れば一目瞭然である。ミャンマーではクーデターで軍事政権が樹立されるなど法の支配や人権保護など、ＥＵでは当然守られるべきとされる「価値」が無視されている。ＡＳＥＡＮはこれに対して全く無力と言うべき状況にある。

ＥＵでは、加盟を希望する国家は民主主義で、法の支配、人権、少数民族の保護は必須要件である。ＥＵでは、ＡＳＥＡＮでのミャンマーの状況は考えられないことである。クーデターで成立した軍事政権が民主派勢力を弾圧してはばからない状況に対して、ＡＳＥＡＮは戦闘行為の停止はもとより、紛争当事者間の調停さえできていない。まして内政不干渉の原則からすれば、非民主主義的加盟国のＡＳＥＡＮからの追放など、ハナからありえないのである。

（4）内政不干渉のＡＳＥＡＮ、毎日が内政干渉のＥＵ

ＡＳＥＡＮにある「内政不干渉」の言い方を使えば、ＥＵは毎日が「内政干渉」の連続である。意思決定においては多数決が多用されることにより、加盟国の国家意思も退けられることも珍しくない。単一通貨も発行されている。ＥＵ法という統一的な法規範もある。ＡＳＥＡＮ共同体とかＡＳＥＡＮ統合とかメディアは言うが、ＥＵとＡＳＥＡＮでは統合のレベルは、私にすれば、一〇〇年も相違すると言うことだ。

自由貿易圏であるＡＳＥＡＮと関税同盟を超えて単一市場の構築をしているＥＵとの統合レベルの相違は、一〇〇年もあるといえる。大げさではない。ＡＳＥＡＮは一九六七年に発足したが、ＥＵはその一年後の一九六八年には非関税障壁を除き、関税同盟を形成している。他方、ＡＳＥＡＮは二〇二四年現在確かに自由貿易圏を構築しているが、関税同盟には至っていない。即ち、現時点でも五〇年以上の相違がある。

関税同盟とは域内関税の撤廃だけにとどまらず、対外共通関税を設定をその内容としている。これは加盟国の関税自主権と抵触し、関税収入の再配分問題を引き起こす。関税収入の再配分の制度を構築しない限り、関税同盟は不可能である。

ＥＵの加盟国にあっては対外共通関税率はＥＵが決める。加盟国が個別に関税率を設定すれば、関税同盟は不可能になるからである。関税自主権と言う国家がもつ重要な主権的権限自体が否定されるのが、関税同盟の制度である。世界でかくも大規模な関税同盟を形成しているのは、ＥＵ以外にない。

他方、ＡＳＥＡＮの場合、関税同盟のはるか以前の自由貿易圏である。しかも自由貿易圏と言っても、域内の関税が完全に撤廃されているわけではない。例外品目があり、それは全品目から割合は一桁と表面上は少ないものの、高額な物品も多い。自由貿易圏の完成度はＥＵとは比較しようもない。

ＥＵは一九九二年末に単に関税だけでなく、非関税障壁も含めた市場統合を完成させているのである。これから五〇年後もＡＳＥＡＮに関税同盟ができるとは思えない。サービス部門も含む市場統合については、まして遠い将来のことである。それが故に、ＥＵとＡＳＥＡＮとでは統合の度合いで、一〇〇年の差があると言うことになる。

関税同盟は関税自主権を合意により統合体に移譲しているのである。国家主権の不可侵性を定めたＡＳＥＡＮでは土台無理である。ＡＳＥＡＮが国家主権の不可侵性と内政不干渉を捨て去り、真に国際統合を選択をするならば、両者の距離がようやく縮まるのである。

ＡＳＥＡＮのアイデンティティに切り込んだものとしてはスティーブン・デイ大分大学教授による「国家横断的アイデンティティの形成――ＥＵとＡＳＥＡＮ」の論考があり、参考になる。児玉昌己・伊佐淳編『アジアの国際協力と地域共同体を考える』（芦書房、二〇一九年）第五章参照。

（5）「欧州同盟」か「欧州連合」か――EUの日本語表記問題

ＥＵを「欧州連合」とする日本のＥＵ表記に対して、ＥＵの組織原理を踏まえた議論は学界では遺憾ながらほとんどなされていなかった。実際、ＥＵ条約でユーロピアン・ユニオンと言うものが、現実のものとなった時、それをどう表記するのかの問題が登場した。一九七六年のチンデマンス報告の時代からもＥＵと言う組織が検討されていたが、一九九三年にＥＵ条約で法文として正式に登場した。これを契機に駐日ＥＵ代表部はその邦語訳を求められた。そして、学界のまともな検討もなく、「欧州連合／ヨーロッパ連合」と言う表記の採用となった。

ＥＵ条約には ever closer union と言う表現がＥＥＣ条約時代からある。ＥＵの到達地点に関する重要な言葉であり、「一層緊密化する同盟」とする訳が使われていた。

上述したヨーロッパの地理的範囲がＥＵで規定されていないと同様、ＥＵはその最終到達地点の形態には言及していないのである。ユニオンを「連合」とすれば、到達目標は国家の連合でしかない。すでに書いたように、連邦と連合では意味が異なる。ＥＵがその最終到達地点について連合であるとは書いていない。それが故に「連合」の表記は不適切なのである。

ＥＵの本体をヨーロッパ連合とし、ＥＵの重要な柱である通貨同盟については「同盟」と言うように、整合性がとれない状況となった。

著者が英語論文を用意し、ストラスブールを訪ね、欧州議会議員や欧州社会党の党官僚だったリチャード・コルベット氏に対し問題を提起したのは、一つに一方的に国家の連合という意味を持つ邦語表記をEUの駐日代表部が公式化したことである。

二〇一六年に国民投票を実施し、国論を分断するEU離脱と言う結果を招いたデービッド・キャメロン英首相が、在任中に上記の「エバー・クローザー・ユニオン」の表記をEU条約から落とすことに腐心して、独仏伊といったEUの主要国に拒否された経緯がある。拙著『欧州統合の政治史』（前掲書）第一三章参照。

この文言が将来の加盟国の主権的権限の更なる縮減、つまり連邦への限りない接近を意味するとして、キャメロンは抵抗したのである。筆者が欧州社会党の関係者に提起したのは、EU自身がその到達目標を規定していないのに、駐日代表部がその将来までも国家の「連合」とし、連邦的な方向性を一切否定したことについてであった。すでにEUの政体の類型で連邦に入るべきEUが連合と表記されているように、五〇年後一〇〇年後、わが国だけが、実にEUの実態から乖離した訳語を採用しているのを深く案じるところだ。

筆者の問題提起に対し、公式の書面質問が、当時欧州議会内最大政党であった欧州社会党のグリンフォード議員から欧州委員会に対して出された。それは「欧州連合」の使用停止と、「欧州同盟」の使用を欧州委員会に求めるものであった。

日本EU学会の初代理事長の片山謙二関西学院大学教授は日本語表記が「欧州同盟」でなく、「欧州連合」となったことに対して「裏庭を土足で汚される思い」と強く批判された。戦後ヨーロッパ統合がファシズムによる跳梁跋扈（ちょうりょうばっこ）から決別する試みであったことを先生は熟知されていた。欧州石炭鉄鋼共同体に発するヨーロッパの統合機関について、それが国家連合を想起させる表記であり、ヨーロッパ統合の父たちの精神を体現していないと言う歴史的認識に基づき、この訳語の採用を怒りで批判されたのである。

実際、欧州石炭鉄鋼共同体条約では後の欧州委員会となる最高機関について、「超国家的性格を持つ」と規定され、連邦的政治組織を意識した表現を採っていた。西ドイツの初代首相で、シューマン宣言を実践したアデナウアーをはじめとして、ＥＵ創設期の加盟国の指導者もそう理解していた。

（6）ＥＵを通したヨーロッパ統合の最終到達点は未定

欧州経済共同体が創設されるに際して、欧州石炭鉄鋼共同体の「最高機関」に使われている「超国家的性格」という文言は削除された。ＥＵでは意思決定において理事会の議決や欧州議会の議員定数など、加盟国を地域と見る連邦主義的な制度設計を多くしており、しかもその適用は縮小することはなく、むしろ拡大するばかりで、「欧州連合」と言う表記が意味する「国家の連合体」の域を遥かに超えてきている。

しかもＥＵ関連の表記については、経済通貨同盟では、通貨「同盟」といいつつ、本体を欧州「連合」と言うように、組織全体で、論理一貫した表記が出来なくなって言える。用語問題が表面化してきたときに、統一性を確保するため「通貨**連合**」とするものも現れた。結果を言えば、ＥＵは欧州社会党の議員により使用停止が求められた「欧州連合」と言う表記は維持され、「欧州同盟」の表記は極めて遺憾ながら、ＥＵの公式表記としては採用されることはなかった。ＥＵ経済学の権威、田中素香東北大名誉教授は邦語表記問題が出てきた当時、経済通貨同盟を経済通貨「連合」にはしないようにと釘を刺されていたことも付記しておこう。

現実政治の中でEUが公的な邦語表記として「欧州連合」を採用したことで、表記問題は一応収まってしまったが、学術的に終わっているわけではない。実際、EUの表記については、初代EU学会の理事長が怒りを込められたように、学界ではまともな議論はなされていなかったことを強調しておこう。

EUが本源的に持つ連邦的志向が、ハンガリーのオルバン首相をして欧州議会を「国家の代表から成る議会」に改編したいと公言させる所以なのである。ナショナルな価値を至上のものとし、EUを国家の連合にしたいハンガリーのオルバン首相と彼が指揮する与党フィデスは、二〇二一年三月に欧州議会最大会派の欧州人民党から、EUの価値を損なっているとして放逐される見込みとなり、自ら同党を脱会したのである。

EUの邦語表記問題に関心がある方は、拙著『欧州議会と欧州統合――EUにおける議会制民主主義の形成と展開』（成文堂、二〇〇四年）の巻末付録の英論文と公式の質問書と答弁書をご参照いただければと思う。官僚制と言うものは本来的に保守であることを再確認したことだった。

なお筆者にとって唯一の収穫は、現在わが国で使われている「欧州連合／ヨーロッパ連合」と言う邦語表記の問題点を欧州議会の第一級の関係者に理解してもらえたことであり、欧州社会党の議員から公用便せんによる欧州委員会への書面質問書とその回答が記録として残ったことである。

5　EUの目的「一つの声」・「一つの市場」の形成

(1) ヒト、モノ、カネ、サービスの自由移動

EUはヨーロッパ統合を目指したものであり、統合と言う表記で説明したように構成国を一つの政治経済組織にする内在性を持つ。簡単に言えば、自由と民主主義という価値を掲げたヨーロッパ統合の形成と実現にあると言うことである。しかし、この問いは簡単そうで、なかなか厄介である。

一言で国家を一つの単位にまとめるといっても、長い歴史を経て形成された主権国家からなるヨーロッパ各国はEUに限っても二七からなる。それを一つにすると言うのは、気宇壮大な構想である。対外政策にある「一つの声」(one voice)と共に、統合のもう一つの目的はEUの加盟国の市場を一体化すること、即ち「一つの市場」(one market)を実現し、ヒト、モノ、カネ、サービスの自由移動を確保することにあった。国家と同様にである。それは言うのは簡単だが、加盟国が築き上げた文化や歴史に係ることでもある。

ジャック・ドロール欧州委員長の指導の下、三〇〇余のEU法案を用意し、それらのEU法案を可

決していくことで、通常国家が管理している権限を加盟国で共通のものとして相互に開放し、ヒト・モノ・カネ・サービスの自由移動を確保しているのである。

単にＥＵ法案を可決していったと言うのは簡単だが、そのため理事会における多数決も多用されたのである。全会一致では、仮に一カ国が反対すれば、何一つ成就できないからであった。ちなみにＥＵでは「スピル・オーバー」と言う言葉がある。一つの統合ができれば、他の領域に波及していくと言う言葉である。研究者の中にも何か自動的な現象と誤解があるようだが、水がコップからこぼれ落ちる様を表現したこのスピル・オーバーという表現は、外部からの液体の投入などによって惹起するように、自然発生的に発生することはない。それぞれの領域における統合の段階に応じて、加盟国指導者の政治的決断がなされた結果であった。

人の自由移動を阻害する際たる事例は国境検問である。モノの自由移動を阻害するものは関税と国境管理である。

フランスのドゴール大統領暗殺を扱った映画「ジャッカルの日」がある。一九七一年のフレデリック・フォーサイスの小説をもとにした映画で、フランスでアルジェリアの独立を容認するシャルル・ドゴールに対し、植民地権益の維持を強硬に主張する秘密軍事組織（ＯＡＳ）が凄腕の殺し屋を雇い、ドゴール暗殺を試みるサスペンス映画である。

とりわけＯＡＳに雇われたテロリスト、コードネーム「ジャッカル」がイタリア国境からフランスに入る際、国境検問所で下車して、入国目的を係官に問われ、手荷物を調べられる息詰まる場面がある。国境検問ほど国家の存在を感じさせるものはない。ヒト・モノ・カネ・サービスの移動には税関や国境検問の廃止に代表される各種の障壁除去の実現のためにＥＵは危機また危機の連続であった。

（2）関税同盟創設に発する「ルクセンブルグの危機」

ＥＵの関税や国境検問という障壁を除去する方向を巡る加盟国の対立は、欧州石炭鉄鋼共同体に始まるＥＵ設立の当初からあった。

歴史的に言えば、関税同盟に係るものが最初の難関だった。ＥＥＣと呼ばれていた当時六カ国の時代、シャルル・ドゴール大統領のフランスと、ドイツ出身のヴァアルター・ハルシュタイン初代ＥＥＣ委員長を始めとして他の五カ国が激しく対立した。いわゆる一九六五年の「ルクセンブルグの危機」として知られる対立である。

ドゴールとハルシュタインの対立を簡単に言えば、関税同盟と農業政策と言うＥＵの統合過程で生じるＥＵ内での関税収入を、誰が管理するのかと言う問題であり、欧州議会の管理権限を巡る問題に伴うものであった。ＥＵの危機はこの時から始まっている。

ちなみにハルシュタインは冷戦下にあった時代、国際政治の場面では西ドイツが唯一の政府であり、東ドイツを国家容認する国家と外交関係を断絶するという、いわゆる「ハルシュタイン・ドクトリン」で有名である。

ルクセンブルグの危機の発端となる、関税と農業課徴金のＥＵ予算への移行は、ＥＥＣ条約を形成する過程で、ドゴール大統領が一時政界を離れている間に、フランスを含む全加盟国で合意され、ローマ条約にも規定されていたことであった。関税収入などは関税同盟の必然的結果発生するもので、その税収の管理権限を欧州議会に移行することはEUにあっては既定方針であり、論理必然的であった。ドゴールが、フランス政府による合意にも関わらず、これに強硬に異を唱えて惹起したのが、「ルクセンブルグの危機」であった。

総選挙を控えていたドゴールは農業団体の利益も意識し、自身の政治力を誇示する必要もあった。この時、フランスはEUのすべての会議から代表を引き上げる「空席戦術」を採った。EU内での初めての大きな対立であり、その後の国家主権との激しい衝突の始まりであった。

EU（当時EEC）が瓦解する可能性があったとすれば、この時である。EUは二一世紀に入ってもユーロ危機、イギリスのEU離脱、難民危機に見舞われEU解体論が声高に叫ばれた。だが、ルクセンブルグの危機を超える危機はない、と言えるほどの深刻さだった。

EU創設を提唱したフランスが、こともあろうにEUの関連業務をすべてボイコットし、EUは機能停止に追いやられたのであるから。この結果はそれ以降七〇年代を通してEUにおける意思決定の停滞を招いたとされる。フランスと欧州委員会や他の五カ国は以下の合意で妥協した。「不同意への同意」ともいわれるものがそれである。

すなわち、加盟国の重大な利益が阻害されるときは全会一致が採られるべきということ、同時にフランス以外は一国の死活的利害は認めるが、合意のための努力の後、一定期間を超えたら議決もありうるという両ものであった。つまり、両論を盛り込んだものであった。その後の推移をみれば、全会一致は多数決に多く移行し、ドゴールの主張は退けられていくことになる。

（3）免許資格の相互承認

ところで、市場統合ではヒトの移動が求められる。日本で一般的な海外旅行を考えてみると、ほぼどこでも自由に行来できるのではないかと思われているが、そうではない。ヒトの自由移動といっても通常ビザが必要で、それが国家間の協定で一部免除されているだけである。しかも滞在期間は限定的である。さらに入国管理があって、出入国ではパスポートが必要である。現在、ＥＵでは、ＥＵ共通パスポートが形成されている。シェンゲン地域では一端入国すれば、その後の入国管理はない。

ヒトの自由移動は単に人間が移動する観光と言うレベルではなく、あたかも一国のように医師が医師として、弁護士が弁護士として、看護師が看護師としてと言うように、多くの職業において、ＥＵ内で自由に経済活動を行えると言うことを意味する。国家が設けている多くの国境障壁を撤廃することで、これが可能になる。

医師や弁護士は国家資格を必要とする職業である。免許は一般に国家資格として様々な条件を課し、それらをクリアした者だけがそれらの専門職に就くことができる。ＥＵで加盟国は、これをあたかも同一の国家のように相互に承認し合っている。他の加盟国の資格などの要件に対する同質性を相互に確認している。医師免許については他の加盟国の医学部と医師養成教育に対する敬意と尊敬がなければありえないことだ。弁護士などの専門職についても同様である。

医薬品の管理も同様である。ドイツ人に効く禿（は）げ薬、目薬、鼻薬などがフランス人に効くか、再度輸入する国で治験をせよとなれば、モノの自由移動など絵に描いた餅となる。EUレベルで薬品の安全管理も必要となる。安全基準もそうである。

域外への人の移動についても同様である。EUではEU市民権が確保されている。EU域外で例えば北朝鮮のように、EU加盟国の在外公館が数館しか存在しないところでは、北朝鮮にある他のEU加盟国の大使館が自国民と同様、当該市民を内国民待遇で対処するのである。かくしてEU市民はあたかも域内にあってはもとより、域外にあっても自国のように自由に移動し、加盟国の在外公館でその国の国民同様、庇護を求めることが可能となる。

現在、EUには欧州議会、欧州理事会、欧州委員会、EU司法裁判所、欧州中央銀行などの主要機関のほかに、国家を想起させる五〇余の「その他の機関」（Agency）が置かれている。

薬品の安全管理で言えば、欧州医薬品庁、銀行では欧州銀行監督庁、運輸で言えば欧州航空安全庁、海上であれば欧州海事安全庁がある。環境では欧州環境庁、知財ではEU知的財産庁、国境管理ではフロンテックス、警察関係では欧州警察機構（ユーロポール）がある。さらに越境犯罪にたいする各国検察の捜査、起訴の調整、協力を目的とした欧州司法機構（ユーロジュスト）、防衛では欧州防衛庁やEUサテライトセンターなど社会生活の全般に渡り、拡大傾向にある。これらの機関はEU直属のものから政府間の協力機関とその性格を異にしつつも、EUの単一市場を確保するために存在し、EUの役割が広がる一方である。これらの機関の拡大は国家的なEUを想起させるものである。

EUの機関の詳細については久門宏子『EU欧州統合の現在』（創元社、二〇二〇年）第四版、一三二頁参照。

6　EUの歴史

(1) 第一次世界大戦後から明確になるヨーロッパ統合構想

ところでヨーロッパ統合は現代人の知恵ではない。実はこの考え方は中世期から存在する。当時はキリスト教世界がその代名詞であった。十字軍の言葉が残っているように、イスラムの台頭でキリスト教世界との確執が高まり、ヨーロッパと言う概念が一層明確に知識人を捉えた。

実際、ヨーロッパとそれ以外の領域については、キリスト教世界と言う概念がその背後にあったとヨーロッパ統合史の専門家で英国ブライトン大学デレック・ヒーター教授は語っている。もっとも、政治的にそれが強烈に意識されたのは時代はずっと下って第一次世界大戦後のことである。この戦争はヨーロッパでは第二次世界大戦よりも多くの犠牲と惨劇を招いた。

（2）四つの帝国の消滅と群小の民族国家の成立

　近代のヨーロッパ統合思想を考えるうえで、注目されるべきは第一次世界大戦で、ヨーロッパの政治地図が完全に塗り替えられたことである。なによりヨーロッパに君臨していた四つの帝国が消滅した。ドイツ帝国、ロシア帝国、オーストリア・ハンガリー帝国、オスマントルコ帝国がそれである。皇帝をトップに戴く四つの帝国がこの戦争を通して、すべて消滅したのである。まさに多数の民族国家の誕生である。民族自決の時代の到来と言える。興味深いことだが、イギリスが離脱した後の現在のEU加盟国は二七だが、リヒャルト・クーデンホーフ・カレルギーが『パン・ヨーロッパ』（一九二三年）を著述した当時は二六カ国で、現在と、ほとんど変わりがない。これらの帝国の下にあった多数の中小国が独立した。

　これに伴い三つのことが政治的に重要となった。第一はドイツとフランスの戦争を無くすことの必要性、第二は群小の新興独立国家の安全保障機構の必要である。第三は、関税同盟などを通したバラバラに存在する商品市場の統一である。リヒャルト・クーデンホーフ・カレルギーに代表されるヨーロッパ統合論者はこれを痛感し、第一次世界大戦後にその必要を説いたのである。そしてその思想は欧州石炭鉄鋼共同体の初代最高機関の委員長を務めたジャン・モネらに受け継がれた。

（3）地政学としてのヨーロッパ統合構想とリヒャルト・クーデンホーフ・カレルギー

世は上げて地政学の時代である。書店に行けば、「地政学」と銘打った書籍が山積みされている。その言葉を耳にしない日はないほどの地政学である。だがわが国で第二次世界大戦後長くタブーになっていたことは若い人は知らないかもしれない。それがナチスのイデオロギーとして機能していた過去があるからだ。

わが国で地政学を世に広めたのは、海軍士官から国際政治学者となった曽村保信である。彼が『地政学入門』（中公新書、一九八四年）を著してからであろう。曽村はマッキンダーの地政学の書を翻訳出版して、それに合わせて上述の書を出版した。筆者が学生のころには、地政学と言えば、軍事学と同様、右翼の学問だとみなされるほどであった。実際、私が学生であった一九七〇年代には、左翼にあらずんば学者にあらず、と言う知的雰囲気が日本の大学には充満していた。そのため、戦後防衛関係者を除いて、地政学は等閑視されていた。ＥＵ（当時ＥＥＣ）も、かつてはソ連に日本の将来を見ていた一部の研究者は、帝国主義的資本主義陣営の産物と否定的にみていたほどだ。地政学に戻って言えば、それが「復権」するのは一九八〇年代に入ってからである。

歴史的に言えば、ＥＵはヨーロッパにおける政治状況、すなわち地政学の産物であったと言って過言ではない。リヒャルト・クーデンホーフ・カレルギーの『パン・ヨーロッパ』がその代表的書物である。もともと一九二二年夏にドイツとオーストリアの新聞に発表され、その後書籍化された。一九二七年に日本の駐独大使館に勤務し、カレルギーと親交を深めた永富守之助（後の鹿島守之助）

によってこの書は翻訳され、国際連盟の日本関係機関を通して刊行され、戦後は一九七〇年鹿島出版会から再刊された。現代のヨーロッパ統合を語る上で、このリヒャルト・クーデンホーフ・カレルギーに触れる必要がある。読者の皆さんはご存じだろうか。

リヒャルト・クーデンホーフ・カレルギーはオーストリア・ハンガリー帝国の外交官の七人の子の次男である。この書との関係で言えば、父、ハインリッヒの当時の職務は駐日臨時代理公使。この時期は公使が現在の大使の地位であった。日本に赴任して、日本人と結婚し、後にヨーロッパ統合の父として名を残すリヒャルトの父となる人だ。

母は青山みつ子といった。NHKでは、現地取材などを基にして、吉永小百合がリヒャルト・クーデンホーフ・カレルギーの母みつ子役を演じたいくつかの番組が作られた。みつ子は商家に生まれ、ヨーロッパの名門の伯爵家に嫁ぎ、四男三女を設けた。東京で二人が生まれ、後の子供たちはボヘミアのロンスベルグ城(現在のチェコのポペチョビチェ)に戻って生を得た。東京生まれの次男がリヒャルトである。日本で生まれたため、日本名も持っている。栄次郎と言う。戦後、母の祖国日本を訪れることになる。現在の上皇さまが皇太子時代のことである。

(4) リヒャルト・クーデンホーフ・カレルギーと鹿島守之助

カレルギーのドイツ語の著作をほとんど訳出したのが外交官で後に鹿島建設会長となる鹿島(旧姓永富)守之助である。ただし栄次郎が日本名を名乗ることは訪日を除き、ほとんどなかったと言える。

商家の血を引く日本人名を使うより、欧州の古い貴族の肩書が外部には受けが良かったと言える。

リヒャルト・クーデンホーフ・カレルギーは、ヨーロッパ統合に尽くした人物を顕彰するため、戦後ドイツのケルン市が設けたシャルルマーニュ賞（別名カール大帝賞）の第一回受賞者になった。先の大戦の英雄の英首相ウインストン・チャーチル、初代西独首相コンラート・アデナウアー、欧州委員長を務めたジャック・ドロールも同賞を受賞している。直近ではロシアによる侵略戦争と日々闘うウクライナ大統領ウォロディミル・ゼレンスキーも受賞者である。

リヒャルト・クーデンホーフ・カレルギーの活動については、一九二三年、第一次世界大戦が終結し、母国のオーストリア・ハンガリー帝国が消滅し、ロシア大陸ではボリシェビキがようやく政権を固めようとしていた時期である。リヒャルトの書はロシアの脅威を強調し、独仏の連携を中核としたヨーロッパ統合の必要性を書いている。

ロシアの脅威について日本との関連で言えば、一九一八年にチェコスロバキア軍の救出を名目に、現実にはロシア革命で社会主義政権ができるのを恐れ、わが国は英仏米と連合軍を編成し、シベリアに一万四〇〇〇の将兵を出した。これは一九二二年まで四年に及んだ。極東ロシアにおける日本の権益確保のためである。まさに地政学的動きであった。

リヒャルトは大戦後の内戦やシベリア干渉戦争などもあり、帰趨（きすう）が完全には明確でない中、ロシアでのソビエト政権の成立を予感しながら、一九二三年に『パン・ヨーロッパ』を二〇歳代にして出版し、ヨーロッパの若者の心を広く捉えたのである。リヒャルトはヨーロッパ統合だけでなく、世界をパン・ヨーロッパ、パン・アメリカ、イギリス連邦、東北アジア、ロシア（ソ連）と言う五地域に分けてそれぞれ広がりを意味する「パン」（pan）の付く地域を創造し、それで安定した国際社会を構築するとと言うものであった。「パン」とは広がりのあると言う意味を持つ接頭辞で、地域統合組織の創設とそれによる平和の構想を持っていた。世界をこの五つに地域に分け、世界の平和を構築する彼の思想は、まさしく地政学的思想に立脚したものであった。ＥＵの歴史については、拙著『欧州統合の政治史』（前掲書）参照。

7　EUはいつできたのか
――シューマン宣言とEUの成立

ところでEUはいつできたのかと問われると、正確には一九九三年である。すなわち、一九九三年はEUの設立条約が発効した年だ。『日本経済新聞』も「EU三〇年」（二〇二三年一〇月三一日付）と言う三回連続の記事を出した。EU諸条約ではこれが正解であり、通常の答えである。ちなみにマーストリヒト条約という表現はその後のニース条約やアムステルダム条約とは異なり、正式名称ではなく俗称である。

第二は歴史的な答えである。本書でも厳密に規定する場合を除き、この歴史を意識した表現を使うことがある。すなわち、EUは、一九五〇年のロベール・シューマンフランス外相の名に由来するシューマン宣言によって、一九五一年四月のパリ条約が調印され、そこで規定された「欧州石炭鉄鋼共同体」（ECSCと略）の設立を持って成立した、と言うような表現がこれである。EUの設立時期としてはEUがシューマン宣言で打ち上げられたこのECSCを前身としているからである。

第二次世界大戦後のヨーロッパ統合はこのECSCをもって始まる。石炭と鉄鋼と言う二大産業資源に関連して、独（当時は西独）、仏、伊及びベネルクス（ベルギー、オランダ、ルクセンブルク）

の六カ国で共同管理すると言うもので、シューマン宣言として打ち出された。この構想は、主要な産業資源で、戦争に必須となる資源の共同管理をすることで、長年ヨーロッパを戦禍に巻き込んだドイツとフランスの戦争を不可能にする試みであった。わが国では、シューマンと言えば、音楽家が有名で、シューマン宣言を発したロベール・シューマンの名はほとんど知られていない。彼はフランス首相を経験し、シューマン宣言当時は外務大臣の地位にあった。

第二次世界大戦が始まったのが一九三九年九月で、ヒトラーのポーランド侵略で火ぶたが切られた。イギリスがポーランドと攻守同盟を結んでいたためイギリスも参戦した。一九四〇年四月、ドイツ軍がノルウェーやデンマークを攻めるまで、イギリスの派遣軍は戦争らしい戦争もなく「奇妙な戦争」(Phony War)と呼ばれていた。ヨーロッパ戦線の終わりをもたらすのは、ドイツのヒトラーの自殺で、一九四五年四月三〇日であった。戦争が終わり、フランスの呼びかけで独仏の石炭と鉄の共同管理を骨子とするシューマン宣言が出されるのは、それから五年余り後のことだった。

ちなみにわが国は一九三一(昭和六年)年に満州事変を起こし、三七年には日中戦争に突入していた。ヨーロッパでの戦争より早く中国大陸での戦争が開始されていた。加えて、一九四一年一二月八日の真珠湾攻撃による太平洋戦争が始まり、ドイツが降伏した後にも戦争は継続した。二つの原爆でポツダム宣言を受諾し、無条件降伏するまで日中戦争から数えれば、実に八年、真珠湾攻撃から三年九カ月も戦争が続いた。ヨーロッパではヒトラーの戦争が足掛け六年である。ヨーロッパでは原爆投下こそなかったものの、勝者も敗者も極めて悲惨なのであった。

戦後の疲弊したヨーロッパの復興と将来像を打ち出したのが、このシューマン宣言であった。戦争遂行に必須であるエネルギーの石炭と鉄鋼を共同管理することで戦争を不可能にする野心的なプランであった。結果としてはヨーロッパ統合がこの方向で進み、EU加盟国間では七〇年余り戦争を見ずに至っている。この功績で、EUは二〇一二年にノーベル平和賞まで受賞した。シューマン宣言に名を遺す彼は、ナチスドイツのフランス占領の際、ドイツ官憲に捕まり、尋問を受けている。シューマンは戦時内閣の閣僚であったためだが、逃亡し、フランス国内を名を変え、転々としてパリ解放を迎えている。

シューマン宣言の作成では、シューマンと共に重要な役割を果たした人物がいる。それがジャン・モネである。モネと言えば、日本では画家が有名だが、このジャン・モネはヨーロッパでは各国で切手にもされているほどの人物である。一八八一年九月ワイン生産組合長のファミリーに生まれ、高等教育を受けることなく、若くしてフランス政府に見いだされ、第二次世界大戦後は欧州石炭鉄鋼共同体の初代の最高機関委員長（現在の欧州委員長）に就任した。その前には、国際連盟の事務次長を務めた実業人であり、今ではヨーロッパ統合の父の一人として記憶されている。

国際連盟と言えば、日本では新渡戸稲造がいる。新渡戸は事務次長と書かれることもあるが、厳密には次官補である。事務次官か副長官の地位にあるジャン・モネが上席者と言うことができる。ちなみにジャン・モネは同時代を生き、ともにヨーロッパ統合の思想に尽力した貴族出身のリヒャルト・クーデンホーフ・カレルギーについてもその手法と距離を置いており、回顧録で全く触れていない。この辺りはマーチン・ボンドの *Hitler's Cosmopolitan Bastard: Count Richard Coudenhove-Kalergi and His Vision of Europe*. 2021（未邦訳）が詳しい。

ジャン・モネはこのシューマン宣言の実質的作成者であった。そのためシューマン宣言は「モネ・シューマン宣言」とも言うこともできよう。ジャン・モネの名は現地ヨーロッパで高く評価されていて、切手もドイツなど複数の国家から出ている。またシューマン宣言の日は「ヨーロッパの日」としてEU機関では祝日となっている。

シューマン宣言の目的は上述したが、シューマン宣言での構想は実に画期的であり、西ドイツの初代首相となったアデナウアーはこの宣言を「欧州連邦の形成の始まり」（強調は筆者）と認識していた。Konrad Adenauer, *Memoires*.: 1945-53. Henry Regnery Company. p.265.（英語版）。

ＥＵはその始まりにおいて、連邦主義的であったことは強調される必要がある。なお原書の『アデナウアー回顧録』（Erinnerungen）はフランスのアシェット社から一九六五年に出され、これを底本とした、若き日の佐瀬昌盛（後の防衛大学校名誉教授）による翻訳書（河出書房、一九六八年）が出されている。

8　EU加盟

(1) EUを創設した六カ国

EUの前身を言えば、結成当初に参加したいわゆる原加盟として、フランス、ドイツ、イタリアとベネルクスと言われるベルギー、オランダ、ルクセンブルグの六カ国で、欧州石炭鉄鋼共同体（ECSC）がそれである。ドイツ、イタリアは枢軸国、フランスは連合国として共に戦い惨憺たる国土の荒廃を招いた。その中からEUを通したヨーロッパ統合が開始された。

西ドイツ初代首相コンラート・アデナウアーは、シューマン宣言でECSCのプランが提起された時、自身の回想録で、「ヨーロッパにおける連邦の始まりであった」と記した。国家主義の行きつく先が異常な人種主義のファシズムと国家権力の跳梁跋扈であった。自国民さえも平気で犠牲にするファシズムとの決別の必要が広くヨーロッパの政治指導者に共有された。

EUは経済合理性のみならず、反ファシズムの思想を背景にしてスタートしている。ECSCから六年後の一九五八年にはECSCに加えて、欧州経済共同体（EEC）と欧州原子力共同体（仏語略

Euratom/英語EAEC)が創設された。

その後、他のヨーロッパの国家も順次、EU(当時EEC)に加わっていく。ヨーロッパの国家がEUに加盟するには、国家が有する主権的権限のEUへの大規模な移譲が必要とされる。すなわち、EUが、設立条約と欧州石炭鉄鋼共同体(ECSC)創設以降制定してきた「EU法の総体」(acquis communautaire)を承認することである。好むところだけを都合よく認めるということでなく、すべて受諾することが求められる。これについては後述するが、新規のEU加盟国は加盟条約を調印する過程で、これを過渡期間の措置を設けつつも、「アキ・コミュノテール」(後述)を承認していくことになる。

実際、旧ソ連の衛星国だった東欧諸国は主権制限論に立つソ連の強権支配からようやく脱し、合意してEUに加盟した。しかるに、ソ連の抑圧から奪還したはずの国家主権と自立性が、今度はEUへの合意による権限の委譲で、自ら制限を受けることになる。今日見られるポーランドやハンガリーなど東欧諸国の不満はこのことによるのである。

(2)EU加盟の三つの流れ

EU加盟の流れを見ると、無原則にEU加盟がなされてきたわけでない。一九九一年のソ連の崩壊まで国際政治状況の進展に応じて三つの大きな流れがある。

第一の流れは欧州自由貿易連合(EFTA)からのEUへの移行である。第二はソ連崩壊による中立国のEUへの移行である。第三はソ連支配下にあった旧東欧諸国の大量のEU加盟である。

第一の流れは、イギリスは自国主権が脅かされるとの判断からECSCに加わらず、別途、ECSC創設から八年後、EEC創設からは二年後の一九六〇年に欧州自由貿易連合（EFTA）をデンマークなどと構築した。

EU（当時EEC）を取り囲むように構築したことで、EUのインナーセブンに対して、アウターセブン言われる。ところが、当のイギリスはEUで関税同盟が形成され急激に発展する様に目を奪われ、自身が盟主であったEFTAを脱して、デンマーク、アイルランドと共にEU入りした。EFTAは現在も存在するが、ほとんど意味をなさないまでに縮減した。

スペイン、ポルトガル、少し遅れてギリシャも続いた。経済的に遅れていたギリシャの加盟には逡巡した国家も多かったが、あのギリシャとローマ帝国の栄光を考えた政治的判断が働いたといわれる。

第二の流れは、ソ連の崩壊によるもので中立国の加盟である。フィンランド、オーストリア、スウェーデンが一九九五年にEUに加盟した。ソ連が崩壊、消滅し中立である必要がなくなったのである。

中立とは戦争当事国双方の陣営に組しないと言うことである。中立国と言えば、連合国にも、枢軸国にも加わらなかったスイスが想起される。現在でもスイスはプーチンロシアに敵意を示しつつも、中立のスタンスを変えていない。フィンランドは一九一七年独立したものの、一三〇〇キロ余りに及ぶ国境をロシアと接しているため、ロシアの軍事活動を一部容認する状況であった。

EU加盟はフィンランドにとってロシアの桎梏（しっこく）から逃れる千載一遇のチャンスであった。フィンランドはその後ロシアの脅威を前にして、二〇二三年には国是の中立主義を捨てNATO入りも果たす。

EU加盟の第三の流れは、中立国のEU加盟同様、ソ連の崩壊に伴うものであった。中立国にとど

表1－3　1993年のEU発足後に加盟した国

1995年	オーストリア、フィンランド、スウェーデン
2004年	エストニア、ラトビア、リトアニア、ポーランド、チェコ、スロバキア、ハンガリー、スロベニア、キプロス、マルタ
2007年	ブルガリア、ルーマニア
2013年	クロアチア
2020年	英国が離脱（現在の27カ国体制に）
加盟希望国	ウクライナ、モルドバ、北マケドニア、トルコなど約10カ国

（出所）『日本経済新聞』2023年10月31日付より。

まらず、崩壊したソ連の衛星国として自国の政治の決定権を奪われていた旧社会主義圏の東欧全体に及んだ。それをまとめたのが表1－3である。

（3）コペンハーゲン基準

ソ連崩壊と旧東欧諸国の受け皿としてのEUは、EU加盟の条件整備を行った。これがコペンハーゲン基準である。一九九三年にデンマークの首都コペンハーゲンで示され、欧州理事会で決められたEU加盟の条件である。

加盟条件としては一般に、①政治的基準、②経済的基準、③法的基準が設定されている。

①は、民主主義、法の支配、人権、少数者の尊重を制度化出来ているか。

②は市場経済が機能し、EU域内の単一市場や競争に対応できる能力があるか。

③は経済、通貨統合の目的の順守を含む加盟国としての義務を履行する能力を保有しているか。EUの単一市場を維持するEU法の総体系（ア

表1－4　EU加盟までの流れとバルカン6カ国の現状

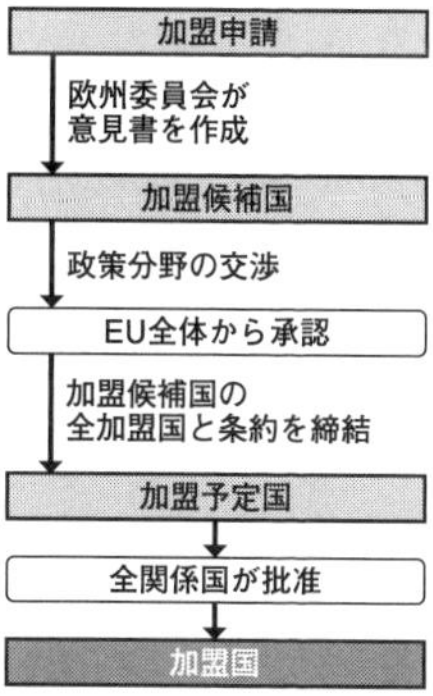

加盟申請
↓ 欧州委員会が意見書を作成
加盟候補国
↓ 政策分野の交渉
EU全体から承認
↓ 加盟候補国の全加盟国と条約を締結
加盟予定国
↓
全関係国が批准
↓
加盟国

西バルカン諸国の加盟プロセス				
国名	加盟申請	加盟候補国の認定	加盟交渉開始の決定	交渉開始（最初の章）
モンテネグロ	2008年12月	2012年12月	2012年6月	2012年12月
セルビア	2009年12月	2012年3月	2013年6月	2015年12月
アルバニア	2009年4月	2014年6月	2020年3月	開始時期未定
北マケドニア	2004年3月	2005年12月	2020年3月	開始時期未定
ボスニア・ヘルツェゴビナ	2016年3月	認定時期未定（現状では、潜在的加盟候補国の地位）		
コソボ	申請時期未定（現状では、潜在的加盟候補国。EUの5加盟国が、コソボの独立未承認）			

（出所）『読売新聞』2022年6月23日付、ジェトロ2022年5月19日資料による。

キ・コミュノテール）を順守し、実行する能力があるか、である。

二一世紀に入り、二〇一三年七月一日にクロアチアが加盟し、EUの範囲は拡大した。現在このクロアチアが最後のEU加盟国となっており、一一年の間新たな加盟国はない。

また二〇〇五年から二〇一二年にかけてバルカンの五カ国が加盟候補国となった（表1－4参照）。西バルカン諸国に対しては、コペンハーゲン基準に加えて、EUが進める地域安定化政策「安定化・連合プロセス」の順守も必要とされている。

さらにプーチンのウクライナ侵略を契機に、二〇二三年に旧ソ連の共和国であったウクライナ、モルドバの二カ国が加盟候補国となり、EUとの加盟交渉も開始されることが決まった。この二カ国に続いてジョージアも加盟を申請した。

この先、EUにとってのヨーロッパはどこまでとなるのか。EUの地理的範囲ですでに指摘したが、EU加盟国はどこまで広がるかと言うことについては、まだ答えが出ていない。それは政治的状況が決める。アルメニアまでEU境が延伸すれば、黒海を超えてカスピ海も射程に収めてくる。実に驚くべき発展である（第Ⅱ部地図2、一六〇頁参照）。ウクライナなどの加盟は二〇年単位での時を要するが、EU拡大は西ヨーロッパと言う地理的範囲を過去のものとし、バルカン半島を超えさらには黒海地域にまで延伸することは確実である。

（4）トルコのEU加盟の可能性

トルコのEU加盟の可能性については、一般的にイスラムだから困難と言う答えがなされる。だが、それは誤りである。EU条約は文化、思想、信条などをEUの価値として明記している。

事実、遅々として交渉は進んではいないが、欧州委員会はトルコをすでにEUの候補国として承認している。繰り返すが、EU条約にヨーロッパの定義はない。確かに、トルコは基本的にモスリムが国民の九割を超している。

EU加盟を考える際、モスリム国家かは常に重要な課題である。フランスのジスカールデスタンが大統領を終えて、ずいぶん経った後、「欧州憲法条約制定のための制憲会議」の議長に就任したことが報じられ、世の人を驚かせたことがあった。彼はEU憲法の制定会議の議長として、タブーなしに何でも話そうと語った。これはトルコのEU加盟についてキリスト教を念頭にした発言であり、物議をかもした。EUではイスラムを理由に加盟を阻めない。更に現実にもEU諸国にすでに大数のモスリム（イスラム教徒）が生活している。例えばフランスだけでも現在人口の八％近く、五〇〇万人以上がモスリムである。近年フランス政府は国内でのテロの悲惨な発生を受け、一〇〇余のモスクをテロの温床の拠点とみて閉鎖した。とは言え、モスクも二三〇〇あると言われる。例えば一億二〇〇〇万人の日本で八%と言うと、一〇〇〇万人近くと言うことになる。EU全域では推して知るべしである。たしかにフランスなどではトルコ加盟の国民投票が行われれば、結果は不透明との見方もある。加盟国は最終的に全ての加盟国の承認を必要としている。ともあれ、モスリム国家だからEU加盟は不可とはEU条約上、誰も言えないのである。

(5) EUの制度設計から見たトルコとロシアのEU加盟

EU加盟における宗教を理由としてこれを阻止することはEU条約上できないことを指摘した。EU加盟を考えるに当たって考慮すべき要因がある。EUの制度に起因するものがそうだ。簡単に言って人口の要素である。

EU法を理事会と共に発出する欧州議会では、議席配分は人口的観点で設計されている。欧州議会で議席配分が人口比となっているとは、敷衍(ふえん)すれば主権国家を前提とした国連とは違い、国家をEU内の一地域としてみていることである。言い換えれば、欧州連合と訳されるEUは欧州連邦に近い制度設計を持っていると言える。

理事会とともに、共同立法権者となっている欧州議会は、議席数はイギリス離脱後下方修正で再配分され七〇五議席。二〇二四年の選挙で七二〇議席となった。ドイツの九六と人口最小国のマルタ、ルクセンブルグ、キプロスの六議席を基準にして、人口比で配分している。ちなみにルクセンブルグでは、近年のデータでは、六・七万人で一議席であるのに対し、ドイツでは八三・二万人に一議席であり、ＥＵでは小国家に議席が如何に厚く配分されているかを示している。ＥＵは大国主導と言う評価は、この意味では全く不適切である。

ＥＵ最大の人口を擁し、最大の経済力を誇るドイツは八三〇〇万人程である。トルコは人口八四〇〇万余りで、ドイツの人口を凌駕した。そのためにＥＵに加盟したと仮定して、与えられる議席配分はＥＵ最強国家のドイツを超えるものとなる。これが問題なのである。

欧州議会では、通常はイデオロギーに従い欧州議会の院内会派を形成して国家横断的に着座して、政策決定、ＥＵ法の制定に関与する。だが、経済的な後進性からトルコはＥＵ予算の審議では、「統一トルコ党」を形成してトルコに優位な決定のために動く可能性もある。

トルコ加盟の障害としてイスラムが指摘されるが、思想信条宗教の自由を定めるＥＵではタブーで、人口と連動した制度上の要因が重要である。ＥＵの近未来を扱った『２０３０年のヨーロッパ』(Daniel Benjamin ed, *Europe 2030*. Brookings Institution Press, 2010. 未邦訳）第八章の二〇三〇年を意味するイスラム暦を使った European Islam in the Year 1451. P.127. でＪ・ローレンス（Ｊ・Laurence）はトルコが欧州議会の議席数などで譲歩しても、フランスなどによるＥＵ加盟の国民投票が待っているとしている。

欧州議会の予定議席数で見ただけでも、ＥＵ最大の人口を持つ国家となるトルコのＥＵ加盟は、困難なのである。

（6）ロシアのEU加盟の可能性

ほとんど知られていないが、あのロシアもEU加盟を打診したことがある。オランダの日刊紙『フォルクスラント』のインタビューで、イタリア出身のプローディ欧州委員長が明らかにした。二〇〇二年一一月のことで、ロイターが世界に伝えた。この時、彼は「ロシアはあまりに巨大である」と語り、これを拒絶した。

プーチンが権力についた初期には欧米とは協調路線を採っていた。EUとの敵対関係をプーチンが明示的にするのは、二〇〇七年二月のミュンヘン安保会議である。この重要会議で欧米に対して強硬な演説をして、メルケルなど列席者の顔を瞬時にこわばらせた。「腐った鯛」とは言え、ロシアは核超大国であり、さらにトルコ以上の一億四〇〇〇万を擁する人口大国である。

欧州議会の議席数はドイツの人口と議席からすると一七〇程度にはなる。同国で仮にプーチン政権が打倒され、仮に民主化したとしても、人口規模からロシアのEU加盟はありえないことだろう。

（7）ウクライナのEU加盟の道程

ウクライナのEU加盟についてはすでに可能性の有無ではなく、時間の問題と言うことができる。

ウクライナのEU加盟申請はロシアによる全面的侵略が始まった直後の二〇二二年二月末になされた。モルドバとジョージアもこれに続いた。EUは同年六月のEU首脳会議でウクライナとモルドバを加盟候補国として承認した。今回、欧州委員会はモルドバについても国内改革の進展を条件に交渉開始を勧告したほか、保留されていたジョージアの加盟候補国の承認も条件付きで提案した。ウクライナのEU加盟については、加盟を希望するどの国についても言えることだが、いくつかのハードルがある。

まずEU加盟の手続をいえば以下である。

①EU加盟を希望する国が申請する。
②EU側がEU加盟が可能かを欧州委員会が審査し、加盟候補国として認定する。
③欧州委員会が欧州理事会に交渉開始について勧告の報告書を提示する。
④欧州理事会がこれを討議し、全会一致で交渉開始に合意し、交渉を開始する。
⑤EUと加盟候補国の双方が加盟条約を批准する。EUは欧州議会承認も必要とする。加盟候補国はその国の憲法の定めに従い加盟条約を批准する。

二〇二四年六月現在、ウクライナについて言えば、④に入ったところである。とは言え、ここからが長い。トルコは加盟交渉入りしているが、依然未結であり⑤には至っていない。しかも、EU加盟を望む候補国については前出のコペンハーゲン基準のクリアが必須となる。

ウクライナの加盟申請は、ロシアによる侵攻開始から五日目の二〇二二年二月二八日、EUへの加盟が申請された。これを受けて欧州委員会は意見書を作成し、同年六月ウクライナに対する加盟候補国の認定を理事会に勧告、六月二三〜二四日に開催された欧州理事会（EU首脳会議）で、ウクライナのEU加盟について協議し、これを認めた。

これからEUとウクライナの加盟条約の調印に向けて、長い交渉に入る。最低二〇年はかかるとみられている。

実際、EU内ではハンガリーがウクライナのEU加盟に激しく抵抗している。それだけでなくウクライナへの経済支援を拒否する姿勢を打ち出していた。

二〇二三年一二月の欧州理事会でハンガリーはウクライナのEU加盟交渉入りの決定では退席して、棄権した。これは独仏がEU条約三一条の「建設的棄権」を活用して、議決での棄権をオルバン首相に働きかけたとされる。棄権は議決を妨げない。全会一致でのハンガリーの拒否となれば、同国の孤立をは決定的になる。オルバンはこれを避けたとも言える。なによりオルバン首相の棄権は、凍結されている一〇〇億ユーロ(約一兆五七〇〇億円)超のEU補助金の支給再開との取引の結果であった。

EU条約三一条は、ニース条約からあるもので、リスボン条約で改正されて現在に至っている。条文を紹介すれば、主要部分は以下である。

「投票を棄権する場合、その構成員はその決定を適用することを義務づけられないが、その決定がEUを拘束することを認めなければならない。」として、「相互的団結の精神において、当該加盟国は、その決定に基づくEUの行動と矛盾し、あるいはその行動を損なう恐れのある行動を差し控える。」

どの加盟候補国でもそうであるが、各段階で全会一致が必要で、ハンガリーの「ゴネ得」は今後も続く可能性がある。他の加盟候補国についても、ハンガリーの「ゴネ得」が再現される危険もある。

なおリスボン条約の邦語訳は鷲江義勝編訳『リスボン条約による欧州統合の新展開――EUの新基本条約』（ミネルヴァ書房、二〇〇九年）がある。私も参加した企画だが、過去の条文と対比できる形で公刊されたわが国唯一のものである。

ウクライナの一人当たりGDPは四〇〇〇ドル未満で、EU平均の約一一％（約九分の一）、EU内の最貧国であるブルガリアの五分の二に満たないウクライナの場合、とりわけ司法分野、汚職対策、マネーロンダリング対策、新興財閥（オリガルヒ）対策、メディア法、少数派の保護などが重視されている。

ともあれ、ウクライナの加盟について言えば、戦争終結を前提として、これが可能となれば、ウクライナでのロシア語話者の権利の保護も求められる。上述のコペンハーゲン基準のクリアはもとより、同国は、人口でポーランドを上回るゆえに、欧州議会での一定の数の議席が割り当てられ、欧州議会選挙法も制定し、これを実施せねばならない。

(8) ウクライナのEU加盟候補国認定が及ぼす先発候補国の不満

二〇二二年六月二四日付時事によれば、EU・西バルカン首脳会議でアルバニアのエディ・ラマ首相は「数え違いでなければ、北マケドニアは一七年前、アルバニアは八年前から加盟候補国となっている」として異例の速さで加盟候補国としてウクライナが認定したことを受け、自国の加盟手続きの停滞への不満を表明した。

イギリスの有力紙『フィナンシャル・タイムズ（FT）』（二〇二三年九月二七日付）は「加盟問題、ウクライナ優遇で西バルカン諸国に不満」と言うの記事を掲載した。そこで、EUへの加盟プロセスではウクライナばかりが優遇され、二〇年近く前から加盟を希望してきた西バルカン諸国の一部が不満を募らせているとし、「ウクライナは申請から一年もたたないうちに加盟候補国となり、来年にも加盟交渉開始の可能性がある。一方、セルビアは二〇一四年に交渉が開始されるまで、申請後四年余りも待たなければならなかった」とセルビアのブチッチ大統領が不満を述べたことを伝えている。

西バルカン諸国とはセルビア、コソボ、モンテネグロ、アルバニア、北マケドニア、ボスニア・ヘルツェゴビナと言う六カ国を指すが、EUは加盟交渉の加速を約束している。だが、FT紙によると、アルバニアのラマ首相は、戦争になれば加盟が早まるとし、「早く加盟できるように、（西バルカンの）どの国からどの国へ攻撃したらよいだろうか」と皮肉を語っている。

FT紙はさらに、EUの新規加盟国受け入れ能力が低下していることを伝え、「EUの予算の純拠出国は一〇カ国で、一七カ国は資金を食いつぶしている。どちらも自国の経済的負担になる加盟国をこれ以上増やしたがらない」とのセルビア大統領の分析を紹介している。

トルコの不満はさらに強烈である。前述の如く、一九八七年、EUの前身の欧州共同体（EC）に加盟を申請したが、いまだに実現していない。国会で演説したエルドアン氏は「われわれはEUに誓った約束を全て守ってきた。ところが彼らEUはほとんど何も約束を守っていない」と批判。「加盟プロセスに関する新たな要求や条件は一切容認しない」と強調した（AFP時事、二〇二三年一〇月二日）。

（9）ＥＵ加盟の効用

ＥＵ加盟の効用についても書いておこう。ＥＵ加盟は当然、ＥＵ加盟を希望する国がＥＵ加盟に様々な便益を見出すからである。ＥＵ加盟の効用とも言える。以下効用をみていこう。

①自由民主主義と安全保障の確保

ＥＵという国際統合組織に加盟する理由は、なによりも自由と民主主義にある。次に世界的にみて富裕な国家群であり、強力で信頼できる仲間ができることである。実際、ＥＵ加盟国内での戦争はこの七〇有余年起きていない。加盟国への侵略も受けていない。

②経済的便益

経済的には加盟国は関税同盟と単一市場に入ることを意味する。ＥＵ外にある国家とは異なり、関税障壁を構築できず、産業強国の企業に市場を簒奪されかねないと言う、産業弱者には厳しい局面もある。だが、加盟希望国には広大な無関税の空間が開け、しかも、低所得国には、それまで考えられなかったような財政移転がＥＵから行われる。ユーロ圏入りすれば、通貨の変動や通貨の交換手数料からも解放される。

ＥＵの予算規模を言えば、二〇一九年の単年度で支払い一四八二億ユーロ（邦貨換算で一二五兆円）

ほどある。こうしたEU予算から流入する利益がある。北アイルランドに隣接する利点を持っていたアイルランドはEU加盟の顕著な成功例である。アイルランドがEUに加盟した一九七三年当時ポルトガル、ギリシャと共にEU最貧国に位置づけられていた。今は一人当たりのGDPでは現在トップクラスとなっている（図1－6、一四八頁参照）。

EU加盟当時EUから複数年度で、アイルランドのGDPの五％程度の財政移転を受けることができた。日本の防衛費が長くGDPの一％程度、五～六兆円であったことを考えれば、如何に巨額であるか理解できる。経済的効用としてインフラの整備もあげられる。ウクライナ、モルドバ加盟交渉の開始が決められたばかりだが、例えばロシアと同じ鉄道軌道からポーランドやルーマニアなどとの鉄道軌道に切り替えられ、輸送網の連結ではEU標準の採用など社会インフラの整備も進みつつある。

③ 近隣国家との紛争の相対化

EUとの加盟手続で見たように、EU加盟候補国は最終的に全加盟国での加盟条約の批准が必須となる。すなわち係争を抱えている隣国があるとすれば、その政治的、経済的懸案もこの過程で解決されていくことを必要とする。つまり加盟国同士の利害紛争がEUを通して希薄化、希釈化されていく。そうでなければ係争当事国である加盟国の拒否権の行使を生み、EUに加盟できないのである。

例えば、トルコの後押しを受けてキプロス共和国から成立した未承認国家の北キプロスも、キプロス共和国との対立はあるものの、トルコ自身のEU加盟交渉とも関連して軍事衝突から対話へと移っている。逆も真なりである。イギリスのEU離脱によってアイルランドとの同時加盟で不可視化していた北アイルランドとアイルランドの国境問題が浮上している。

バルカン諸国のアルバニアはＥＵ加盟候補国だが、ソ連時代の孤立化政策を採っていた。現在、ＥＵ加盟国入りを目指して、ＥＵとの関係を急速に強化している。ちなみに首都チラナには筆者の母校でＥＵの高等教育機関でありＥＵ研究のメッカ、欧州大学院大学の分校がポーランドのナトリン分校に続いて、開学した。

ＥＵの経済と政治空間は相次ぐヨーロッパ諸国の加盟で広がる一方である。直接加盟する効用は大きいことに加え、周辺国家の信用も増す。安定したＥＵの空間拡大の効用はＥＵ域外であるアルメニアやアゼルバイジャンと言うカスピ海に隣接する国家にも及んでいる。アゼルバイジャンにはアルメニアとの間でナゴルノカラバフと言う係争地がある。アルメニアはロシア圏の国家であるが、ロシアの総体的な力の後退を受けて、ソ連崩壊後にロシアを盟友として形成された集団安全保障機構（ＣＳＴＯ）からの離脱を打ち出した。さらに両国の首脳は驚くことに、ブリュッセルのＥＵ本部で紛争の解決のため、首脳会談を開催したほどである。

9　ＥＵ離脱（脱退）

(1) イギリスの事例

ＥＵの加盟については触れたが、ＥＵ加盟があればＥＵからの離脱もある。イギリスのＥＵ離脱は「ブレグジット」（ＢＲＥＸＩＴ）と呼ばれる。イギリスをいうBritainと「出口」を意味するExitの合成語である。

米国に次いで情報量が多いイギリスが故に、わが国でもブレグジットは大いに情報が伝えられた。日本で報じられる情報の多くが、イギリス発の、しかもＥＵ離脱派とそれを支持するメディアによるもので、特にヨーロッパ統合にとってネガティブに影響を与えていた。

ブレグジットを実現させたイギリスの反ＥＵ派の主張は簡単である。彼らのキャンペーンの一句を一瞥するだけでいい。「テイク・バック・コントロール」(Take back control)がそれである。コントロールは「支配権」を意味し、「支配権を取り戻そう」と言うものであった。

すなわち、イギリスはＥＵに国家の主権を奪われていると認識していた。ＥＵを通したヨーロッパ統合では国家主権が大規模に奪われているという認識がサッチャー以降の保守党政権にはあった。これから逃れるにはＥＵからの離脱しかないとしてキャメロン首相はＥＵ離脱を問う国民投票を実施する究極の選択をしたと言うことである。

世界を支配した輝かしい歴史と栄光を持つイギリスの愛国歌は「Rule, Britania」で、そこに謳(うた)われているように、決して隷属しないし、イギリスが世界を支配するというものである。

まさに反ＥＵ派のＥＵ認識はイギリスがＥＵの支配下に置かれていると言うもので、その運動はノスタルジーに毒された古い世代の認識が過度に表現されたものであった。賛成派の多くが過去の栄光を知る世代で、「シルバー民主主義」と言われるゆえんである。

イギリスのＥＵとの距離をいえば、ＥＵの前身の欧州石炭鉄鋼共同体の創設に遅れること二一年の一九七三年にＥＵ（当時ＥＥＣ）に加盟した事実に見られる。ＥＵ加盟はエドワード・ヒース保守党政権の下で行われたが、皮肉にもサッチャーを起用したのは、親ＥＵ派のヒース首相であった。イギリス保守党の反ＥＵ主義は直接的にはマーガレット・サッチャーを受け継いだものであった。

ＥＵ離脱のデービッド・キャメロン保守党政権の政治指導を言えば、国論が分裂する中で国民投票を実施した。彼は、その結果にかかわらず、首相として責任を果たすと言っていた。そのキャメロンはＥＵ離脱の結果が出た後、即日辞任を発表した。その後、イギリスのＥＵ離脱の責任を回避するかのように、彼は議員も辞め、一代貴族となり政権末期に一時外相に復帰するまで政界から身を消していた。なお、保守党は二〇二四年七月の総選挙で一二一議席と三二四議席を失う史上空前の大敗を喫した。

（2）ＥＵ離脱（脱退）の手順

ＥＵ脱退に関する手続規定

ＥＵ加盟国の脱退についてはＥＵの設立を定めたリスボン条約（現行ＥＵ条約）第五〇条に規定がある。それ以前はＥＵ加盟国のＥＵからの離脱条項は存在しなかった。ＥＵ加盟の規定はあってもＥＵ離脱の条項は存在しなかった。それは伸びゆくＥＵにとって想定外のことだったのである。

ＥＵ脱退を規定する五〇条の導入に当たっては、皮肉にもその適用第一号となるイギリスの外交官、ジョン・カール元駐英大使が関わっていた。当時まさか自国がその適用の最初のケースになるとはカール氏は思わなかったことだろう。実際、このＥＵからの離脱条項は、欧州統合の理念と価値に反する非民主主義的国家を想定した条項であったのだから。

同条第一項は、加盟国が自国の憲法上の要件に従いＥＵからの脱退を決定することができると定めている。ＥＵ条約第五〇条第二項および第三項が言う脱退手続の流れは、島村智子（国会図書館）が以下、簡潔に整理している。

①脱退を決定した加盟国は、その意思を欧州理事会（首脳レベル）に通知する。
②欧州理事会は、脱退に関する取決めを定める協定（脱退協定）の交渉指針を定める。
③欧州委員会はＥＵ理事会（閣僚レベル）に脱退協定の交渉開始の勧告を提出する。これを受け

てＥＵ理事会は交渉の開始を許可し、ＥＵ側の交渉担当者または交渉団長を決定する。
④ＥＵは交渉指針に照らして当該国と交渉を行い、脱退協定案を作成する。
⑤ＥＵ理事会は、欧州議会の承認を得た後、特定多数決により脱退協定を締結する。
⑥脱退協定が発効した日に、当該国へのＥＵ基本条約の適用は終了する。脱退協定がまとまらない場合でも欧州理事会への脱退意思の通知から二年後にＥＵ基本条約の適用は終了するが、欧州理事会が当該国と合意した上でその期間を全会一致により延長することができる。
⑦これに関連して、脱退する国の代表は欧州理事会またはＥＵ理事会の討議・決定に参加しない（第五〇条第四項）。なお、ＥＵから脱退した国が再加盟を求める場合には、第四九条に定められた通常の加盟手続に従う（第五〇条第五項）。

リスボン条約で初めて脱退規定ができたことは記憶されていい。イギリスとＥＵの関係について言えば、サッチャー英首相に見られるように、ＥＵ統合の深化に相応して両者の対立は深まっていった。同女史について言えば、マーガレット・サッチャー（石塚雅彦訳）『サッチャー回顧録――ダウニング街の日々（上・下）』（*The Downing Street Years*）（日本経済新聞社、一九九三年）で以下語っている。

「欧州議会がヨーロッパの下院になり、ＥＣ委員会がその行政府になり、閣僚理事会がその上院になるような連邦的ヨーロッパに関するドロール氏の考えを力を込めて拒絶した。ノーノーノと。」

彼女はドロール欧州委員長が進める市場統合には賛成したものの、ユーロの導入には徹底して反対した。通貨統合は経済の問題ではなく政治の問題であることを女史は正確に認識していた。実際通貨は国家と主権の象徴であり、イングランド銀行が欧州中央銀行の指示を受けるなど、想像を超えたものであった。

二〇一六年六月のイギリスのEU離脱（ブレグジット）を問う国民投票の前後、欧州統合終焉論、EU崩壊論、ユーロ消滅論がわが国メディアや出版界であふれ出た。実際、この時期、EUは危機に包まれていた。イギリスのEU離脱騒動に加えて、ユーロ危機、難民危機と立て続けに嵐に見舞われていたからである。しかも現場のイギリスのメディアは保守党政権に媚びるかのように、公共放送のBBCでさえも反EU的であった。例えば、BBCの対EU報道についても、スイスのメディア監視機関から、「プーチンを扱うよりもネガティブに報道されてきた」と言われるほどであった。

わが国でも、イギリスがEUを離脱すれば、複数の国家がイギリスに続き、EUは解体し、欧州は分裂すると言う見方が広がった。『毎日新聞』は離脱を問う国民投票の結果が出た翌日の二〇一六年六月二五日の紙面で、「欧州分裂の危機」との見出しで大きく報じた。

私もロンドンで同じくこの国民投票の動向を分析していた。国民投票の結果を受けて、依頼されていた同じ毎日紙に私のコメント記事を送った。見出しは正確に「欧州分裂には直結せず」と出していただいた。それから八年経ってどちらが正しかったのかは、明らかである。欧州は分裂しなかった。

多くが忘れているが、イギリスのEU加盟は一九七三年である。つまりEUではイギリスは「新参者」であり、EUは欧州石炭鉄鋼共同体形成以降二〇年もの間、イギリスなきEUを経験していたのである。そのイギリスはEU加盟後も英国通貨ポンドを維持し続けた。もし自国通貨をユーロに換えていたらEU離脱はあり得なかったと私は思っている。

さらにＥＵ加盟国は多くイギリスとは違い、影響力の小さな中小国の集まりである。すでに見たように後述する「アキ・コミュノテール」と言う膨大なＥＵ法の網の目にしっかりと連結されているのである。主権を取り戻すというものの、関税同盟を形成しているＥＵを離脱する国家が出たとしても、ＥＵに代わるものをイギリスが提供できるわけはなかった。

今後、ＥＵから放逐される国家は出てくる可能性はゼロではないが、イギリスのように自国の意思でＥＵから離脱すると言う状況は、あり得ないと私は見ている。

10　ＥＵ法

ＥＵがヨーロッパ統合の核となり、市場統合から新規の加盟国までＥＵ法が規律していることを少し書いた。以下ではＥＵ法とは何であり、どのような仕組みか述べてみよう。

（1）法の構造物としてのＥＵ

ＥＵは「法の構造物」と呼ばれることがある。実際、数世紀の時間をかけ同じ土台の国民国家をつくった近代の国家とは違い、ＥＵは人工的に構築された国際機関である。すでに述べたように加盟国が自国の主張を全面的に押し出せば、国家間の協力も困難になる。まして国家間の統合は実現しない。これを可能にするには加盟国に等しく適用される規範性のある法が必要である。実際、ＥＵ法と仕組みは、国際法とも異なり、加盟国の相互の合意の上に成り立つ、疑似的な連邦法とも言うべき性格を持っている。特に強調さるべきは加盟国法へのＥＵ法の優越性である。

（2）アキ・コミュノテール

ＥＵ法とは何であろうか。ＥＵが欧州石炭鉄鋼共同体時代から発出してきた法律のことである。即ち一九五二年の欧州石炭鉄鋼共同体に始まり七〇有余年にわたり、現在も出し続けられているＥＵが決定した法の総体を言う。これをフランス語で「アキ・コミュノテール」（acquis communautaire）と言う。フランス語由来の言葉で、直訳すると「共同体の獲得物」と言うことになる。英語では a body of EU laws という。

ＥＵがまだヨーロッパ共同体と呼ばれていた時代から使われていた表現である。すなわち、ＥＣ法（現在のＥＵ法）はまだイギリスがＥＵ（当時ＥＣ）に加盟していない遥か前の一九五〇年代から発出されてきた。これが現在四億五〇〇〇万人を統べるＥＵの法である。しかもＥＵ域外の国家にも大きな影響を及ぼしている。イギリスは一九七三年アイルランド、デンマークとともにＥＵに加盟するが、それに先立ち、重要なＥＵ法を英語化する作業を必要としたのである。

二〇〇六年段階で、ＥＵ法令集は三一巻、約八万五〇〇〇頁と言うことで、今はさらに拡大していると言える。その中身で言えば、二〇〇八年で、イギリスのフェデラル・トラスト会長のアンドリュー・ダフ（英国前欧州議会議員）の定義では、リスボン条約を含めた一九のＥＵ緒条約、三五〇〇余の国際条約、四八〇〇余の委任立法、二五〇〇の法的措置を含む二万五〇〇〇余のＥＵ法のことを指している。Andrew Duff, *Saving the European Union*. Federal Trust. 2009. p.34.

しかもＥＵ法で構築されたＥＵの司法制度は画期的である。ＥＵ法の権威、ハートレー教授はＥＵの司法制度の連邦的性質について以下述べている。

「興味深いことだが、共同体においては司法及び法制度において連邦的要素（federal elements）が最も強力である」。T.C. Hartley, *The foundations of European Community Law*. Third edition. Clarendon Press. 1994.p.9. footnote.

実際、ＥＵには加盟国の裁判所制度と並列して、ＥＵ法に関する最終決定権を持つＥＵの司法裁判所がある。これは欧州石炭鉄鋼共同体時代に遡る歴史を持つ。

ＥＵ法の最終解釈権はこのＥＵ司法裁判所にある。ちなみにＥＵ法分野での係争事件が急激に増えて、一般裁判所も置かれている。ＥＵ法の広がりに応じて、近年知財裁判所もおかれた。ＥＵ司法制度の充実にも、ヨーロッパ統合の瞠目すべき進展を反映しているのである。

(3) ＥＵ法の種類

ＥＵ法といっても一般には具体的なイメージが湧かないし、理解も進んでいない。その種類にはいくつかある。国立国会図書館の広く公開されているサイトの記述を紹介しつつ、述べておこう。一次法、二次法、判例の三つに分類できる。具体的には、それぞれ以下のものが、司法裁判所（Court of

Justice）で審理の対象となるＥＵ法として法的効力を認められている。

１．一次法

一次法とは、ＥＵの基本条約を指す。現行の基本条約は、二〇〇九年一二月に発効したリスボン条約である。リスボン条約は正式には「ＥＵ条約およびＥＣ設立条約を修正するリスボン条約」という名を採っている。すなわち、改正されたＥＵ条約及びＥＵ運営（機能ともいう）条約を指す。また、両条約の附属議定書及び附属文書も含まれる。一次法には、基本条約以外にも、基本条約と「同一の法的価値」を持つとされるＥＵ基本権憲章、ＥＵ司法裁判所が依拠する法の一般原則なども含む。

２．二次法

ＥＵの基本条約を根拠に制定される法令。主な二次法には、①規則（Regulation）、②指令（Directive）、③決定（Decision）、④勧告（Recommendation）と意見（Opinion）があり、それぞれの特徴と拘束力については以下の通りである。

①規則

加盟国の国内法に優先して、加盟国の政府や企業、個人に直接適用される。そのため、加盟国の国内立法を必要とせず、加盟国の政府等に対して直接的な法的拘束力を及ぼす。

②指令

加盟国の政府に対して直接的な法的拘束力を及ぼす。指令には政策目標と実施期限が定められ、指令が採択されると、各加盟国は、期限内に政策目標を達成するために国内立法等の措置を採ることが求められる。ただし、どのような措置を採るかは各加盟国に委ねられている。

③決定

特定の加盟国の政府や企業、個人に対して法的拘束力を及ぼす。

④勧告と意見

加盟国の政府や企業、個人などに一定の行為や措置を取ることを期待する旨、欧州委員会が表明するもので、法的拘束力はない。

最も重要なものは、①の「規則」であり、これは出されれば、それそのものが法として全加盟国とその市民に適用される。法として最も完成度が高いとされる。それがEU規則である。規則とは一般的に使用されるが、EUにおける「規則」といえばEU法であることが多く、注意が必要である。②の「指令」は、EUが立法目的と達成期限を定め、EU加盟国が、その指令に基づき、加盟各国の事情を踏まえ、これを実施する国内法を制定する。その意味で二段構えを採っている。

（4）ドイツ純粋ビール法事件

EU法について大学で国際統合論やEU政治論を講義する時、その特性について特に触れたい判例がある。ドイツ純粋ビール法事件である。これはEU法の講座を受講すれば、たいてい触れられる重要判例である。正確に言えば、Case178/84Reinheitsgebot 1987 ECR1227と言う。

　ドイツと言えば、何といってもビールの国。そのビールについて歴史あるドイツ法とＥＵ法を巡って争われた事案がある。それが、「ドイツ純粋法」事案であり、これについて話そう。

　ドイツ純粋ビール法は、領邦国家時代のドイツで一五一六年にバイエルン公国で制定された由緒ある法律である。一五一六年と言えば、日本では室町幕府の時代で戦国の覇者織田信長は一五三四年生まれである。その法律によると、ビールの原料は「大麦、ホップ、水（後に酵母が追加）に限定」したもので、これをビールとすると言うものである。当時、ドイツでは、ビールについては様々な混ぜ物の不良品が横行していたことで、この不純物を原料とするビールの販売を禁止することを目的としていた。即ち立法目的は極めて妥当な法律であった。それが故に四六〇年余にわたり維持されてきた法であった。

　この法がＥＵの市場統合との関係で一九八〇年代に問題となり、この法が単一市場原則に反するとして欧州委員会がドイツ政府を相手に提訴した。ＥＵ司法裁判所は、国産ビールの流通を規制するドイツの措置は、消費者保護や健康保護のために必要とされる以上に商品の流通を規制するものであるとし、これをＥＵ条約三〇条に違反すると判示した。ただし伝統的な製法が禁止されたわけではない。これは留意されるべきである。

　ＥＵ法の下で、一国で数世紀にわたり維持されてきた法律がＥＵの市場統合原理に反するとして、見事に退けられたのである。ＥＵ法の加盟国の国内法への優越性を示した事件ともなった。

　この法を含めた重要なＥＵ判例については、中村民雄・須網隆夫編著『ＥＵ法基本判例集』（日本評論社、二〇一九年）第三版参照。

（5）国境障壁除去のためのEU法と「ブリュッセル効果」

①国境障壁除去のためのEU法

EUでは市場統合を目指して三〇〇余の法律を制定することで、EU加盟国の国境障壁を除去し、加盟国ごとに閉ざされた市場を相互に開放した。念願の単一市場を創造すると言うのがEUの目的の一つであったことは書いた。市場統合がフランス出身のジャック・ドロール新委員長（任期一九八五〜一九九五年）へ課された使命であり、彼の役割であった。

欧州委員長は初代でドイツ出身のハルシュタインが一九六七年に退任した後、長くドイツ以外から出ており、一九八五年はドイツが出す番であった。だが、コール西独首相もドロールの蔵相時代の手腕を評価しており、マーガレット・サッチャー英首相もドロールの欧州委員長就任に同意した。

ドロールは着任後、イギリスの貴族政治家で副委員長のコーフィールド卿と協力し、国境障壁の除去に取り組んだ。フランス社会党員とイギリスの貴族の奇妙なコンビが故に、「コーフィールドはサッチャーから恋人を乗り換えた」と揶揄されたりした。このEU法による国境障壁の除去によって、EUの市場統合が進み、現在のEUの形が定まったのである。

現在でもEU市場の維持のために多数のEU法が制定されている。EUが及ぼす産業領域への措置と影響は欧州委員会の本部所在地の名を採り、「ブリュッセル効果」と呼ばれている。より分かりやすく言えば、「EU法効果」と言うべきものでもある。

②ブリュッセル効果とは

「ブリュッセル効果」とはブリュッセル（英語音ではブラッセル）と言うEUの代名詞となっているベルギーの首都に由来するもので、別言すればEUが及ぼす政治経済効果と言うことである。アニュ・ブラッドフォードによって広められた言葉である。

著者のブラッドフォードはフィンランド系米国人でコロンビア大学のロースクールの女性教授である。わが国では庄司克宏のチームが翻訳して広く知られるようになった。原書名はAnu Bradford, *The Brussels Effect: How the European Union Rules the World*. 2020.（邦訳書は『ブリュッセル効果――EUの覇権戦略』白水社、二〇二二年）。

二〇一五年～二〇一七年にかけて英米やわが国でもイギリスのEU懐疑派や反EU派の影響を著しく受けてEU解体、欧州統合終焉論が異様なほどにも跋扈（ばっこ）したことは触れた。

ブラッドフォードはこうしたEU崩壊、欧州統合終焉論は誤りであり、EUは二一世紀にあってEUの法規範で世界をリードしていると言う基本認識である。筆者も全く同感である。それ故ブリュッセル効果なるものは、「EU法効果」と言い換えてもいいと思っている。

イギリスは二〇二〇年一月EUを離脱したが、それは同時にEU法の網からも離脱することで、その実践は大変なものであった。

イギリスはEU離脱に伴い、『フィナンシャル・タイムズ』のPaul McCleanの記事によれば、七五九の国際条約を一三六の国家と別途締結し直す必要があった。After Brexit: the UK will need to renegotiate at least 759 treaties. Paul MaClean. May 30 2017.

イギリスは他の加盟国同様、欧州委員会が通商権限を独占していたがゆえに、離脱に伴い通商法の再交渉で新たにコモンウエルスの諸国から通商法に通じたスタッフを雇用したとも言われていた。

ＥＵ法はＥＵ独自のものであり、国際法とも異なる。ＥＵ法は加盟国法に優越すると言う一点において、革命的であり、画期的であり、さらには疑似的な「連邦法」と言うこともできる。ＥＵ加盟国の大学は国内六法のほかに国際法、ＥＵ法を必修とする。ＥＵ法の重要性が故にである。

二一世紀の地球高温化が世界を脅かしているが、ＥＵは環境分野を筆頭にＡＩ、仮想通貨などでの主導権をとり、大々的にそのルール作りに影響力を発揮している。とりわけCO_2削減運動、バッテリー、生成ＡＩなど第四次産業革命と言われる現代にあって、ほぼ網羅的と言うべくもＥＵは法の網の目をＥＵ全域に構築し、ＥＵ加盟二七カ国はもとより、周辺国家の法規範を律している。

イギリスは二〇二〇年にＥＵを離脱したが、離脱後も一九七三年の加盟時から自国も加わり制定してきたＥＵ法の規範の多くを維持している。

（6）ＥＵ競争法とその威力

①ＥＵ競争法とは

ＥＵ法を語る際、ＥＵ競争法を無視できない。日米では独占禁止法（Anti-monopoly law）と言う言い方が一般的であるが、ＥＵでは競争法（Competion Law）と言う。ちなみにゴルフのコンペは競争するということの言葉に由来する。

ＥＵでは企業は公正に競争せよと言うことを表現し、米国では市場を独占し地位の乱用をしてはならない、と同じことを角度を変えて表現している。ＥＵ競争法はＥＵ法の中で極めて重要なもので、加盟各国のみならず、ＥＵ内で企業を展開する法人等にも適用される。

米国の場合もＥＵの競争法に当たる独占禁止法の影響は大きい。『日本経済新聞』（二〇二四年三月二二日付）は「国家 vs 巨大テック、全面対決へ Apple 独禁法違反の疑い」という記事で、中藤玲、飛田臨太郎記者が、司法省が巨大ＩＴ産業に対し反競争的だとして連邦裁判所で争う姿勢を見せたことをカバーしている。

ＥＵ法の中でも、とりわけ重要なＥＵ競争法に限定していえば、四つの重要な分野がある。それらは、カルテル、独占、合併、政府補助である。カルテルは価格カルテルでわが国でも知られている。独占は市場での独占的地位を利用した競争企業の排除を取り締まる。合併は、市場占有率を高める行為でこれを精査、必要に応じて規制する。政府補助は政府による特定産業や企業に対する補助がＥＵの市場を歪めないかを監視するものである。

フェイスブックは現在メタと改名されているが、このメタを含む米国の巨大情報産業に対しても同様である。米の巨大な情報産業は、グーグル、アップル、フェイスブック、アマゾンを略して「ガーファ」（ＧＡＦＡ）と呼ばれている。近年マイクロソフト社も含めて「ガーファム」（ＧＡＦＡＭ）とも呼ばれている。この米国の巨大ＩＴ産業に対して、また中国系企業に対しても、ＥＵ法は大きな影響を持っている。

ＥＵ競争法を含めＥＵ法がＥＵ域内でいかなる影響を及ぼしているのか。その事例を六つほど紹介しよう。

（7）ＥＵ加盟国の経済産業政策の全領域に及ぶＥＵ法
――六つの事例

①グーグルへの巨額制裁金

二〇二二年九月一五日、ＥＵ司法裁判所は、欧州委員会がグーグルに巨額制裁金を科す判断を大筋で支持したと、『日本経済新聞』の竹内記者が「ＥＵ司法裁、グーグルへの巨額制裁金判断支持五九〇〇億円」と言う見出しで伝えた。

記事によると、米アルファベット傘下のグーグルが、欧州委員会が競争法（独占禁止法）違反として制裁金を科したのは不当と訴えていた問題で、ＥＵ司法裁判所の下級審である一般裁判所（ルクセンブルグ）は一四日、グーグル側の異議申し立てを退ける判断を示したと言うものである。争点は以下であった。

二〇一八年、グーグルが基本ソフト（ＯＳ）「アンドロイド」を使う携帯端末に、自社の検索・閲覧ソフトの「抱き合わせ」搭載を求めたことに対し、自社のサービスを不当に優遇したとして、制裁金を科した。グーグルはこの判断に不満を示し、ＥＵ司法裁判所に訴えた。同裁判所は、制裁金を四三億四〇〇〇万ユーロ（約六二〇〇億円）から四一億二五〇〇万ユーロに減額したものの、欧州委員会の措置を支持したのである。日本の独禁法訴訟ではせいぜい罰金は数億円程度であるが、ＥＵの場合、「懲罰的制裁金」として巨額の制裁を科すことがたびたび見られる。

企業の売り上げ全体を対象としており、その結果、制裁金は巨額となるのである。これまでも欧州委員会によるEUの制裁金は単にグーグルに止まらず、インテル、マイクロソフトなど名だたる米国の企業にも及んでいる。巨大米企業の背後には、米国政府がいる。言い換えれば、競争法の分野で米国の法とEUの法が激しく争っているのである。

中国についてもEU法の適用ではその例外ではない。中国と言えば、過去二〇〇年余のヨーロッパ列強による植民地支配があった。中国は、二一世紀に入り、その隷属と屈辱の歴史に対して報復するかのように世界に覇権を進め、世界進出に注力している。だが、EUとの関係でもEU法の動向を懸念し、これを凝視している。その一例を紹介しよう。

共同通信系のNNAが二〇二三年九月に「EUの中国製EV、輸出深刻な打撃も」と言う記事を配信した。EV車の販売価格は中国車が平均三万二〇〇〇ユーロ（約五〇六万円）に対して欧州車は五万六〇〇〇ユーロで、中国メーカーはEU市場に対する攻勢をかけているとのことである。この状況下で、EUが中国メーカーに対して、不当廉売、いわゆるダンピング関税に動くことを中国政府は懸念していると言うのが、上記のNNAの記事である。

EUは市場分野では寡占による競合する事業者の排除を監視し、あるいは対外通商分野では不当廉売（ダンピング）を監視するなど、大きな影響を与えている。二〇二三年には、EUは国家補助規制の対象を域外諸国に広めて、外国の補助金を得た企業結合と公共調達に関連して、届け出制と調査制度を法制化した。「外国補助金に対するEU規制」（Foreign Subsidies Regulation 2022/2560）がそれである。二〇一六年のドイツのロボット企業クーカ社の中国による買収などに見られる経済安保や先端技術流出の防止の観点からの措置である。

EUと中国の通商紛争の事例については、拙著「EUの外交と対中関係」児玉昌己・伊佐淳編『グローバル時代のアジアの国際協力』（芦書房、二〇二〇年）第五章を参照。

② バッテリー規則

ＥＵ法の三形態については上述したが、以下はＥＵ法の中でも法としての完成度が高い全加盟国に対して直接適用される「規則」を使った事例である。自動車や家電など全産業の命運にかかわる「バッテリー規則」を取り挙げよう。

ＥＵのガソリン車の販売禁止法案はつとに有名で、世界のガソリン車生産に引導を与えるほどの効果を与えている。欧州委員会は二〇二一年七月、乗用車や小型商用車の新車によるCO_2排出量を二〇三五年までにゼロにする大胆な、規制案を発表した。ハイブリッド車（ＨＶ）を含むガソリン車の販売を事実上禁止し、電気自動車（ＥＶ）や燃料電池車への移行を促すことを目的としている。

欧州議会も二〇二二年一〇月に同規則案でＥＵ加盟国と合意した。ただし、ドイツの自動車メーカーが二〇二三年二月、Ｅフューエルを使用する車両は認めるべきだと主張。イタリアなど他の加盟国の一部も同調して、規則案の修正に応じた。

一見すると、CO_2規制からの後退とも見られるが、これは、工場などから出るCO_2を原料とするため環境負荷が低い。またＥフューエルはガソリンより割高になると言う課題もあり、基本的にガソリン燃料車の廃止の方向は、いささかも揺らいでいない。自動車業界は洋の東西を問わずＥＶ車にシフトしつつあるが、まさにブリュッセル効果、言い換えれば「ＥＵ法効果」と言うことに尽きる。

しかも上述したＥＵ法の種類で言えば、法として最も完成された形の「規則」の形を採っている。これはわが国でよくある行政指導ではなく、直接適用性を持つ。上述したように、二七カ国を統（す）べる

EU法の「規則」を使った規制であることは看過すべきでない。

EVにおける世界を規律するEU法に直接関係するバッテリーは、二〇五〇年までの気候中立（温室効果ガス排出実質ゼロ）を掲げる「欧州グリーン・ディール」を達成する上でも最も重要な分野で、世界の工業先進国がしのぎを削っている。実際、バッテリーを制するものは世界を支配する、と言うほどにも、二一世紀の産業革命では中心となるエネルギー源である。

EV車はガソリンに代わり動力源としてはバッテリー（電池）を前提としている。バッテリーは電気自動車はもとより、今後大量に生産されるドローンや各種ロボットにも活用されている。航空機の推進力ともなる小型で強力なパワー・バッテリーの開発は全世界の緊急の課題である。

この次世代の産業資源のバッテリーについて、EUではバッテリー製品の原材料調達から設計・生産プロセス、再利用、リサイクルに至るライフサイクル全体を規定するバッテリー規則が施行された。ジェトロは二〇二三年八月二一日の記事で以下伝えている。

同規則は二〇二四年から順次、規定された開始時期に沿って各義務が適用される。今回の規則は自動車用、産業用、携帯型などEU域内で販売される全てのバッテリーが対象。カーボンフットプリントの申告義務や、リサイクル済み原材料の使用割合の最低値導入、廃棄された携帯型バッテリーの回収率や、原材料別再資源化率の目標値導入などを盛り込んでおり、サプライチェーンの見える化・強靭（きょうじん）化を通じて、域内の重要原材料の確保や戦略的自律を目指す。

③デジタル市場法（DMA）とアップルなどへの規制強化

EUはデジタル分野でも動いている。二〇二〇年一二月の欧州委員会による法案提出から欧州議会とEU理事会での採択を経て、二〇二三年五月にデジタル市場法（Digital Market Act: DMA）を施行させた。

ちなみにEU法の分野ではActは法を意味する。以下で触れるデジタルサービス法（DSA）もそうである。また条約レベルでも、同様で、EEC条約の初の大改正となった単一欧州議定書については述べたが、これもActであった。

DMAに戻っていえば、アマゾン、グーグル、メタ（旧フェイスブックとインスタグラム）といった米国IT大手を念頭に、欧州委員会が指定する「ゲートキーパー」と呼ばれるEU内の月間の利用者が四五〇〇万人以上、年間売り上げが七五億ユーロ（一兆二一一八億円）以上などの条件を満たしたプラットフォームサービスの提供事業者に対する義務と禁止事項を明確にした法である。

EU域内市場でのIT大手による支配的な地位の乱用の防止と、EUの中小企業が、IT大手と公平に競争できる環境を確保することを目的としている。二〇二四年三月、DMAは早くも威力を発揮した。

アップルは欧州委員会からの圧力を受けて、エピックゲームズの関係者登録を復活させたのである。エピックはゲーム「フォートナイト」を手掛ける会社で、アップルを批判したとして、同社独自のアプリストアの開設を阻んでいた。日本経済新聞によれば、アップルは、エピック社との理解が進んだとして登録を復活した。もし、欧州委員会がDMA違反として認定し、アップルがEU司法裁判所で争い、敗訴すれば、世界売上高で最大二〇％という巨額な制裁金が科される。アップル社の二〇二三年九月通期の売上高は三八三二億ドル（約五六兆円）で、最悪一一兆円が吹き飛ぶといわれる。EU法であるDMAの効果は絶大である。

④ デジタルＩＤでの共通規格化

ＥＵ、共通規格でのデジタルＩＤ発行の分野で、ＥＵは共通規格も検討されている。すなわち、デジタルＩＤによる身分証明や個人認証をＥＵ全域で可能にする「欧州デジタルＩＤ枠組み規則案」について、最終的な政治合意に達したと伝えられた（ジェトロ、二〇二三年七月一一日）。

同規則によれば、域内の全ての市民、居住者、企業はウォレット利用が可能になる。ただし、利用者によるウォレットの発行は任意となる。また、全加盟国の公的機関のほか、民間事業者を含む銀行、交通機関、医療機関、社会保障、エネルギー、水道、郵便など厳格な身分証明が求められるサービスや、「非常に大規模なオンラインプラットフォーム」に指定された米国アマゾンなどの事業者については、ウォレットの利用受け付けを義務付けると言うことである。

このように先端技術による社会の変革の最前線でＥＵ法はこれをリードし、次世代技術社会の創出を促している。

⑤ デジタルサービス法（ＤＳＡ）と中国系ティックトック調査

デジタル分野へのＥＵ法適用のもう一つの事例として、中国系企業ティックトック（TikTok）への事例を書いておこう。

ソーシャルネットワーク（ＳＮＳ）分野における発展は目覚ましく、社会への便益をもたらしている。他方で、その根幹を担うプラットフォームの在り方も問題になっている。これはＥＵだけでなく日米など世界的な問題でもある。

ティックトック（中国名：抖音）は中国のバイトダンス社が二〇一六年にスマホ向けに開発した短時間の動画共有サービスである。日本では二〇一七年に使用開始となり、二〇二二年では一〇〇〇万人、世界では数億の利用者がいるとされる。

中国の国内にあっては情報統制をし、他方、対外的には国際秩序の力による変更を求める戦略と合わせて、独自の情報戦略を展開している。このSNSを通じて収集した情報が個人情報の収集や諜報活動に利用されている可能性が浮上し、米国はティックトック禁止法案も成立させた。EUも警戒を強めている。EUの動きを紹介しよう。

デジタルサービス法（Digital Services Act: DSA）は二〇二〇年、「オフラインで違法なものはオンラインでも違法」との原則の下、利用者保護や偽情報の拡散防止を目的に欧州委員会が提案し、二〇二二年七月に欧州議会が可決、一〇月にはEU理事会が可決し、一一月に発効した。これはEU法の種類では「規則」の形をとっている。具体的には（Regulation（EU）2022/2065,“DSA”）という。

この法は、特に中国だけを念頭にしたものではない。ソーシャルメディアやオンライン・マーケットプレイス、検索エンジンなど、EU域内でオンライン上の仲介サービスを提供する全事業者を規制の対象とする。その目的はオンライン上のヘイトスピーチ（憎悪表現）やテロの扇動といった違法コンテンツ、偽物などの違法商品について、削除を含む対策を企業に義務付けるEU法である。

このDSAというEU法に基づき、中国系動画投稿アプリで広く世界の若者に使用されているティックトックの正式調査を開始したと共同通信が伝えた。

それによると、二〇二四年二月一九日に欧州委員会はティックトックに対し、違反した場合に制裁金を科すEUのデジタルサービス法を基に、有害なコンテンツや未成年者保護の対策が十分かどうかなどについて調査をしている。ＤＳＡは偽情報などの違法コンテンツの排除を巨大ＩＴ企業に義務付け、違反した企業には世界における売上高の最大六％の制裁金を科す。適用されれば、巨額な制裁金となる。

これは広範囲な地域に注意が向けられており、欧州委員会はパレスチナのガザ情勢に関する偽情報などの氾濫を受けて巨大ＩＴ企業への圧力を強めている。すでにＸ（旧ツイッター）に対してＤＳＡに基づく正式な調査を行っている。

ＥＵはすでに指摘しているように、ほとんどが中小国からなり、自前でＳＮＳに対して法規制が十分できない。中小のＥＵ加盟国の全てに同じ法の規制の網を張り巡らし、ＥＵが圧倒的スケールで統一的な法を運用し、巨大プラットホームの違法コンテンツの排除を行っているのである。

ＥＵ法は我々の日常にも大きな影響を及ぼしているのを理解できるだろう。ギリシャのソブリン債に発する深刻なユーロ危機や、二〇一五年をピークとするヨーロッパにおける難民の流入、そしてイギリスのＥＵ離脱の国民投票と立て続けに起きた危機を受け、二〇一六年前後急激に高まり、ＥＵ解体論やヨーロッパ統合終焉論が起きたが、長年にわたりＥＵが積み上げてきたＥＵ法の持つ圧倒的影響力についてほとんど触れられていない。つまり無知である。ＥＵ内で危機があるのは事実である。だが危機であることは、ＥＵの解体、崩壊には直結しない。解体、消滅は特段のことであり、危機以上の状況の展開が必要である。ＥＵの努力とＥＵが持つ復元力、すなわちレジリエンスを知る必要がある。

⑥ 刑法領域にも及ぶＥＵ環境法

ＥＵ法は加盟国の社会の全域に及んでいることは指摘したが、ＥＵが最も得意とする環境政策では、これまで加盟国の国家主権に基づき権限行使で独壇場であった刑法の領域にも広がりつつある。

ＥＵは経済共同体として発足したこともあり、マーストリヒト条約で司法内務協力が条文化される三〇年ほど前には、ついぞ耳にしなかった「ＥＵ刑法」と言う言葉も現れている。

二〇〇八年に制定された環境犯罪指令（指令 2008/99/EC）がその例である。これは「指令」(directive）であり、上述のように、ＥＵと加盟国の二段構えの法である。起訴率の低さと国境を越えた協力体制の弱さにより、抑止力が機能してこなかった旧指令に対する新指令案である。

欧州理事会が二〇二三年一一月に合意した新指令案について、『ＥＳＧジャーナル』（二〇二三年一二月五日付）の記事によれば、ＥＵ刑法上の環境犯罪の数を九から一八に増やすこと、違法木材取引、船舶汚染物質の不法リサイクル、化学物質規制の重大な違反などが含まれるようになった。また同記事によれば、「適格犯罪」条項の導入により、実質的かつ不可逆的な損害をもたらす故意の犯罪を適格犯罪として指定することが追加された。法人の場合、最も深刻な環境犯罪には、全世界の売上高の少なくとも五％または四〇〇〇万ユーロ（約六四億円）の罰金が科され、その他の犯罪には、全世界の売上高の少なくとも三％または二四〇〇万ユーロ（約三八億円）の罰金が科される可能性があるとみている。その他の行政措置としては、環境修復義務、公的資金からの除外、許可取り消しなどがある。ＥＵは市場統合の監視と言う目的の達成の論理的帰結として、刑法領域にまでその権限を及ぼしつつある。

11　欧州議会

(1) 諮問機関から共同立法権者への変貌

ＥＵ法の種類やその重要性については、デジタルや環境部門での最近の事例を挙げて、記した。上述の事例でも登場したように、ＥＵ法の制定にあたっては、加盟国の利益を代表するＥＵ理事会と共に、欧州議会（European Parliament）が共同立法権者として活躍している。

私は自身を欧州議会の研究者と位置付けており、一九九〇年代から欧州議会の事務局のあるルクセンブルグや本会議場のあるストラスブールにも取材や面談で出向いた。

欧州議会は欧州石炭鉄鋼共同体からＥＥＣ条約の改正である単一欧州議定書の制定までは、加盟国の側から見れば、気にも留められることもない機関であった。実際、それは「諮問機関」に過ぎなかったのである。だが、欧州議会は、諮問機関の地位に安住せず、国家の議会が本来的に持つ立法権限の獲得に努めてきた。つまりＥＵ法制定者としての地位を単一欧州議定書を経て、マーストリヒト条約（発効一九九三年）からリスボン条約（二〇〇九年）で確固たるものにしていったのである。

（2）欧州議会のEUにおける代議制での位置づけ

現在EU条約（リスボン条約）での欧州議会の位置づけは、「Ⅱ編　民主主義原則に関する規定」で定められている。それは以下のように規律している。

〔EU条約　一〇条〕

1．EUの運営は、代表制民主主義に基づく。
2．EUの市民は、欧州議会においてEUレベルで直接代表される。加盟国は、加盟国の国家または政府首脳による欧州理事会および加盟国政府による理事会において代表され、国内議会もしくは国民に民主主義に基づく責任を持つ。
3．EUの市民は、EUの民主主義に基づく営為に参加する権利を有する。諸決定は、市民に可能な限り公開され、かつ可能な限り市民の身近でなされる。
4．欧州レベルの政党は、欧州の政治意識を形成し、EUの市民の意志を表明することに寄与する。

以上のように、代表民主主義について、EUレベルでは欧州議会が責任を負い、加盟国レベルでは国家の議会が責任を負うとしている。

加盟国の閣僚が集まる理事会と共に政府の利益を代表するものとしては、最高意思協議機関の欧州理事会がある。欧州理事会は言うまでもなく加盟国の最高首脳の会議である。言うところのEU首脳会議である。ただしここはEUの指針や方針を出すだけである。個別案件や政策は各国の閣僚からなる理事会が議決し、加盟国の意思を統一し、具現化する。その意味で、欧州石炭鉄鋼共同体の時代より、その機能は大きな変化がない。

他方、欧州議会が議会本来の機能である立法権限を獲得したことで状況は一変した。

欧州議会のEU条約上での位置づけについては、一般にほとんど意識されていないが、欧州議会でまず述べておくべきは、欧州石炭鉄鋼共同体条約とは異なり、一九五八年に発効したローマ条約から機関の規定において欧州議会（総会）の記載の順が執行機関（行政府）より前に移されていることだ。現行EU条約でも同様である。

欧州統合の父たちは、欧州議会の潜在的な重要性と方向性を意識していたと言えるだろう。日本では国会は日本国憲法で、「国権の最高機関であって唯一の立法機関」とされ、国会が他の機関よりも前に登場する。欧州議会の発展も近代議会の流れに沿っている。

（3）「加盟国議会の代議員」から「EU市民の議会」へ

欧州議会の前身は、欧州石炭鉄鋼共同体の「総会」（Assembly）にその始原を見る。それは七八議席で、加盟国議会の議員が兼任し、政府の集まりである閣僚理事会の諮問機関でしかなかった。この時点では欧州議会と言う名はまだなく、「総会」でしかなかった。総会は議会の機能を有していないのである。

「諮問」とは、意思決定の前に、当該機関が意見を聴取されると言うことで、第三者も参加したと客観性を装うものである。ローマ条約で総会が理事会より前に記載されると言う変更は重要である。その後の諮問機関としての総会の議会への変貌の序曲となったのであるから。

欧州石炭鉄鋼共同体の総会時代、その代議員の任期はわずかに一年でしかなかった。立法権もなければ、行政府の監督権限もほとんどなかったと言える。ちなみに「最高機関」と言われた行政機関の任期は最長六年であった。しかも総会は当初から長く加盟国議会の議員の兼任であった。ローマ条約でも議員の加盟国との兼任についてはそうであった。加盟国に配分された議席数に応じて、国内の政党の勢力に応じて指名されると言う状況であった。欧州議会にはテレビカメラも入らないし、「欧州政界の墓場」とも揶揄されてきた。それが今や欧州政治の花であり、ＥＵの諸政策を巡り各党派のせめぎあいが続き、今や〈ＥＵ政治の主戦場〉となっている。

一九七八年の実施を目指した一九七六年九月の欧州議会直接選挙法の可決と一九七九年の第一回直接選挙（英国の準備不足で一年遅れた）で、欧州議会の地位が劇的に変わった。

加盟国議会の議員を兼任するか、直接ＥＵ市民から選出されるのかでは、議員と議会の正統性と正当性に決定的に影響を与えた。イギリスのＥＵ政治研究者ジュリエット・ロッジはこれを連邦制へ向けた動きと捉えている。まさに「加盟国の議会の代表者」の議院から、ＥＵ市民に直接選出された議院が誕生したのであるから。「欧州議会」と言う表現は一九八七年発効の単一欧州議定書で初めて条約上に記載され登場した。ちなみに慣行として始まっていた加盟国の首脳会議も欧州理事会としてこの時同じく、単一欧州議定書で正式名称として規定されたである。

その後のヨーロッパ統合の深化を考える場合、欧州議会直接選挙と単一欧州議定書は看過すべきでない。欧州議会が立法過程に関与し、二〇〇九年のリスボン条約で理事会との共同立法権者としての地位を獲得するに至る口火を切る「協力手続」がここで条文化されたからである。

(4) 単一欧州議定書と欧州議会

単一欧州議定書が画期的であるのは、この「協力手続」(co-operation procedure) では欧州議会の第二読会までの参加が保障され、欧州議会が反対する法案の成立には理事会の全会一致が必要となったからである。言い換えると、欧州議会は理事会の構成国の一つを味方につければ、理事会での法案を阻止できると言う画期的内容を持っていた。

ＥＵ法の制定過程で単一欧州議定書の前と後では、法案の提出件数で顕著な差を見せている。二七年前に発表した論考で筆者はこの点を以下のように記した。

「欧州委員会が単一欧州議定書発効以前の一九八六年に行った法案提出件数は四三〇件、これに対して二年後の一九八八年にはその四倍の一八三〇件に上るとイギリスの連邦主義的統合主義者で、欧州議会議員でもあったアンドリュー・ダブ (A. Duff) は指摘している。」

拙稿「ＥＵにおける『民主主義の赤字』の解消と欧州議会の役割」『日本ＥＵ学会年報』(第一七号、

図1－1　EU立法の流れ（EUの機関の役割）

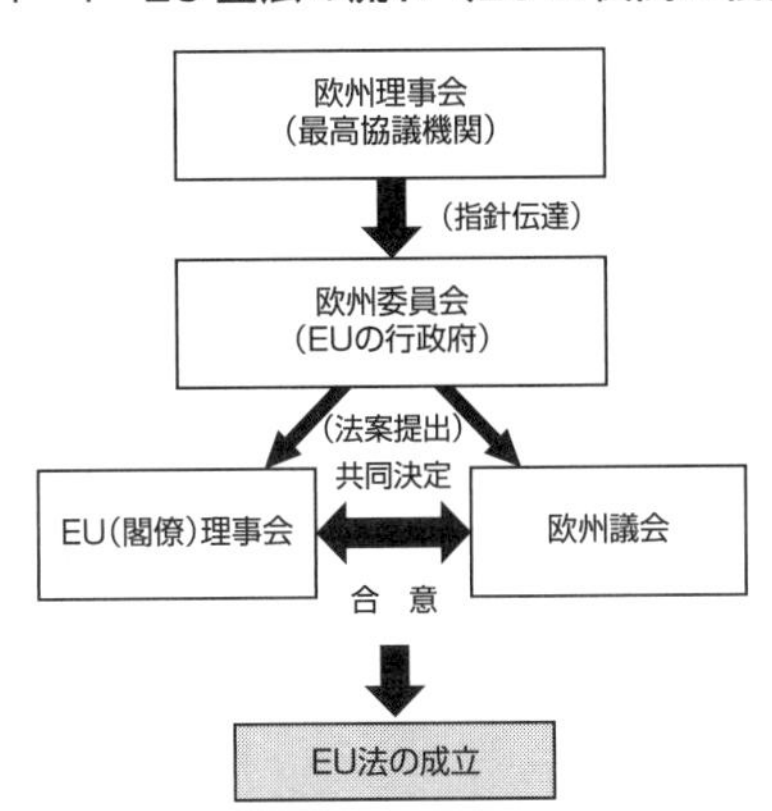

（出所）『日本経済新聞』2024年6月11日付より作成。

一九九七年）参照。

早くも一九六二年三月に総会の議員団は議会的存在であるとEEC条約を超えて議決して、議会に変貌する意志と方向性を強く打ち出した。その後、欧州議会直接選挙の導入と実施および、ローマ条約の初の大規模改正となった単一欧州議定書の意義は大きい。欧州議会の重要性を広く知らしめ、それ以降のEUの発展の方向性を明らかにしたと言うことであった。

EUは制度的に見れば、T・C・ハートレー教授（前出）が喝破したように、特に法の分野で欧州連邦と言うべき組織に近似した制度を採っている。EU法が加盟国法に優越するのだから当然だろう。

だが、未だEUは国家でない。欧州議会の立法権が加盟国の閣僚からなるEU理事会と共同して決定する仕組み自体がその証である（図1－1参照）。立法行為は理事会と欧州議会と言う二つのアクターが協力して行われる。国家利益を体現する理事会と共同して立法を行う。それがゆえに共同立法権者と言うのである。

将来は不明だが、EUに国家が存在する限り、単独の立法府に変貌するのは無理だろう。ただし、最近のEUの環境法制で述べたが、EUの産業領域全般に及んでおり、欧州議会への注目度は近年極めて高い。いな、欧州議会の動向を見ずにはEU政治と統治形態は語れないと言うことである。

(5) 立法発議権がない欧州議会と立法発議請求権の獲得

EUの立法行為で国家の議会の権能とは違うことがもう一つある。立法発議権が欧州議会にはないことである。EUの行政府である欧州委員会が排他的にこれを持つ。通常、立法発議権は立法権のなかに一体として存在している。日本では立法発議はその九割が内閣提出法案で、議員立法と言われるものは一割程度しかない。とは言え、内閣提出法案も、もとを辿れば、広義には議員立法とも言える。集団で政党を形成し議員の多数派からなる政府与党が提出する議案である。

近代議会が当然として持つこの立法発議権がEUの議会である欧州議会には存在しない。

EUにおける立法発議は欧州委員会が排他的にその権限を行使する。

なぜ欧州議会に立法発議権が無いのかについては、十分書かれたものがない。あえて言えば、その理由は、過去も現在も欧州委員会以外にEU全体を統(す)べる法案を作る能力とその基礎となるデータを持っていないことであろう。実際、加盟国の議会や政府は当然自国の関係データは持っているが、EU加盟国全体の状況やデータを把握しているわけではない。欧州委員会はその意味でEUの加盟国全域をカバーする巨大なシンクタンクでもある。

しかも欧州委員会は、特定の加盟国の利益のためにあるのではなく、EU全体の利益のためにある。これも国家の議会とは異なるところである。EUのすべての加盟国に関して、個別的知識しかないところでは、EU全体の利益に立った法案など提出できるわけがないのである。

EUでは欧州委員会が立法発議権を独占すると述べたが、欧州委員会が自身の思惑で法案を提出することはない。事前に加盟国政府、業界関係者などと法案制定過程で連携を密にする。法案は理事会と欧州議会に提出されるが、この過程で頻繁に修正もされる。理事会と欧州議会の一致が無ければ法案は可決されることはない。

歴史を振り返って見れば、加盟国の死活的利害が関わる案件について、全会一致を求めてドゴールのフランスと他の五カ国が対立した一九六五年の「ルクセンブルグの危機」があったことは指摘した。それ以降、欧州委員会（当時はEEC委員会）は加盟国が抵抗する議案については、法案の提出を渋る傾向にあった。法案の提出が無ければ、EUとヨーロッパ統合は進まない。それは同時に欧州統合の停滞を意味するものでもある。

欧州議会が法案提出権限がないと言うことでは、議会本来の機能を行使していないと言う批判もあった。このため一九八四年EUの将来像を打ち出したいわゆる「ドラフト・トゥリーティー」では、欧州議会の立法発議請求権に相当する権限が三四条で盛り込まれていた。これはEU設立条約（マーストリヒト条約）の一三八b条の立法発議請求権として新たに規定された。

これについては、一九九五年九月にルクセンブルグの欧州議会事務局の法制局と言うべき総局でシルベストロ局長と面談したことがある。よくぞ日本からこの問題に関心を持ってきてくれたと歓迎していただいた。見せていただいたものはＥＵ加盟国における森林保全を意識したもので、完全な法文を持って策定されていたので驚いた。法案の背景は、顕著となってきた酸性雨によるドイツの森林破壊があったのである。私は単に立法発議請求権は「当該する法案を提出せよ」と、欧州委員会に対して出す簡単なものだと想像していたからである。すなわち欧州議会から法文の形をもったもの、つまり法案が欧州委員会に頻繁に出されれば、欧州委員会が排他的に持つ立法発議権の簒奪に持つながりかねない機能であることをＥＵ政治の研究者として直感的に思っていたのである。

最近の傾向を言えば、欧州議会もそれを熟知しており、年間の立法スケジュールで両者が事前に協議し、両者ＥＵ法案の立法活動で協力しているのである。このように、欧州議会は立法発議権に間接的に関与していると言えるのである。

ＥＵの立法権限獲得の過程は、拙著『欧州議会と欧州統合』（前掲書）を参照のこと。

（6）国家の意思さえ覆す欧州議会の条約制定のための同意手続

①ＥＵ・中国包括投資協定（ＣＡＩ）締結へのメルケルドイツ首相の役割

欧州議会の立法権については述べた。国際条約の締結も国家において重要な法的な行為であり、国会の承認事項である。ＥＵでは、自身が締結する国際条約に対しては、欧州議会の同意手続を必要とする。広く言えば、条約の制定それ自身が立法行為の一つであると言い得る。中国との投資協定に対し、欧州議会がこの同意手続を適用し、これを阻止する事案があった。

この条約は、合弁要件などのＥＵ企業の中国市場への参入障壁の一部撤廃により、ＥＵ企業による中国市場への参入を容易にし、さらには中国の国有企業への補助金の透明性を高め、参入企業の技術の強制移転の禁止措置を盛り込むなど評価すべき点もあった。

この条約で中国側はＥＵ市場に公式に参入するお墨付きを獲得し、他方ＥＵはコロナ禍で冷え切った経済通商を活性化できると言うメリットがあり、両者の思惑が一致した結果であった。

この条約では、とりわけドイツ宰相のメルケルの影響が大きかった。七年間の交渉を経て二〇二〇年一二月に合意した。

メルケルはドイツ経済界の代弁者として、訪中も二〇一九年までで実に一二回に及んでいた。このメルケルが主導し、ＥＵ側が中国側と三〇数回の会議を経て、加盟国が調印にこぎつけていた。

メルケルといえば、二〇〇五年にドイツで圧倒的な支持を得て、第一次内閣を組閣して以降、二〇二一年に退任するまで、実に一六年にわたりドイツ政治とＥＵ政治を牽引した女性宰相であった。

この間、二〇一四年のプーチンによるクリミア侵略、二〇一六年のイギリスのＥＵ離脱の国民投票や、二〇一七年の米国のトランプ大統領の誕生があった。

国内にあってはドイツ企業の中国市場へのいっそうの参入を進め、同国のエネルギー確保では、ノルドストリーム２の敷設で、対ロエネルギー依存を無批判に高めようと動いた。またＥＵ政治にあっては、ユーロ危機と難民危機への対応、トランプ米大統領の、欧州防衛を軽視するアメリカファーストへの対応や、プーチンによるウクライナ侵略によるＥＵの外交安保政策の一体化に努めた。ただし、ユーロ危機では、ギリシャへの緊縮財政の要求は強硬であり、また難民問題では欧州委員会による難民割当制の実施で、ＥＵ司法裁判所も巻き込み、ハンガリーとのＥＵ内の対立を深めた。

②　欧州議会によるEU・中国包括投資協定の阻止

EU・中国間の二〇二〇年一二月に合意した通商協定に戻れば、上述のように、EUにあっては欧州議会による同意を必要とする。この欧州議会が中国との通商協定の批准を二〇二一年五月二〇日に本会議でブロックしたのである。採決の内訳は不同意への支持が、賛成五九九、反対三〇、棄権五八だった。圧倒的多数での条約への不同意の可決であった。

その理由は、直接的には、少数民族ウイグル族の人権問題への反発があった。だが、それだけではない。中国に対しては、香港の民主派の弾圧、次世代通信規格「5G」に絡むファーウェイのスパイ疑惑、南シナ海での航行の自由を無視する覇権主義的対応など、欧州議会には全般的な中国への不信感があった。欧州議会による条約への不同意の議決は、人権や民主主義といったEUの基本的な価値を重視することで、安易な中国との関係強化に歯止めをかけたのである。言い換えれば、メルケルが行った政経分離方式による経済優先の対中対応に欧州議会がノーを突き付けた瞬間でもあった。

加盟国の意思と利害、それに対するEUの利益。この中にあって、欧州議会は、EUの基本的価値を重視し、この条約批准を退けたのである。

イギリスやドイツのメルケルを攻略すればEUは落とせる、と考えていた中国政府も、EUの意思決定過程の複雑さと、主要加盟国の意思さえ覆す欧州議会の重要性に改めて気づいたことだろう。

（7）欧州議会の予算権限と政治問題化するEU財政

加盟国議会は国家予算を決定することを常態とする。ＥＵにおける財政（予算）も同様である。一般に予算も米国などは予算法として分類され、立法の一形式だとすれば、当然ＥＵの立法府としての権限事項である。

ＥＵ財政でいえば、二〇二二年で二四兆円ほどである。日本の国家予算が一〇〇兆円を超えていることからすれば、貧弱とみることもできる。それでも国連予算と比べれば、桁違いに大きいのである。各種ＥＵの政策に活用されている。固有財源とされる伝統的財源については欧州議会が最終決定権を持っている。ただしこの場合も常にＥＵの理事会との駆け引きが行われる。予算決定の政治過程は常に紛糾するので、現在では単年度から七年間の支出総額を決定する方式が採られている。

ＥＵ予算（財源）の内訳は、歳入では伝統的財源という関税（農業課徴金含む）収入が大きなウエートを占めていたが、今は付加価値税（消費税）の一部でも足らずに、加盟国の国民総所得（ＧＮＩ）を基礎にした加盟国からの負担が七二％ほどである。ＥＵ予算規模はそれでもＥＵ全加盟国のＧＮＩ総額のわずか一・二三％と定められており、資金需要は膨らむ一方で常時不足している。ただし加盟国予算の必要もあり、常に対立する必然性を抱えている。それゆえ、共通連結法人税、温室効果ガス排出量取引制度からの収入、プラスチックごみに対する新税を欧州委員会は考えている。ＥＵ予算を巡っては、新規加盟国や候補国は軒並みＥＵの加盟国の平均所得を下回る国家であり、今後さらに政治問題化していくとみられる。

12　欧州議会の選挙制度

（1）直接選挙の起源は欧州石炭鉄鋼共同体条約第二一条にある

欧州議会議員の直接の選出は一九七六年の欧州議会選挙法によってである。それまでは加盟国議会との兼任であったから、ＥＵ（当時ＥＥＣ）としての選挙制度も必要がなかった。実際、諮問機関として位置づけられ、任期わずか、一年しかも兼任制の総会の代議員たちであった。これは後に直接選挙のなかで廃されていくことになる。

ちなみに兼任制には、欧州議会が総会として諮問以上の権限がない頃には、加盟国議会の有力政治家らを総会や欧州議会の議員と兼任させることで、世の注目を喚起できると言う期待もあったのである。

歴史を振り返れば、欧州統合の父たちは欧州石炭鉄鋼共同体の総会の選挙の在り方について同条約第二一条を用意し、兼任の規定だけでなく、直接選挙の可能性も規定していた。後に拙著『欧州議会と欧州統合』（前掲書）で筆者は以下表現した。

「ほどなく彼らは、欧州統合の父たちにより欧州石炭鉄鋼共同体の総会の選挙のあり方について規定した同条約二一条において目立たない形で記載されていた直接選挙のプログラムにアクセスした。この瞬間に、欧州石炭鉄鋼共同体の総会は〈議会〉としての発展の扉をみずから開いた。」

一九七六年に欧州議会直接選挙法を制定し、予定より一年遅れて一九七九年に第一回選挙を行った。以降、EU全加盟国で五年に一度、有権者数三億六〇〇〇万人余に上ぼる欧州議会議員選挙を行う。議場はストラスブールとブリュッセルにある。二〇二四年六月六日~九日には第一〇回目となる欧州議会選挙が実施された。

(2)国家を超えた立候補と投票

欧州議会選挙で注目すべきはいくつかあるが、立候補資格が自国に限定されていないことである。居住条件などをクリアすれば、他の加盟国から立候補できる。当選した事例も毎回数名いる。

一九八九年の第三回の直接選挙において、フランス人で著名な政治学者であるM・デュベルジェが、イタリア選挙区から立候補し、イタリア共産党の比例名簿に登載され、当選した事例がある。国家を超えた投票権と立候補資格については、一九九三年にはマーストリヒト条約において正式に「欧州市民権」として導入され、法的に確保されるに至った。

選挙方法としては細則は加盟国が決定し、投票における有効票に関する制限条項を残しつつも、比例代表制がその準則として定められている。ちなみに欧州議会ドイツ選挙区での五％条項についてドイツ連邦最高裁が完全な比例代表制をとるよう判示し、その撤廃を求めた。

植松健一「ドイツの民主政における阻止条項の現在（2）——自治体選挙と欧州選挙の阻止条項への違憲判決を契機として」『立命館法学』（第一号、第三六五号、二〇一六年）を参照。

（3）比例代表制を欧州議会選挙に導入した英仏

フランスも欧州議会での直接選挙を契機に、国民議会選挙（下院）で使用されている小選挙区制の二回投票制を改め、欧州議会選挙に限定して、比例方式に転換した。イギリスも同様であった。同国が下院議員選挙で採る小選挙区制度を欧州議会選挙では適用せず、新たにドント式比例制度に変更した。これがイギリスの伝統的な二大政党から多党化を促進した。拙著『現代欧州統合論』（成文堂、二〇二一年）参照。

実際、比例代表制度では極右政党であろうが、極左政党であろうが、合法政党であれば、そして民意を得れば、議席を得られる。得票数と獲得議席が比例配分されるためである。

これに対して、小選挙区制度を採るイギリスの場合、First past the postと表現しているように、勝者と敗者の関係は「勝者総取り」（All or Nothing）となる。

このため、イギリスでは総選挙と欧州議会イギリス選挙区では政党の得票率と獲得議席に驚くべき乖離を示している。二〇一四年の欧州議会選挙イギリス選挙区と二〇一五年のイギリス総選挙を比べてみよう。

比例代表制度を採る二〇一四年の欧州議会イギリス選挙区では、反ＥＵ勢力のナイジェル・ファラージュをリーダーとするイギリス独立党（ＵＫＩＰ）が二七・五％で二四議席を得て、なんと最大野党の労働党の二〇議席や政権与党の保守党の一九議席を抑えて、欧州議会イギリス選挙区で最大勢力に躍り出たのである。イギリス独立党は欧州議会に勢力を得て、ブリュッセルを拠点にして反ＥＵ勢力の結集やイギリス国内でのＥＵ離脱のプロパガンダを強めたのである。

他方、ＥＵ離脱の国民投票前年の二〇一五年の下院議会選挙では英保守党は三六・九％の得票率で三三一議席と全議席の五一％を得ていた。すなわち民意を得ていると称していた保守党の支持はわずかに三七％程度であったに過ぎない。にもかかわらず民意を得たとして、ＥＵ離脱を主導したのである。ちなみにこの総選挙でのＵＫＩＰは得票率一二・六％でわずかに一議席にすぎなかった。

余談だが、わが国も比例を一部導入しているものの、わが国の選挙制度は基本は小選挙区制度であり、ドイツの比例が基本となった制度とは異なり、膨大な死票を生み出し、自民の一強多弱の現象が起きている。

13　低投票率が生んだ欧州委員長選出権限

(1)　行政府を選択できない欧州議会と低投票率

欧州議会は条約改正ごとに権限を強化し、EUにおける「勝ち組」となっている。しかし他方で、そのことによる欧州議会の問題も惹起してくる。議員の不正行為だけでなく、制度的にさらに深刻な問題が起きてきた。選挙のたびごとに、投票率が低下してくるのである。

欧州議会の第一回直接選挙が実施された一九七九年には六二%あった投票率が、一九九九年には四九・五一%と五〇%を割り込み、二〇〇四年には四五・五%、二〇〇九年には四三・〇%、二〇一四年には四二・六%にまで下落した（図1－2参照）。

(2)　欧州議会の正統性の危機と欧州委員長選出権限

図1－2　欧州議会選挙の投票率

年	1979	1984	1989	1994	1999	2004	2009	2014	2019	2024
加盟国	EU 7	EU 10	EU 12	EU 12	EU 15	EU 25	EU 27	EU 28	EU 28	EU 27
%	62.0	59.0	58.4	56.7	49.5	45.5	43.0	42.6	50.9	51.0

（出所）欧州議会ホームページより作成（2024年は暫定値）。

投票率の低減傾向は明らかで、ＥＵの代表民主主義の正統性を痛撃するものであった。反ＥＵ派からすれば、欧州議会はアレコレ加盟国に向けて決議や立法行為を行うが、いかなる正統性があるのかと言うことになる。投票率の低下傾向は、確かに欧州議会の正統性を痛撃するものであった。

欧州議会の選挙は国家の議会と違って、重大な欠陥があった。なんと政権選択につながっていなかったのである。通常国家の国政選挙では政権を支持するかしないかが問われる。つまり選挙は政権の選択の機会として、有権者が投票するインセンティブとなっているのである。しかるに、欧州議会選挙は誰に投票しても、どの党に投票してもそれが目に見える形でＥＵ政治と政策に反映することはなかったのである。

政府とは、ＥＵの場合は行政府である欧州委員会であり、内閣の首相は欧州委員会の長である欧州委員長と言うことである。彼らは長く国家の代表である欧州理事会で指名され、欧州議会は追認する状況が続いていた。リスボン条約ではこの不合理をなくすために、欧州委員長の選出権限を欧州議会に付与することになった。これは専門家の間でも十分認識されていないが、実に大きな影響を与えた。

それまでほとんど盛り上がることもない選挙運動が活性化し、ＥＵでの議会政治が実質化したことである。選挙を前にして、後述する予備選挙を通し、党内で、そして各欧州政党の間で政策論争をして、ＥＵ政治が全体として盛り上がるのである。

(3) 欧州政党による欧州委員長候補者の選出(spitzenkandidaten)手続の導入

欧州議会では政党は加盟国ごとに議場に着座するのではない。イデオロギー的に同じ主義主張を持つ政党が国家を超え、国家横断的に政党を形成し着座するのである。リスボン条約で欧州議会が欧州委員長の選出権限を得たことを受けて、もし自身の政党が欧州議会で相対一位になった場合に備え、各欧州政党は党内で予備選挙を行い、欧州委員長候補を事前に決定しておくように動いたのである。

ドイツ語では「シュピッチェンカンディダーテン」(spitzenkandidaten)と言うものがそれである。直訳すれば、「首位の候補者」と言う意味で、英語ではlead candidateという。各党で比例名簿一位に登載され、その政党の顔となるべき人に由来する言葉である。これはＥＵ条約に根拠を持つものではない。それでも議会が、欧州委員会の全メンバーではないとしても、その長を選ぶと言う国家の議会制の方向に沿うものであった。

国家の場合、選挙で勝利し多数を得た政党が議会で首班を指名し、議会で選出される。閣僚は首班が指名することになっている。これに対しＥＵの場合、欧州議会は首班となる欧州委員長だけを選出し、欧州委員長ではなく、加盟国政府がＥＵの閣僚というべき欧州委員を一名ずつ指名するに止まっている。だが、欧州委員長を選出すること自体が、それまでと比べて画期的であり、ＥＵの議院内閣制への接近と言うべき出来事であった。

確かに欧州委員会の全委員を欧州議会が選出するまでには至っていない。とは言え、欧州議会は加盟国がそれぞれに指名した人物に対して聴聞会を開催し、不適と判断する者については加盟国政府に就任予定者の入れ替えを求めることはある。しかも、最終的に欧州議会は欧州委員会の長を含め欧州委員会のメンバーを全体として承認する形になっている。

欧州委員長の選出権限の改正は欧州議会の議会政治を活気づけた。

かくしてリスボン条約発効後初の欧州議会選挙となった二〇一四年の選挙では、微減ながらも、投票の長期的な下落傾向に歯止めをかけることができたのである。

二〇一九年には欧州議会最大会派の欧州人民党が候補者としたウェーバーが欧州理事会により退けられ、欧州議会と欧州理事会が対立したが、同じＥＰＰ内のドイツＣＤＵ出身のフォンデアライエンを選出する波乱があった。結果的には母語のドイツ語に加えて、フランス語と英語にも堪能な女史が選出されることで欧州委員会の動きは活発になった。

Spitzenkandidatenという予備投票制で選挙戦が活性化したことで、投票率は反転した。欧州議会が欧州委員長を選出すると言うリスボン条約が導入して、論理的に発生した主要欧州政党での予備選挙制は憲法的慣行となりつつある。

14　欧州政党と欧州議会院内会派

（1）欧州議会と欧州政党のＥＵ条約上での位置づけ

ＥＵでは代表民主主義について、ＥＵ条約一〇条四項で「欧州レベルの政党は、欧州の政治意識の形成およびＥＵ市民の意思の表明に寄与する」と定めている。

欧州議会が近代の代表民主主義を体現する議会であるが故に、ＥＵレベルでの議会政治と政党政治が展開される。ただし、欧州議会の政党といっても欧州政党（Europarties）か院内会派（Political groups）か厳密には相違がある。これはすこし複雑である。上述した予備選と選挙のキャンペーンや共同綱領の作成は院内会派が行うのでなく、欧州政党がそれぞれに実践するものである。欧州政党と書けば、日本では単一政党かと思われるが、現状七つ存在する。

（2）欧州政党と院内会派の違い

欧州政党は歴史を紐解けば、その名は違っているが、欧州石炭鉄鋼共同体以前から存在していた。例えば、社会主義インターナショナル（一九五一年結成）など聞かれたことのある方もいるだろう。社会主義を奉じる国家の枠を超えた国際的な政治組織である。ヨーロッパではイデオロギーごとに各国の政党や政治勢力が緩やかに結束していた。一九五一年のパリ条約で欧州石炭鉄鋼共同体が創設され、共同総会が導入されたとき、イデオロギーを同じくする政党が総会レベルで自然発生的に結束する状況が生まれた。これが欧州政党の始まりで、最も古い歴史をもつ欧州社会党がそうして誕生し、長く最大政党であった。現在はＥＵでの最大政党と院内会派は欧州人民党であるが、この党も欧州議会が未だ総会として、加盟国議会の兼任制の時代の一九七六年に結成されている。欧州政党は正確には「ＥＵレベルでの政党」としてＥＵ規則（EU Regulation No. 1141/2014）で規定されている。

社会主義政党のみならず、自由党系もあれば、環境保護政党もある。反ＥＵ政党もある。二〇二〇年でＥＵでは七つの政党がある。それらは、具体的には勢力の規模順で、「欧州人民党」、「欧州社会党」、「欧州リベラル民主同盟と欧州民主」、「欧州緑・欧州自由連合」、「アイデンティティと民主主義党」、「欧州保守改革」、「欧州左派党」、それに「無所属」となっている。

これに対し、院内会派は、文字通り、選挙後に議会で活動する単位としての欧州議会内の会派である。

上述したように欧州政党と院内会派名が重複して、欧州人民党のように、両者が同じ名を名乗る場合もあるし、異なる名を採用しているところもある。

例えば、歴史のある欧州社会党も長く欧州政党と院内会派名が同じであったが、イタリア民主党が加わり、「欧州社会民主進歩連合」（S&D）と二〇〇九年六月に会派名を改めた。

二〇二〇年段階で欧州政党は七党あると書いたが、それに相応して院内会派は七つある。なぜ欧州政党名と院内会派名が相違するかと言えば、欧州議会選挙が終わり、新会期が始まる時に、選出された議員からなる新会派は、各党の利害に即して、他の会派や議員団と様々に離合集散するからである。

特に反EUの欧州政党は、選挙のたびに欧州政党自体でその構成国やメンバーが離合集散を繰り返すことが多い。従ってそれに応じて院内会派も様々に相手を変える。反EU政党は基本的にナショナルな政党であり、自国優先主義、国粋主義的傾向が強い。会派の分裂や解体の事例を言えば、「アイデンティティ・伝統、主権」（ITS）の事例がある。ITSは二〇〇七年一月に六カ国二〇名で結成されていた。各国の極右ナショナリスト勢力を糾合するためこの会派名が掲げた「アイデンティティ、伝統、主権」という三要素は極めて巧みなものであった。

しかしイタリアのムッソリーニの孫娘のアレサンドロ議員がイタリア内でのルーマニア系移民による犯罪の多発を受けて、差別的発言をして、同じ会派に属していた大ルーマニア党の議員が会派を離脱し、二〇〇七年一一月に会派の構成要件を満たせなくなり、解散に追い込まれたのである。

スティーブン・デイ「欧州議会の院内会派」鷲江義勝編『EU―欧州統合の現在』第四版（創元社、二〇二〇年）第8節を参照。

図1－3　欧州議会勢力図

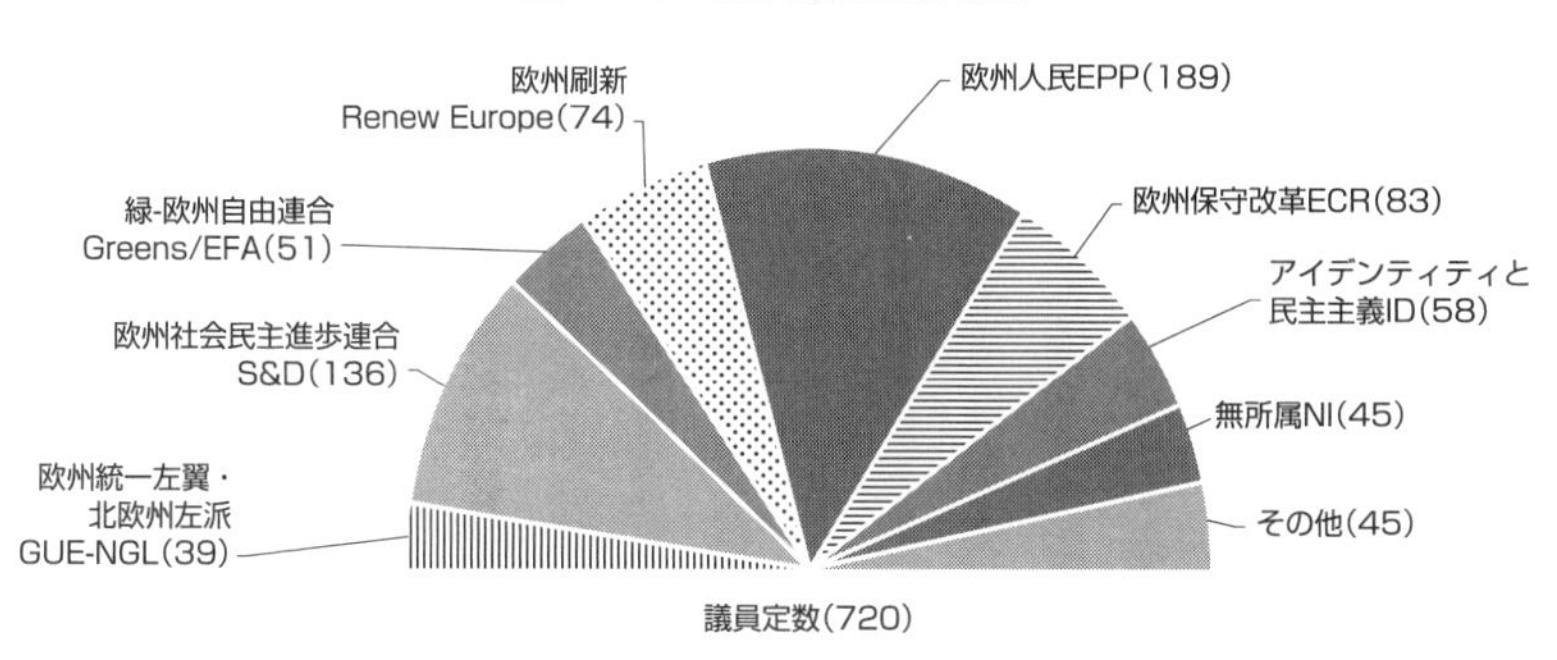

（注）カッコ内数値は議席数。（2024年6月22日現在）
（出所）欧州議会ホームページより作成。

（3）二〇二四年欧州議会選挙結果とその考察

今回の欧州議会選挙は、ウクライナへの追加支援、対ロシア制裁、移民の受け入れ、農業、環境政策、EU全域での法の支配、さらにはEUの対中政策といったこれまでEUが採ってきた重要政策を問う形でEU二七カ国全域（有権者三億六〇〇〇万余）で行われた。二〇一九年の前回の欧州議会選挙（定数七五一）の結果と比較しつつ、イギリス離脱後初となる二〇二四年の選挙（定数七二〇）を見てみよう。新勢力は、図1－3参照。

①欧州議会の各会派の勝敗

今回ほど欧州議会が世界で注目され、EU政治に意味を持ったこともなかった。なにより欧州議会のフランス選挙区（定数八一）で、マクロン大統領の与党連合が一三に対して、ルペンの国民連合が三〇議席を得て、圧勝した。これを「フランスとEUの危機」と捉えたマクロンが五輪開催の目前に、国民議会の解散と総選挙を宣言したのだから。

欧州議会には七つの会派がある。欧州議会ではそのうち四つが長くEUを支える構図となっていた。それらは欧州人民党（EPP）と欧州社会民主進歩連合（S&D）の二大会派、中道の欧州刷新（RE）、それに緑・欧州自由連合（Greens/EFA）である。これがEUを支える岩盤勢力である。今回、「EU懐疑派」といわれる欧州保守改革（ECR）が三位に入り、この岩盤に亀裂が入った。以下会派ごとに見ていこう（図1－3、一四一頁参照）。

EPPとS&Dはそれぞれ一八九と一三六で、順位は不動である。前回三位のREが七四議席と四位に後退した。またGreensも五一（前回七五）で、第六位に転落した。REと入れ替わる形で第三位に入ったのが、ECRで八三議席（前回六〇）である。ECRは、イタリアのメローニ首相の「イタリアの同胞」の躍進があり、二四議席でポーランドの「法と正義」に代わり、ECRの最大勢力となった。メディア注目の極右「アイデンティティと民主主義」（ID）は五位で五八議席である。ルペンの国民連合はこのIDに入っている。第七位は欧州左派（GUE－NGL）で、三九議席（前回四一）で最下位である。近年欧州左派は低迷を続けている。次に、主要国レベルでの動向をみてみよう。

② 主要国の選挙区の結果

ドイツ（定数九六）

ロシアへのエネルギー依存と、移民政策で誤ったメルケル首相で知られる現在最大野党のCDU／CSU（EPP所属）が前回と同じ二九で、第一位である。極右AfDは四議席増の一七で国内第二位である。ショルツの連立政権では、社民、緑、自民党が順に一四（二減）、八（九減）、五（増減なし）である。

フランス（定数八一）

国民連合の圧勝を受け、突然の国民議会の解散はこれを契機としていた。同選挙区では、ルペンが弱冠二八歳でアルジェリア系イタリア移民の背景を持つジョルダン・バルデラを党首に据えた。そしてウクライナ支援の経費を国民の燃料費や雇用に回せという耳に入りやすい作戦を展開した。移民排斥、反EUなどの過激な主張を表面から消す「脱悪魔化」を推進し圧勝した。ルペンに資金提供してきたプーチン・ロシアのメディアはこれを「反EUの勝利」、「反ロシアの敗北」として狂喜し、報道した。ただし、ルペンは大幅減税を語っているが、財源の確保もなくこれを実施すれば、国際金融市場からの圧力で、二カ月で政権を追われた二〇二二年のトラス英首相の轍を踏みかねない。

イタリア（定数七六）

ECR所属でメローニ首相の率いる「イタリアの同胞」が二四議席を得て圧勝した。G7の開催国での采配に見るように、移民への姿勢を除き、メローニは目立って穏健化している。元来、彼女はフランスのルペンとは犬猿の仲であり、欧州議会での所属政党もルペンがIDと異なる。G7の開催国での采配に見るように、移民への姿勢を除き、メローニは目立って穏健化している。EPPとの連携も考えているといわれる。同国で第二位はS&D所属の民主党で二一で二議席増、第三位は五つ星運動（無所属のNI）で八（六減）、第四党がフォルツァ・イタリア（EPP）は八（一増）。前回選挙区首位のサルビーニの同盟（ID）は八議席で前回の二八から大きく後退した。

総括

欧州議会は比例代表制を準則にしており、選挙結果は有権者の意思を反映している。今回の欧州議会選挙ではＥＰＰの勢力増ともに右派・極右勢力の伸長が見られる。統合の進展はその反動を生んでいる。ただし、ＩＤは躍進と報じられているほど議席数は伸びていない。同じＩＤ所属ではオランダのヴィルダースの自由党もゼロから六議席を得て、国内第二位につけたが、イタリアのサルビーニの同盟は大敗し、ＩＤのルペンのフランス選挙区での大勝利に水を差した。

欧州議会はＥＵにあって代表民主主義の観点から民意の反映の場として重要である。イギリスの政治学者バーナード・クリックは、『現代政治学入門』（添谷育志・金田耕一訳）（講談社学術文庫、二〇〇三年）原書名 *What is Politics?* の中で「議会は単に伝統的制度であると言うだけではなく、政治生活の核心」と書いている。着実に連邦に傾斜していくＥＵにおいても、議会の重要性は同じなのである。

※なお、本書執筆後の二〇二四年七月一六日の新会期開催までに、ハンガリーのオルバン首相が極右会派「アイデンティティと民主主義」（ＩＤ）らの議員を糾合し、新会派「欧州の愛国者」（ＰｆＥ）を結成。ルペンの「国民連合」もこれに合流し、議員数八四の第三会派となり、ＩＤは消滅した。ＥＣＲは七八で第四位となり、マクロン率いるＲＥは七七で第五位に後退した。ＡｆＤも「主権国家の欧州」（ＥＳＮ）を二五名で結成し、第八位の会派となった。

15　統合の深化が生むEUの問題

(1)　経済格差拡大

ＥＵの今後の問題として経済格差、ユーロ問題、難民問題の三つを見ておこう。

第一はＥＵ拡大に反比例して、ＥＵ内部での経済格差が急速に拡大していることである。図１－６は一人当たりのＧＤＰを示したものである。実に巨大と言うべきＥＵ内の経済格差の実際を知ることになるだろう。現在でも最富裕のルクセンブルグと最貧国のブルガリアでは九対一ほどもある。加盟交渉が始まるウクライナはブルガリアの三分の一程度である。ちなみにアイルランドが堂々の二位。一九七三年の加盟時は当時の一二カ国中最貧国で、ポルトガル、ギリシャと同程度のボトム・スリーであった。ＥＵ加盟が最も成功した事例である。

ＥＵ加盟国内部にかくも大きな経済格差があることは、ＥＵ予算をタイトにするよう働くことは確実である。すなわち、受益国と負担国の差が広がることで、負担国の市民は不満を抱くであろう。現在二四兆円程度のＥＵ予算の再配分過程でＥＵ政治が紛糾することは十分予測できる。

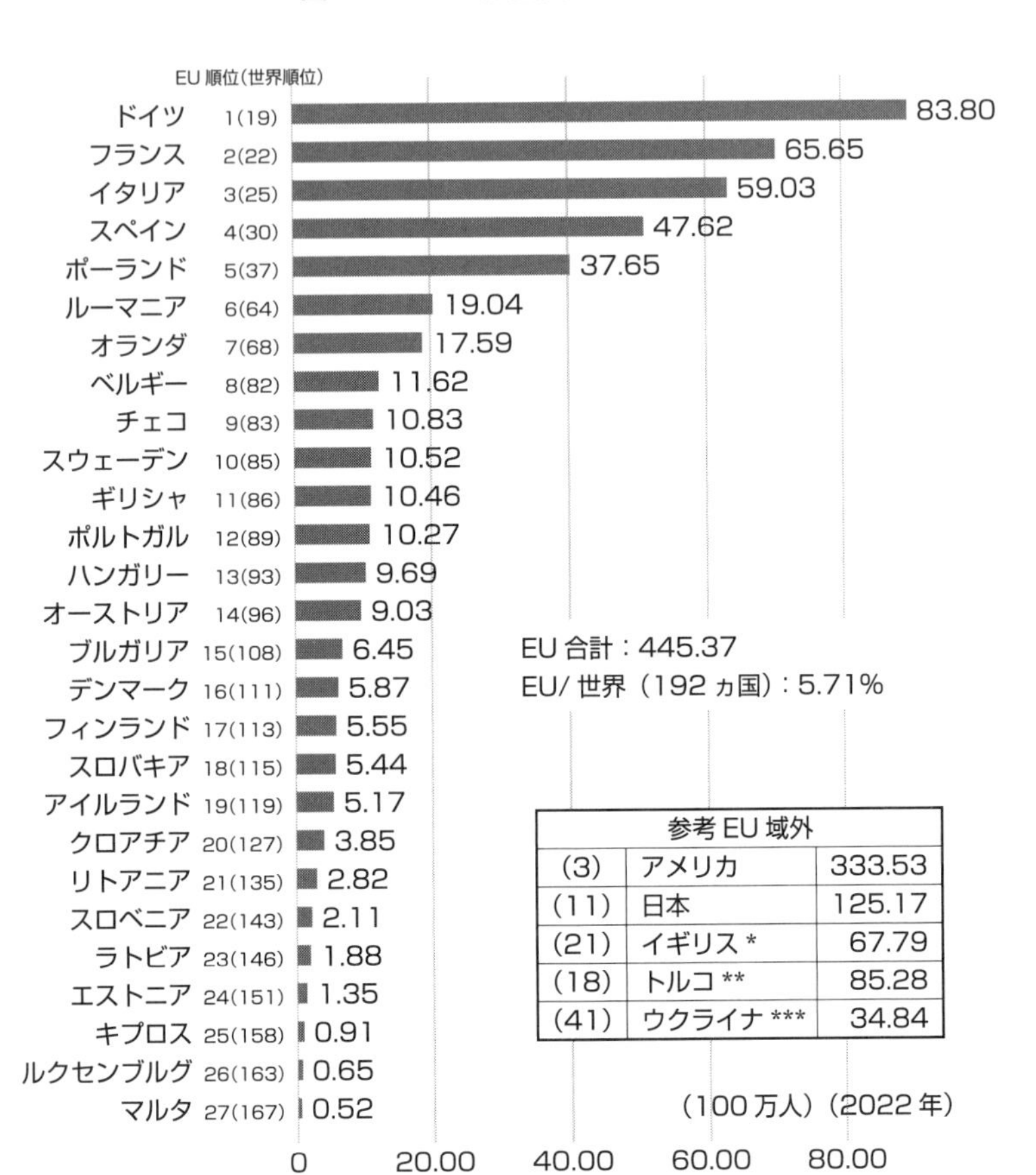

参考EU域外		
(3)	アメリカ	333.53
(11)	日本	125.17
(21)	イギリス *	67.79
(18)	トルコ **	85.28
(41)	ウクライナ ***	34.84

(注) * イギリス：2020年にEU離脱。
** トルコはEU加盟交渉中、*** ウクライナはEU加盟交渉待ち。

(出所) EUの人口・経済ランキング（http://ecodb.net）による。但し、上記の一覧ではデータが欠落していたEU加盟国アイルランドを補足した。

図1－5　EU加盟国の名目GDP比較

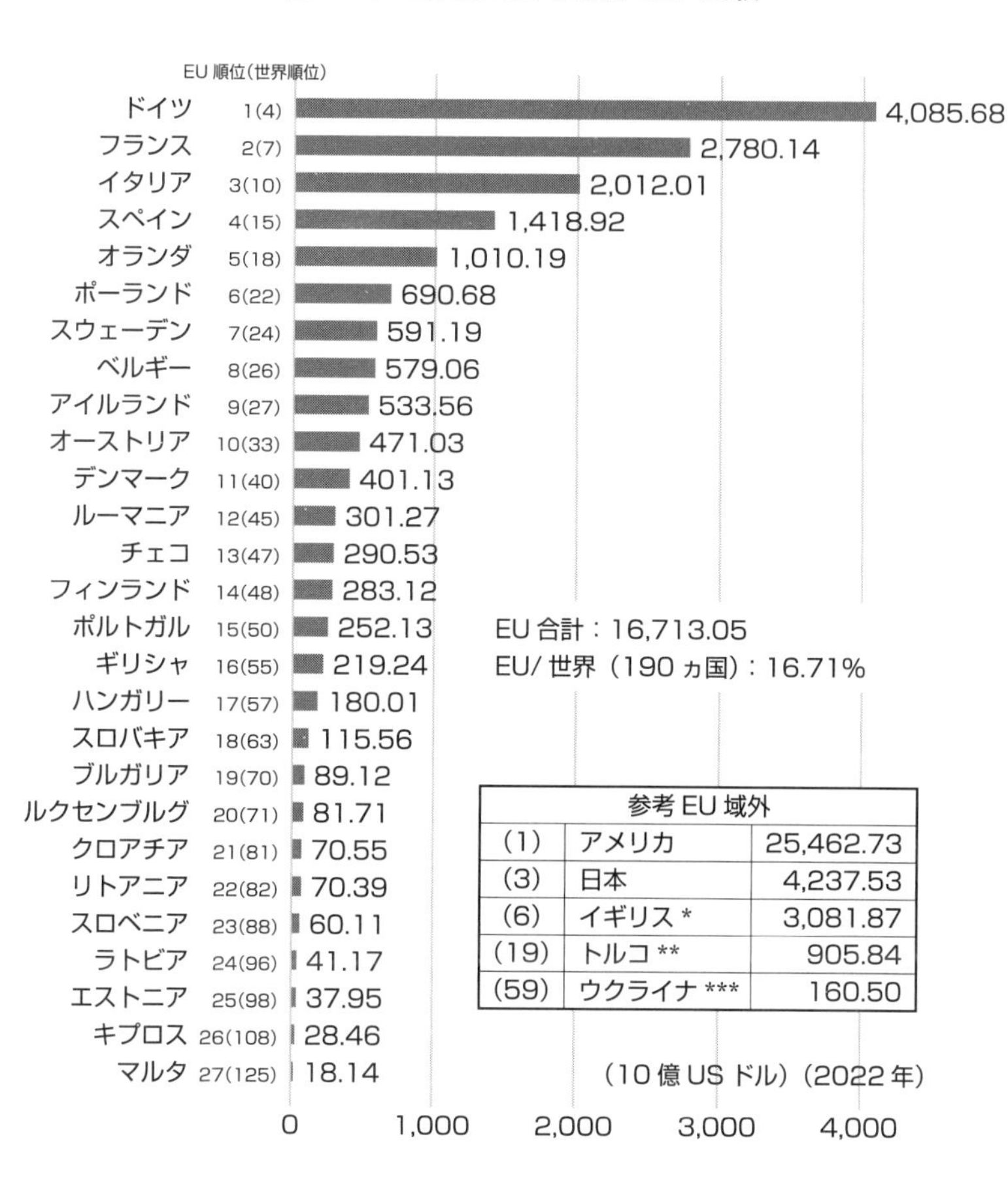

参考EU域外		
(1)	アメリカ	25,462.73
(3)	日本	4,237.53
(6)	イギリス *	3,081.87
(19)	トルコ **	905.84
(59)	ウクライナ ***	160.50

（注）* イギリス：2020年にEU離脱。
　　** トルコはEU加盟交渉中、*** ウクライナはEU加盟交渉待ち。

（出所）EUの人口・経済ランキング（http://ecodb.net）による。但し、上記の一覧ではデータが欠落していたEU加盟国アイルランドを補足した。

図1－6　EU 加盟国の１人当たりの名目 GDP 比較

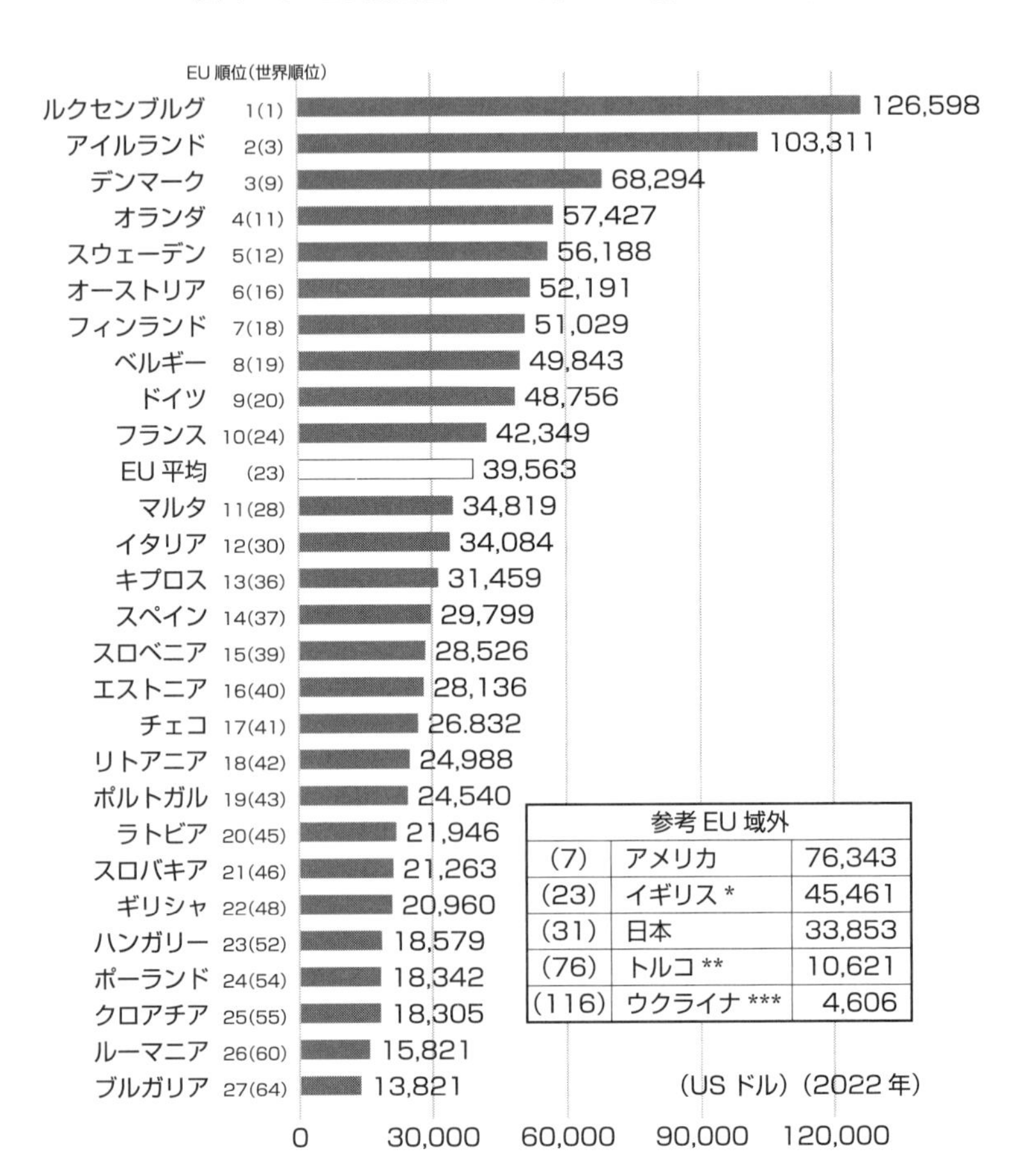

（注）＊イギリス：2020 年に EU 離脱。
　　　＊＊トルコは EU 加盟交渉中、＊＊＊ウクライナは EU 加盟交渉待ち。
（出所）EU の人口・経済ランキング（http://ecodb.net）による。但し、上記の一覧ではデータが欠落していた EU 加盟国アイルランドを補足した。

(2) ユーロ危機

ＥＵ内の格差について触れたが、単一通貨ユーロとその危機に触れておこう。

ユーロの問題はイギリスのＥＵ離脱問題より以前に起こっている。すなわち二〇〇八年のリーマン・ショックの世界的金融危機に遠因を持ち、二〇一〇年のギリシャ危機で同国の過剰な国家債務が明らかとなり、深刻化した。ＥＵではいわゆる一九九二年の市場統合で資本の自由移動が可能となり、金融サービスについても域内の金融機関の相互参入が進み、通貨統合もＥＣＢの設立で一段落したかに見えた。だが、世界の金融不安はＥＵではその最も弱いギリシャのソブリン債において明らかになる。「ソブリン」とは国家主権下にあると言う意味でギリシャの国債と言うことである。

ギリシャはもともとファンダメンタルスが脆弱である。そのため高い利回りでソブリン債を募集していた。逆に言えば、高金利を掲げないと国債の募集、販売ができないと言う状況にあった。南欧の国家はギリシャ国債を大量に保有しており、ギリシャ債の償還ができないとすれば、連鎖的にＥＵの相対的に貧しい南欧諸国に連鎖し、これがＥＵ通貨ユーロに波及したのであった。ＥＵ経済を揺さぶるユーロ危機はＥＵの制度的欠陥に基づくものであった。

これを分析した田中素香は三点を指摘している。

第一はＥＵの通貨制度が資本主義の相対的安定の中で設計されていたこと。すなわちリーマン危機のような金融危機への対応の必要性が看過されていたこと。第二は、ＥＵの金融制度が自立、自律を前提とする先進国の集合体で、ユーロ制度は支援不要という前提に立った制度であったこと、第三は財政赤字上下三%を順守すれば、ＥＵからの支援はありえないとされていたこととする。実際、ユーロ発行の三条件をみれば、それが分かる。①危機国に対しては、「非救済条項」（ＥＵ運営条約一二五条）があり、②ＥＣＢとユーロ圏の中央銀行への国債の直接購入が禁止されており（同一二三条一項）、③銀行監督と銀行危機対応を、ユーロを発行する各国政府の権限とされてたことを上げている。田中素香編著『現代ヨーロッパ経済』第五版（有斐閣、二〇一八年）第五章、一五四～一五六頁。

（3）ユーロ・グループと過酷なギリシャへの要求

ＥＵによるギリシャ救済には国家財政の抜本改革が必要として、ドイツのショイブレ財務相が強硬な姿勢で臨み、過酷な金融引き締めを要求した。この当時、「トロイカ」と言う用語が頻繁に登場する。トロイカはロシア語で三頭立ての馬車である。この文脈でのトロイカとはＩＭＦ、欧州委員会、ユーログループの三者を指すものであった。

ユーログループとはユーロを発行するＥＵ加盟国の財務相による会合を言う。最近死去したドイツのショイブレ蔵相が強い力を持っていた。ギリシャ国内では強烈な引き締め政策によって、若年労働者の失業が急激に増えて、ＥＵへの強い反発が起きた。しかし、結果を言えば、ギリシャはＥＵを離脱することもなかった。

理由は、もしギリシャがユーロ圏から離脱し、かつての自国通貨ドラクマに戻ったとして、同国の国債はユーロ建てとなっており、負債総額は天文学的に膨れ上がるからである。ギリシャがユーロ圏を離脱し、脆弱な元の通貨ドラクマに戻すなど有り得ない選択だった。ギリシャのドラクマの市場における低評価については同国が一番熟知していた。だからこそ、国家債務のデータを改ざんしても、欧州経済通貨同盟の第三段階と言われるユーロ発行国に加わったのである。

今は、EUレベルで欧州銀行監督局（EBA）を設け、銀行監督制度を再構築している。ユーロ圏では破綻処理制度も作られ、ユーロ自体も国際為替市場では相対的に安定感を増している。これもEUのあらゆるレベルでみられる危機への対応と、それを通した制度強化の事例である。

なおギリシャ経済について言えば、アテネ中心地にも近い古代ギリシアからの歴史を誇るピレウス港の施設を売却したり、その利用権を中国資本に譲渡したりする新たな状況が見られる。

(4) 難民危機と排外主義勢力の伸長

EUが直面する問題は、依然として域内の格差と難民問題である。以下それを見ていこう。

二〇一五年ドイツ首相メルケルによるシリアなど難民の受け入れ表明で、寝た子を起こした形になり、一〇〇万を超す大量の難民がドイツを始めとしてEU諸国に流入した。当然富裕国家に難民は流入するのだが、当面、最前線にあるギリシャ、イタリア、スペインなどに集中した。EU理事会は二〇一五年九月にはこれら難民を他国にも受け入れるように、「一二万人割り当て決定」を採択した。これに対してハンガリーは反発し、EU内で対立が生じた。詳細は田村祐子のEUにおける「難民

一二万人割り当て決定」　国立国会図書館『外国の立法』（二〇一六年六月）参照。

難民の流入は近年減少傾向にあったが、二〇二三年ではプーチンロシアによるウクライナ侵略などで、世界的な穀物価格の高騰で特にアフリカの諸国での生活苦を招いている。ＥＵの欧州国境・沿岸警備隊（フロンテックス、二〇〇四年設立）によると、二〇二三年一～八月に不正にＥＵ域内に入った人数は前年同期比一八％増の二三万二三五〇人と一六年以降で最多を記録した（『日本経済新聞』二〇二三年一〇月四日付）。

大量難民の流入が引き起こすＥＵの危機としては、二つの局面がある。第一は加盟国間で受け入れについて、やむなしと見る国家と、ポーランドやハンガリーなどの受け入れに対する消極的国家の対立を生じることである。第二は大量の難民受け入れで、加盟国のナショナリズムに火をつけ、反ＥＵ勢力が増大したことである。

ＥＵでは二〇一五年の場合は欧州委員会がシリアやアフガニスタンなどから大量に流入する主にモスリムの難民を加盟国に振り分ける案の提示を余儀なくされた。長くソ連の衛星国家として移民や特に難民の流入をほとんど経験していないポーランドやハンガリーがこれに激しく反発した。

ハンガリーといえば一九五六年革命と言うべき動乱をはじめ、一九八九年のベルリンの壁の崩壊につながる「ヨーロッパ・ピクニック計画」で東欧民主化の先鞭を切ってきた。だが、現在では、一帯一路に積極的に覇権主義の中国に接近し、更には侵略者で二一世紀の帝国主義者、プーチンを友人と公言するオルバンを抱えて、きわめて権威主義的で抑圧的な政治体制を維持している。

大量難民流入のインパクトとしての国内での反ＥＵ勢力の勢力増大については、ナショナリズムを刺激し、国内政治を緊張させたことである。そのことにより、ドイツをはじめ、フィンランド、オランダ、オーストリア、スウェーデン、スペインでもと言うように、難民の流入とそれに対する反発の動きは、ＥＵ全域にひろがっている。オランダでは反移民、反イスラムの自由党が総選挙で一位となり、フィンランドではフィン人党が二〇二三年の総選挙で第二位となり連立政権入りした。

これまで見てきたように、ヨーロッパ統合は合意によるとはいえ、加盟国の国家主権のＥＵへの譲渡を求め、加盟国のナショナリズムを刺激する本源的な性格を内含しているのである。加えて、肌の色、言語、宗教を含めた文化や習俗の異なる難民が大量に流入することは、ＥＵへの加盟国の保守層の反発をさらに大きくする。実際、難民受け入れのための経費も必要となり、底辺の労働者の雇用を巡り、移民や難民の労働者と緊張を高める。それは加盟国にあるナショナリズムを刺激し排外主義的政治勢力も同時に強めるのである。

(5)史上初のオーストリアの極右ナショナリストの政権入り

ＥＵ加盟国での極右の政権参加はオーストリアにおける極右ハイダー率いる自由党（ＦＰÖ）にその始まりをみる。二〇〇〇年には国民党と自由党（ＦＰÖ）の連立政権が成立し、副首相のポストを得て入閣した。ＦＰÖの政権参加は対外的にも猛烈な批判を浴びた。ベルギー観光協会はスキー場のゲレンデでナチスの親衛隊ＳＳをかたどったシュプールをデザイン化したポスターを作り、観光ボイコットを呼びかけた。これはＡＰを通して世界に配信された。ＥＵでも反発は強く、ＥＵ加盟国は欧州理事会での記念写真をボイコットし、オーストリアを除くすべての加盟国が、同国の極右も入る連立政権に対して制裁措置を発動した。

難民受け入れへの反発はドイツにおいても同様である。特に、ドイツ統一後、経済が西側ほどにうまくいっていない旧東独地区におけるドイツ選択肢党（ＡｆＤ）の台頭を許している。

（6）反ＥＵ政党のドイツ選択肢党（ＡｆＤ）

ドイツ選択肢党（Alternative für Deutschland: AfD 略称「アーエフデー」）とはここ一〇年ほど、ドイツの右翼政党としてメディアに頻繁（ひんぱん）に登場している。「オールターナティブ」と言う言葉はチョイスとは違い、ＡかＢかの二者択一を示す語であり、この政党名は、元来は「ユーロかマルクか」の選択肢をその由来としていた。「ユーロかマルクか」を問うこと自体が、この党が反ＥＵ政党であることをうかがわせた。

現在ＡｆＤは通貨の「選択」というもともとの党名の意味を超えて、反ＥＵ、反移民、反イスラム政党へと転じた。しかも、ＡｆＤは排外主義でネオナチ勢力である「西洋のイスラム化に反対する欧州愛国者（ペギータ）」をその支持者に取り込んでいるとされる。

ドイツ連邦議会（日本の衆議院に相当）では、二〇二一年九月の総選挙で七三五議席中一一議席を減らしたものの八三議席を得て第五位の勢力をもっている。国内の主要政党はこの政党と連携しないとしているが、地方の首長選や議会レベルでも確実に党勢を延ばしている。

ＡｆＤについては、ドイツの捜査機関・連邦憲法擁護庁によって「極右団体の疑いのある政党」として監視対象になっている。それでも旧東独地域では地方自治体の首長まで誕生している。EUを創設した原加盟国のオランダでも同様で、二〇二三年一一月に極右ナショナリストの自由党が比較第一党になった。だが、同党はコーランの禁止など反イスラム的な過激な公約を落とし始めている。そうしないと、政権を構築できないからである。半年をかけてようやく各党間で連立政権の合意ができたが、二〇二四年六月現在、オランダの首相が誰になるかも決まっていない。自由党を率い勝利したヴィルダースは、各党派からの反発を予測し、早々に自身が首班指名を受けないことを明らかにしている。

これら勢力の政治的影響力については過度に強調してはならない。政治的実践では、それを阻む要因がEU加盟国にはある。それがヨーロッパ各国の比例代表の選挙制度である。ドイツの選挙制度が他のほとんどの国家同様、比例制であることで、AfDやオーストリア自由党など極右ナショナリスト政党が単独で過半数の議席を獲得する可能性はないといえる。

(7) 反EUナショナリズムの限界

EUの将来は「発展が苦境を生む」と二〇一一年一月から三月までNHKラジオ講座、「歴史発見」で話をさせていただいた。そのテキストの副題としたように、「成功と苦悩」が隣り合わせで進んでいく。さらに付加すれば、苦境はその脱却のためにさらなる統合を連邦主義的方向で深化させていく。

EUでは今後も危機は続く。EUを通したヨーロッパ統合は、統合と言う語がまさに示すように、本質的に加盟国の国家主権の合意による譲渡を持って進む。「主権の共有」としばしばＥＵで語られる言葉は主観的表現であり、ＥＵをスケープゴートにする政治家の選挙民向けの方便である。実際、ＥＵ加盟条約の調印やその後のＥＵ法の制定は加盟国政府の合意によって行われている。

すなわち、国家の主権的権限を合意の上で大規模に移譲しているのである。しかも「主権の共有」の用語にあるような失った国家の主権的権限が未だ自国にあるというのは幻想であり、所有権の移転の場合と同様、ありえない。ヨーロッパ統合はその本質において加盟国の主権との摩擦を引き起こし、加盟国の保守派や反ＥＵ勢力からの抵抗は避けられないのである。

ＥＵの発展は加盟国の増加に示されている通りである。「ＥＵの崩壊」や「欧州統合の終焉」などとは、現実を見ない言説である。六カ国で始まったＥＵは二七カ国となり、将来は三五カ国にもなろうと言うのだから。ただし、発展は危機を招くと言う状況は今後も続く。すでに指摘したように、ＥＵ内部に巨大な経済格差を広げつつある。二七カ国の現在でも大きな格差がある中で、今後加盟するであろう八カ国はウクライナを除き、人口で小国ばかりであり、経済的にも貧困を抱えた国家である。

ウクライナは一人当たりのＧＤＰでさらにブルガリアの三分の一以下である。今後のＥＵの危機は現在の最貧国を相対的に豊かにするほどで、域内の経済格差がさらに広がることは必至である。これはＥＵ予算を巡るＥＵ加盟国内での対立に転化する。加盟の箇所で紹介したように、ＥＵの予算の純拠出国は一〇カ国で、一七カ国は「資金を食いつぶしている」というセルビア大統領の言葉は、これを示唆している。

それでもＥＵが解体することはまずあり得ない。ドイツやフランスに反ＥＵ政権ができた場合でもそうである。確かにＥＵは大きな危機を迎えるだろうが、ＥＵ法により強く結ばれており、危機がＥ

Uの解体につながるわけではない。単一市場やユーロ圏からの離脱はどの国にとっても何の利益にもならない。イギリスでさえ離脱で労働力確保で苦しんでいる。

EU加盟国は国内にあっても、欧州議会にあっても選挙制度が比例を準則としており、連立を前提とする。政権を取るためには他の政党と政策協議がいる。これに成功しない限り、単独では政権をとれないからである。フランスの国民議会は小選挙区二回投票制の例外であるが、そのフランスの名だたる反EU主義者で二〇一九年の大統領選挙で一〇〇〇万票を集めたマリーヌ・ルペンでさえ、党員の突き上げを受け、長年の公約であるユーロ離脱を取りやめたことはこれを物語るものである。オランダ自由党が政権構築に難渋していることは既述した。

EUはこうした後ろ向きの国家に対処するためには、必然的に全会一致事項を極小化し、多数決制度をとるよう作用するだろう。これがブラント西独首相が一九七六年の回顧録で語った「EUは危機を通して発展していく」という意味である。そうでなければ、ハンガリーのオルバンのような政権がさらに出てきて、本当の意味での深刻な危機を迎える。

EU解体論について言えば、これからも危機はあってもEUは崩壊もしないし、ヨーロッパ統合は終焉もないと言うことだ。EUの中小国では、関税同盟や通貨同盟から離脱したり、あるいは外交安保政策から脱するメリットは全くないからである。

万一、極右政党が複数政権をとったとしても、できることは、EU統合のさらなる深化を止めることくらいである。EU離脱をしてもなお、膨大な数のEU法を無視できない。イギリスを見れば分かる。EUを離脱した後もEUの法規範に結ばれている。まして中小のEU加盟国にはなおさらである。

ハンガリーのオルバンは、意のままにならない欧州議会を「加盟国の代表の会議」に変化させようと言っている。それはヨーロッパ統合を七〇年前に戻すことと同じである。欧州議会はＥＵの主要機関であり、その改変は条約改正の対象であり、それは全会一致である。

現代はスーパーコンピューターで一万年かかる計算も、四分で済むとされる量子コンピュータが部分的に登場し、ＡＩ制御の自動運転車や航空機も飛ばせるパワー・バッテリーに見る第四次産業革命が進行する世界である。ＥＵを離れて加盟国に未来はないのである。

第Ⅱ部
国際政治の中のEU外交

地図２　黒海からコーカサスに射程を延ばすヨーロッパ統合

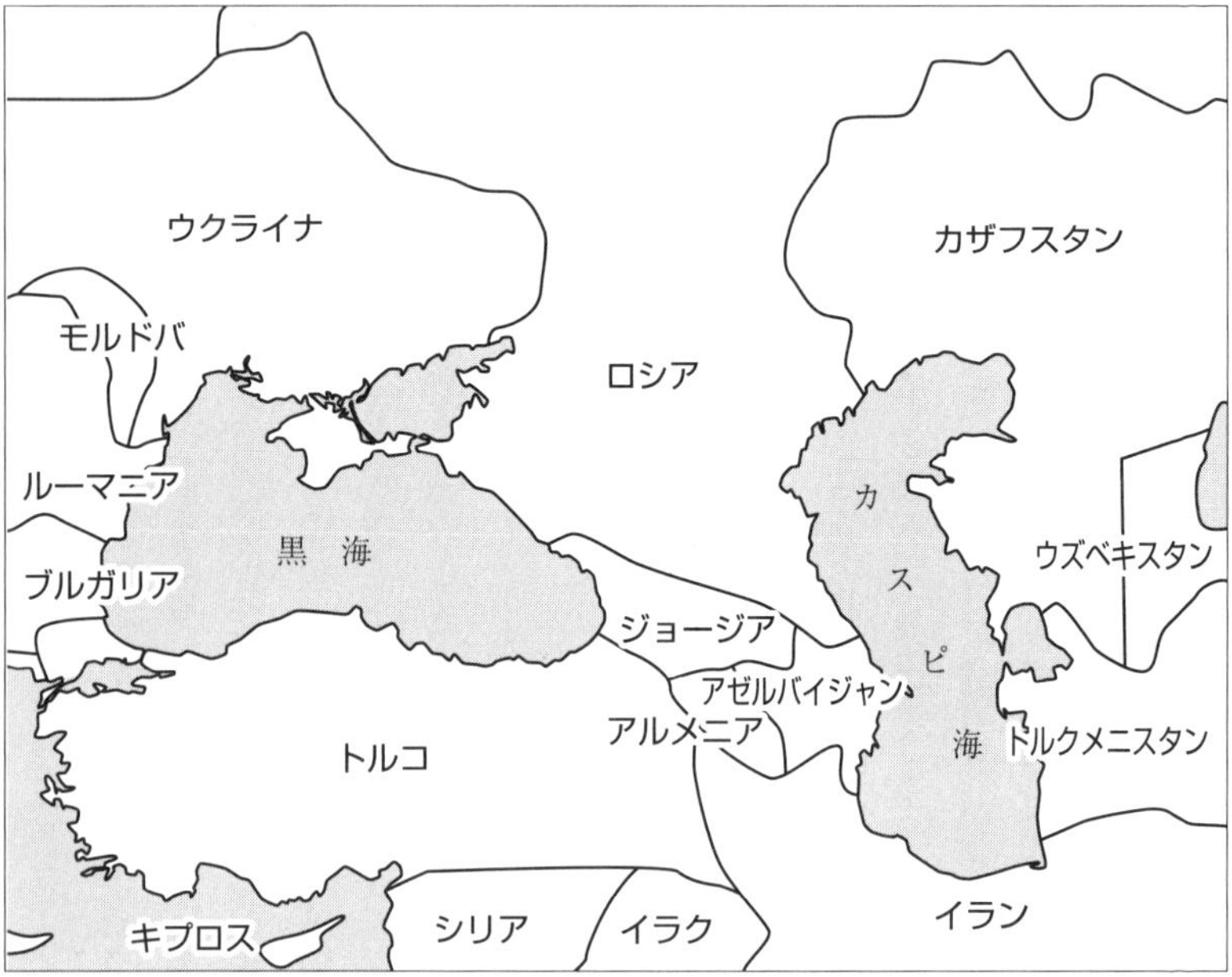

1　EU外交

(1) 新しい概念としてのEU外交安保

一九八〇年代からヨーロッパ統合とEUをフォローしてきた筆者だが、EUの加盟国間の関係、いわゆるEU域内の政治もだが、EUの域外諸国との関係は、とりわけ安保分野で大きな発展が見られる。それこそまさにEUの外交安全保障領域における統合の深化である。

今では「EU外交」と当然のことのように記されているが、その表現を使う状況は最近のことである。一九八〇年代半ばまでは、EU（当時EC）外交などと言う言葉は存在しなかった。EUの時代にはそれは「欧州政治協力」（European Political Cooperation: EPC）と言う言葉で表現されていた。「協力」と言う語の持つ語義については第I部で述べたが、EUでは、国家主権の根幹部に近く、国家主権の壁によって統合が容易ではないところにおいては、政府間協力として実践されてきた。

単一市場に係る経済事項とは異なり、外交、警察、安保、防衛の領域は、加盟国の国家の意志と影響力が強い部門である。それが故に協力を深め、最後は政治的決断でそれを統合へと転化していくというパターンを採ってきた。EU成立条約で司法内務協力が明記されたのもその例であるし、外交領域も同様であった。

（2）顔のないEU外交責任者——米国務長官キッシンジャーの戸惑い

EUの外交と言えば、米国務長官のヘンリー・キッシンジャーの有名な言葉がある。彼は二〇二三年に一〇〇歳の天寿を全うした米外交の重鎮である。ニクソン政権下で米中の国交正常化を果たした。その彼は、一九七〇年代のことだが、EUの対外政策では、「誰に電話すればいいのか」（Who do I call if I want to call Europe?）との発言を残している（ロイター、二〇二二年六月二八日）。「EUの外交」担当者と部署は誰であり、どこであるかという問題に起因する言葉であった。

米国には、国務省、国防総省、通商代表部と言うように明確な対外部門がある。これと比較して、EUでは基本的には経済組織として発足したため、一九七〇年代まで、EUでは対外政策について、対外通商問題では欧州委員会が担当し、外交と軍事は加盟国の外務省が担当していた。EU（当時EC）レベルでの外交は加盟国の外務省間の協力であり、それを「欧州政治協力機構」（EPC）としてスタートしたのである。加盟国の国民の血と死を求めるがゆえに国家主権の深奥部というのが、軍事である。一般に外交の失敗は軍事、すなわち戦争の問題となる。

EUで外交政策と言う言葉は、一九九三年に発効したEU設立条約（マーストリヒト条約）からである。実際、そこで初めて「共通外交安全保障政策」と言う言葉が登場した。二一世紀の現在、とりわけプーチンロシアの脅威が現実のものなり、ＥＵレベルでの安全保障は更に具体的に防衛政策と軍事領域にまで及びつつある。

ＥＵにおける軍事関係者の登場については英国紙『ガーディアン』（二〇〇一年三月三〇日付）の記事でイアン・ブラック記者が以下のように記していた。

「昼時ともなれば、ＥＵ官僚が、ブリュッセルの閣僚理事会のビルのキャンティーンに腰をおろし、ステーキのポテトを食するいつもながらの風景がみられ、ダークスーツはＥＵの男性官僚にお定まりのものである。だが、人目をひきつけるのは、参謀肩章の鈍い金モールや、光彩を放つ襟章をつけたオリーブや緑、青、そしてカーキ色である。ほんの昨年までは、漁業割当や環境基準といった興奮することも、また秘密にするほどのこともない議題について、ピンク色の『塹壕』の理事会ビルで、一五カ国の代表が討議をしていた。だが、ＥＵの防衛上の一体性の漸次的発展により、将来の紛争や危機に備えるため、陸海空の制服組が多数、ＥＵの中枢に登場し始めた。」（Ian Black, Military men make a splash in Brussels. Guardian. March 30, 2001.）。

（3）欧州政治共同体と欧州防衛共同体の失敗とＮＡＴＯ

ＥＵの外交安保防衛問題については、興味深いことだが、ヨーロッパ統合は第Ｉ部６（３）のリヒャルト・クーデンホーフ・カレルギーでみたように、ユーラシア最強の国家のロシアの存在により、地政学的観点から軍事的結束も市場と経済と同様、当然のものとして構想されていた。歴史的には九世紀から一三世紀にかけ勢力を保持していたキエフ大公国の時代には、ロシアなど取るに足らない新興勢力であったのだが、一九世紀から二一世紀にかけては、ユーラシアの地政学ではロシアの勢力を語らずにはすまない。

　第二次世界大戦後三年余りが経った西ヨーロッパでは冷戦の進行と共に、一九四八年三月イギリス、フランス、オランダ、ベルギー、ルクセンブルクの五カ国が集団防衛のためブリュッセル条約を結び西欧同盟を形成した。この軍事組織ではほんの数年前は敵国であった西ドイツとイタリアは参加していなかった。ナチスドイツによる欧州の蹂躙（じゅうりん）の記憶が鮮明でドイツへの抵抗が強かったのである。強まるソ連の脅威を前にして、この翌年の一九四九年にイギリスが米国に働きかけ、「北大西洋条約機構」（ＮＡＴＯ）が創設された。第二次大戦直後の米国の対独姿勢は当初は徹底した非武装化にあったが、冷戦の激化でドイツをヨーロッパ防衛の核に据えるように変化した。

　欧州防衛を考えるにあたり政治指導者にとって強烈だったのは、一九五〇年の朝鮮戦争の勃発である。第二次世界大戦末期から顕在化しつつあった共産主義のロシアに対して、自由主義と資本主義の米国による米ソ対立は中国を巻き込み、東西冷戦が熱戦に転化したのである。

　ジャン・モネやローベル・シューマンなどヨーロッパ統合の父たちは、「冷戦の熱戦化」を受けて、「欧州防衛共同体」（European Defense Community）を中核とし、その内に極めて連邦主義的な二院制を持つ驚くべき「欧州政治共同体」の構築に向かった。この共同体についてはドイツ語資料を駆使した黒神聡『１９５３・30州政治共同体構想』（成文堂、一九八一年）が詳細に分析している。

　ヨーロッパの政治指導者が打ち出した欧州防衛共同体（ＥＤＣ）は、朝鮮半島での休戦協定が一九五三年に締結されたことに加え、EDCを核とする欧州政治共同体があまりに連邦主義的構想であると危惧したフランス国民議会（下院）が防衛共同体の批准を否決したことで、欧州政治共同体構想も潰えた。

西ドイツは一九四九年に基本法（憲法）を制定した。上述のドイツ封じ込めの西洋同盟は一九五四年のパリ条約で、反ドイツ的内容を一変させ、新たな西洋同盟となった。そして西ドイツ、イタリアはこれに加わった。軍事的意味で西側陣営としてのドイツの戦後の始まりはこの時からということができる。西ドイツは、ドイツ連邦共和国として一九五五年五月に完全に主権を回復し、ドイツ連邦軍も同年一一月に発足し、最強の米軍を中核とするNATOに加盟した。ナチス第三帝国の崩壊から一〇年の時が過ぎていた。

経済分野でも軍事と手を携え、西ドイツの西側化が進み、仏、独、伊、ベネルクス六カ国で欧州石炭鉄鋼共同体ECSCを創設し、さらに一九五七年にローマ条約を調印し、EUは経済共同体（EEC）として経済に限定する形で発足した。ちなみに反EU、ロシア親派で自称左翼のエマニュエル・トッドはその著（堀茂樹訳）『ドイツ帝国が世界を破滅させる――日本人への警告』（文藝春秋、二〇一五年）二一頁でEUが対ソ戦略として創設されたと書いている。だが事実誤認も著しい。同じフランス人の著名な国際政治学者レイモン・アロン（Raymond Aron）は、EUの前身であるECSCを導くことになった一九五〇年五月九日のシューマン・プランについて、トッドの書が出される六〇年近く前に、以下のように述べている。「閣僚理事会に提示されたシューマン・プランはいかなる意味でもソ連に対抗するものではなかった。そして冷戦の道具であるよう企図されたこともなかった」。なお幼稚なトッドのヨーロッパ認識への批判については、拙著「日本におけるEU認識とその

問題」『現代欧州統合論』（成文堂、二〇二一年）第二章参照。

軍事的にはWEUとNATOがその任にあたり、EUは経済問題に特化した形でスタートしたのである。NATOのヨーロッパでの軍事権益を代表してきた西洋同盟（WEU）は二〇〇〇年五月にEUに統合され、その役割を終えた。一九五七年の欧州経済共同体の統合レベルからすれば、五〇年余りでよくも外交安保防衛政策まで包摂するほどに至ったかと感慨深い。

（4）国家主権の砦としての外交と防衛

国家主権の最後の砦と言うべき領域は、加盟国の予算に直結する租税政策と通貨がある。そして究極においては、加盟国の国民の「血」と「死」をも国民に要求する防衛、軍事領域である。租税と軍事は国家主権の根幹部分である。

EU加盟国はもとより、近代の国民国家には、数世紀をかけて作り上げた国民の帰属感がある。戦後生まれの国際統合機関であるEUでは、帰属感の育成はそう簡単な問題ではない。例えば、「フランスのために死ねますか」という設問には、「はい」と答えるフランス人は多いだろう。だが「EUやNATOのために死ねますか」という質問をされれば、EU加盟国の市民は冗談だろうというかもしれない。しかしプーチンによるウクライナ侵略を前に、単独で自国を防衛できない中小国では他に対処のすべがない。実際EU加盟国では人口が一〇〇〇万に満たない加盟国がEU全加盟国の二七のうち、一五もある（第Ⅰ部一四六頁、図1-4参照）。二〇〇〇万以下でいえば、さらに七カ国がこれに加わる。逆に言えば、人口二〇〇〇万人を超える加盟国はわずか五カ国しかないのである。これらの小規模の国では、ロシアへの軍事的対応はまず不可能である。多くがNATOに、そしてEUに加盟する所以である。

国家主権の核心部分としての通貨も同様である。通貨は、現在EUは単一通貨ユーロを出し、二〇カ国が使用している。ユーロの発行と金利は欧州中央銀行が排他的権限を持っているが、欧州石炭鉄鋼共同体創設時には単一通貨や欧州中央銀行は存在しなかったのである。

初の大規模なEEC条約の改正である一九八七年発効の単一欧州議定書で「政治同盟」と「経済通貨同盟」を一体化して扱うことを打ち出した。単一議定書の「単一」とはそれを言う。それに沿って一九九三年発効のEU条約（マーストリヒト条約）で欧州中央銀行制度も共通外交安保政策も導入されたのである。

EU外交と言う言葉はマーストリヒト条約からであるが、EUは以下の三つの領域をそれぞれに扱うと言うものであった。それは、①市場（経済）分野、②司法内務分野、③外交安保、と言う三領域を意味していた。①がEUの権限が最も強く、②と③に移るにつれ、EUの権限が弱くなり、加盟国政府の権限が強くなる位置づけになっていた。外交安保分野では多く、「政府間主義」(intergovernmentalism）と表現されるように、加盟国の主権的権限の確保は全会一致として残された。EUでは「政府間主義」という用語は統合以前の政府間の協力といってよい。加盟国の政府間の協力を意味する「欧州政治協力」（EPC）からEU条約までまさに慎重に外交安保での一体化に踏み出してきたと言うことができる。

EU設立条約では、従来の市場統合関連条文に加えて、第Ⅴ編を設け、共通外交安保政策（Common

Foreign and Security Policy: CFSP）を、また移民、警察などの事項については、第Ⅵ編、司法・内務協力（Co-operation of Justice and Home Affairs: CJA）を新たに導入した。なお一九九三年にＥＵ設立条約で導入された、「域内市場」、「司法内務（警察）協力」、「外交安保」という「三本の柱」は、一六年後の二〇〇九年発効のリスボン条約をもって、ＥＵの下で一本化された。それがゆえに、「三本の柱」という表現は不適となり、使用されなくなった。これもＥＵ統合の発展、深化の証左である。

（5）ＥＵの外交の顔としての外交安保上級代表

欧州議会が「加盟国国民の議会から、ＥＵ市民の議会」に変化したように、「加盟国の外交」から「ＥＵの外交」への発展の動きも着実である。加盟国外交の「内政化」（金丸輝男）という現象である。加盟国にあっては相互の国家間関係は外交も含めて、あたかも国内政治のように変化することを示唆した言葉であった。ＥＵ統合が進めば、加盟国のＥＵの関係は、国と自治体の関係にも似たものとなり、外交はＥＵ域外の諸国との関係を指すことになる。

マーストリヒト条約の最初の改正となったアムステルダム条約（一九九九年五月発効）でＥＵ外交はさらに整備された。「共通外交安保政策上級代表」（High Representative for the common foreign and security policy）が置かれた。幻となった欧州憲法条約では、欧州委員会の対外関係担当委員と共通外交・安全保障政策上級代表が統合されることとなった。そして驚くことに、「外務安全保障担当ＥＵ大臣」（Union Minister for Foreign Affairs and Security Policy）というポストが現れたのである。「Ｅ

U外相」職の登場である。しかし、欧州憲法条約という大胆な改革を打ち出した統合構想はフランスとオランダでの国民投票で否決されて批准に失敗し、幻と化した。

さすがに欧州憲法条約が打ち出した「EU外相」と言う表記は、EUが国家であるように想起させるとして削除された。ちなみにEUにおいて「共通」(common)と言う形容詞がついた機関や分野がある。統合が進み、後にEUでは、「共通」と言う語が落とされ、あるいは「単一」という表記に置き換えられるケースがみられる。それはEUにおける当該する政策領域の一体化が進む証左であることも知っておこう。

「EU外相」の表記は削除されたとは言え、欧州憲法条約を受け継いだリスボン条約では「EU外務・安全保障政策上級代表」(TheHigh Representative of the Union for Foreign Affairs and Security Policy)となり、実質的に生き残った。

この上級代表で興味深いのは、その任命と解任に関してである。上級代表は欧州委員会の副委員長を兼ねるとなっており、欧州委員会という行政府の一員でもある。他方、上級代表の任命権限は欧州理事会にある。

欧州で取材しているとき、ある関係者に対して、欧州議会が欧州委員会の非難動議(内閣不信任に相当)を可決したら上級代表はどうなるかとを質したことがある。良い質問だとの返答だけではぐらかされた。実際、非難動議も可決される事態はそれまでなかったし、非難動議が可決された場合、上級代表がどうなるかは、EUにとってさらに未経験のことだからである。

このポストの任命は欧州理事会の権限にあるとは言え、欧州議会での非難動議の可決は欧州委員会の全員の辞職を求めるから、EUにおける外交問題の理事会の議長を務め、更に欧州委員会の副委員長を兼任する上級代表も当然、総辞職の対象となる。

　国家の最高首脳が任命した職務者が欧州議会の議決によって解任されるということは驚くべきことといってよい。普通の欧州委員候補者は欧州議会が聴聞会で不適とすれば、ほとんどの加盟国は人選のやり直しによる差し替えか担当予定の職務の変更で対応している。もっとも非難動議による総辞職がなされた場合、新たな欧州委員会のメンバーを選出する際に、欧州理事会が上級代表については、それまでと同じ人物を再指名する可能性はある。

　ところで、欧州憲法条約の画期的な構想は、リスボン条約に多く受け継がれていることが注目される。「EU外相」は、外務安全保障政策上級代表として復活し、名を捨て実が採られている。EU歌とEU旗についても欧州憲法条約は規定していたが、これも削除された。だが、現在では公式行事でもメロディとしてベートーベンの交響曲第九番の「歓喜の歌」はEUのシンボルとして活用されている。またEU旗は、反EU的色彩が強いハンガリーやポーランドなどを除き、ほとんどの加盟国の政府機関で掲揚されている。なおポーランドでは八年にわたりカチンスキ率いる「法と正義党」(P・iS)政権が二〇二三年一〇月の総選挙で過半数に達せず、親EU政党のトゥスク元欧州理事会常任議長(EU大統領)の「市民連合」が他党と連立を組み、政権に返り咲いた。このためEU旗の公館での掲揚もあることだろう。

(6) EU対外行動庁(EEAS)

ＥＵ外務安保政策上級代表のポストが導入されたことは書いた。だが、トップだけでは組織は動かない。外務大臣だけで職務を実体化する外務省が無ければ、外交は機能しないのと同じだ。

上級代表は二〇〇九年一二月に発足した「欧州対外行動庁」（European External Action Service: EEAS）を指揮し、補佐を受けている。欧州対外行動庁が、実質的に「ＥＵ外務省」と言うことができる。ＥＵは未だ国家ではないが、在外公館として、大使館に相当する「代表部」（delegation）を日本をはじめ、世界一三〇カ国以上開設している。ちなみにＥＵ域外におけるＥＵ加盟国大使館の会合は、ＥＥＡＳの創設後、ＥＥＡＳから議長を出すことになった。

一九九九年発効のアムステルダム条約から一〇年を経て、リスボン条約で欧州委員会が持つ通商権限と欧州理事会事務総局が有していた権能を融合する形でＥＵの対外関係の部局が一元化され、強化された。このことは重要で、ここにもＥＵ外交の確実な発展をみることができる。

事実、このＥＥＡＳは、他の機関から独立して存在し、欧州委員会の対外関係総局、ＥＵ理事会事務局の対外関係部門および加盟国外務当局から編入されたスタッフなどで構成されている。ＥＥＡＳには、事務総長、最高執行責任者および事務次長二名の幹部の下、地域（アジア・太平洋、アフリカなど）や課題（国際・多国間協調など）に分かれた複数の部局が設けられている。

（7）ＥＵとＮＡＴＯとの関係

現在ＮＡＴＯは北米二カ国と、二〇二四年三月に正式に加盟したスウェーデンを入れて、ヨーロッパ大陸三〇カ国の三二カ国からなる。

言うまでもなく、その核となる司令官は米国が出すが、事務総長は歴代ヨーロッパから出ている。現在は在任一〇年に及ぶノルウェー出身のストルテンベルグで、次期はEU加盟国のオランダの暫定首相のルッテが有力候補とされている。

EUとの関連で言えば、二〇一六年七月両組織がテロ、サイバー・セキュリティー、難民・移民問題などの新たな問題に、より効率的に対処するため共同宣言が出されている。欧州対外行動庁（EEAS）には「軍事幕僚部」があり、ここにNATOの常設連絡チームが入っており、またNATOの「欧州連合軍最高司令部」（SHAPE）にはEU班が設置され、相互の円滑な連携が確保されている。

NATOは侵略に対しては同盟国すべてが一致結束してこれを排除するという集団安全保障を基本とする。だがトランプは在任中にNATO加盟国のGDP二％超を求めて、そうでなければ、ロシアの好きにさせると発言をしていたことを自ら明らかにし、バイデン大統領は怒り、他の加盟国にも衝撃が走った。

二〇二四年六月の執筆段階で言えば、ポーランドの国防費はGDP比三・九％で、アメリカを超えている。ルーマニア、ハンガリー、フィンランドのほか、ラトヴィア、リトアニア、エストニアのバルト諸国は、同比二・三〜二・七％を国防費に充てている。NATOは二〇二四年三月、二〇二三年の年次報告書で加盟国の、国防費支出は二〇二二年比で一一％拡大し、GDP比の二％以上の目標を二〇二三年に、目標を達成した加盟国は三一カ国（二〇二三年当時）中一一カ国から、二〇二四年初頭で計一八カ国に増加している。

フィンランド、スウェーデンの北欧諸国のNATO加盟で、欧州防衛に対する存在感は大きくなっている。両国の加盟で、バルト海はNATO同盟国が囲む形になった。スウェーデン空軍は高度な能力を持つ戦闘機一〇〇機余りを保有し、海軍は潜水艦の運用で長い実績を誇る。運用中の潜水艦は四隻で、二隻の潜水艦を建造中であり、とりわけスウェーデンの潜水艦は水深が浅いバルト海用に設計され、NATOの同盟国が保有する大型の潜水艦にはない強みとなると『ニューズウィーク』(二〇二四年二月二九日付)は伝えている。スウェーデンの防衛産業は先端的な兵器システムを開発する技術力で高く評価されている。EU加盟国ではオーストリア、アイルランド、キプロス、マルタの四カ国を除き、すべてNATO加盟国となり、より両者が一体化して対ロ能力が深まったと言える。

なお欧州委員会は防衛担当閣僚ポストが新設されることを八月一日に明らかにした。NATOと連携し、防衛産業を推進するためである。

2 ユーラシアにおけるEU、中国、ハンガリー、ロシアの地政学

(1) 地政学とは

世は地政学ブームである。インターネットで検索すると多くの文献が出てくる。地政学は日本では戦後長くタブー視されてきた。いわゆる「大東亜戦争」で国土が焦土となり、植民地と帝国主義を清算し平和主義に立脚した新生日本国には、地政学はそぐわないというのが理由だった。戦後の理想主義的平和主義も国連の機能への誤った理解と米ソ冷戦下で一国主義を採るナイーブなもので、米国との「片務的な同盟」(佐瀬昌盛)への依存に守られたものであったのだが。

確かに地政学はドイツでは一九三三年に権力を掌握したナチス公認のイデオロギーでもあり、「生存圏」(lebensraum)という言葉にあるように、東欧支配とユダヤ人抹殺の根拠ともなる暗い過去を持っていた。ただし、それは地政学の一面である。

地政学は「地理」(geology)と「政治」(politics)の合成語である。一般的な定義を言えば、政治的現象とそれが生じた地理的条件との関係を考察する学問である。すなわち、海洋国家か内陸国家か、

資源・エネルギーの有無など、ある国家の地理的条件が当該国家の政治目標の達成に作用するということは、現在でも有効で常識的な考えである。

ただし、地政学は、二一世紀のテクノロジーの急激な発展と地球規模で環境の悪化という新たな状況の中で、徐々に形成されつつある〈人類〉という概念との競合関係を深めつつある。

(2)地政学の父マッキンダーとリヒャルト・クーデンホーフ・カレルギー

ユーラシアにおいてEUの地政学となると、いかなることが言えるであろうか。ヨーロッパとアジアという言葉を合体させた「ユーラシア」という言葉がある。その言葉自体が、きわめて地政学的概念である。

地政学といえば、イギリスのハルフォード・マッキンダー卿が有名である。現在の東欧など広範なヨーロッパ大陸の地域を指すハートランドという概念を世に広めた。彼は「ユーラシアを制する者は世界を制す」と語り、海洋国家の大英帝国のイデオログーとして、ユーラシアでの巨大パワーの成立を防ぐという観点から、イギリスの国家戦略を考えた。

他方、海の支配者であるイギリスのマッキンダーが言うハートランド出身でまさにその当事者であったのが、リヒャルト・クーデンホーフ・カレルギー（以下RCK）伯である。彼はイギリスとは別の立場から欧州の平和を構想していた。RCKは有名な第二次世界大戦中に放映された米映画「カサブランカ」でハンフリー・ボガードに助けてもらう平和運動家のモデルでもある。RCKは、自身の国家であるオーストリア・ハンガリー帝国が消滅することで、没落貴族となり、国家喪失者となった。この点で、帝国主義列強の雄にして、大英帝国のエスタブリッシュメントの一員であったマッキンダーとは大変な違いである。

ＲＣＫは、欧州の多くの中小国の側から、欧州の安定とヨーロッパの平和と復権がどうすれば可能となるのかを構想した。すなわち、ドイツ帝国は消滅し、しかもレーニンが率いるボルシェビキによるロシア革命の帰趨（きすう）が見えない中、ＲＣＫは欧州の二大強国であるドイツと、フランスが一体化する必要を説いた。そしてその大戦後の平和構想を『パン・ヨーロッパ』として書いた。一九二三年のことで、彼が二〇代のことであった。彼の伝記はかつてＥＵに勤務し、北アイルランドの大学でも教えたマーチン・ボンド（Martyn Bond）の ***Hitler's Cosmopolitan Bastard: Count Richard Coudenhove-Kalergi and His Vision of Europe***.2021. が出ている（未邦訳）。拙著『現代欧州統合論』（前掲書）第一章参照。

マッキンダーはユーラシアを海と陸との戦いの場と見ていた。他方ＲＣＫも地政学的観点から、地球をいくつかの地域に分けて考えた。ＲＣＫはパン・ヨーロッパ、パン・アメリカ、ロシア、大英帝国、東北アジアと五つの地域に分け、それぞれの自律性が世界の平和の核と考えていた。パン・ヨーロッパは第二次世界大戦の参加を挟んで二〇数年後、ＥＵ誕生となって実現する。ヨーロッパ統合とＥＵ自体が地政学的状況の反映であった。

（3）激変するヨーロッパの地政学と中国のヨーロッパ進出

時代は下って二一世紀。一九世紀後半の地政学状況と現代を比較してみると、欧州統合とEUの成功と、ロシアの後退、そして中国の強大化の三点が指摘できる。EUは民主主義勢力として確固たる地位を欧州大陸と世界に示している。二〇二〇年にイギリスが離脱したとはいえ、EU加盟国は二七カ国に発展し、三五カ国に向けて動きつつある。ちなみに第一次世界大戦後ヨーロッパの地政学を考えたRCKの中では、イギリスは大英帝国としてヨーロッパの外の存在として捉えられていたことも記憶されるべきである。

地政学の現状を言えば、ロシアは核大国とはいえ、二一世紀に急速に強大化した中国と対照をなしている。ソビエト連邦は一九九一年に一五の共和国に分解し、人口一億を失い、ロシア連邦は二〇二一年のGDPの世界ランキングで第一一位であり、第一〇位の韓国の下にある。そしてそのロシアにとって代わるように強大化した中国の発展が著しい。「一帯一路」戦略の展開がそれである。ドイツでは産業用ロボットのクーカ社が買収され、先端技術の流出が見られた。東欧諸国の一部も中国のこの世界戦略に絡めとられている。この状況下にあって、ハンガリーと中国の相互接近の動きが興味深い。

（4）中国に接近するハンガリー

ハンガリーはＥＵの「問題児」となっている。プーチン戦争との関連での対ロ関係は後述するが、ここでは、対中関係でみていこう。

コロナ禍において欧米からほとんど相手にされなかった中国製ワクチンのシノファームの使用を真っ先に打ち出したのは、ハンガリーであった。中国のハンガリーへのテコ入れは、際立っている。またハンガリーもそれに呼応している。ハンガリー・セルビア間の高速鉄道敷設も中国の力を借りて進めている。欧米で諜報機関とされ逮捕者も出た孔子学院も五校ある。孔子学院についていえば、二〇〇五年最初に導入したスウェーデンはこれを全て閉鎖した。他方、ハンガリーでは中国の名門、復旦大学の欧州キャンパスも整備されつつある。

二一世紀のユーラシアとＥＵの地政学的状況についていえば、ハンガリーはＥＵの更なる統合深化の阻止を目的としてチャイナ・カードを行使している。また中国もＥＵ切り崩しのカードとしてハンガリーを活用している。この点、両者の利害は一致している。

ハンガリーにも理由がある。ＥＵを通して進められているのが欧州統合である。それは本来的に欧州連邦の形成を意識させる方向に進んでいる。ＥＵはすでに見たように加盟国の合意による加盟国の国家主権の統合組織への大規模な移譲を求める。それがゆえに、ハンガリーやポーランドなど旧ソ連圏のＥＵ加盟国にとっては不満が大きい。ソ連が崩壊し、自国の主権がようやく回復したとする旧東欧で主権が再度ＥＵに奪われるという不満である。

実際、ハンガリーとＥＵの対立は、オルバン首相が実践する司法「改革」や、少数派の人権や言論の抑圧など多数ある。欧州議会はＥＵ条約第七条に基づき、史上初となるハンガリー制裁を採択した。ただし、制裁対象となる国家は理事会での議決に参加できないが、全会一致により、議決権の停止にまでは至ることがない。例えば、ポーランドが反対すれば、その実践も困難となるのである。

他方、中国もウイグル族の人権の大規模蹂躙や香港の民主化勢力の弾圧や台湾への高圧的対応を続けている。それ故緊迫化するＥＵ中国関係で、ハンガリーのチャイナ・カードと中国のハンガリー・カードは双方に欠かせないものとなっている。

ハンガリーのオルバンの親ロシア主義も際立っており、ＥＵの統一的対ロ制裁の大きな障害となっている。

ＥＵとハンガリーの関係については、山本直『オルバンのハンガリー』（法律文化社、二〇二三年）参照。

（5）中国の「一帯一路」とヨーロッパでの蹉跌（さてつ）

リトアニアは、二〇二一年一一月、大使館に相当する「台湾代表処」を首都ビリニュスに設置した。対ロシア宥和を採る中国への抵抗ともみられる親台湾政策を採ったリトアニアに対して、中国政府は同国の輸出を税関で止め圧力をかけた。欧州委員会はこれをＥＵと加盟国に挑戦する「経済的威圧」

（economic coercion）と認識し、更にこれに対抗すべく二〇二一年一二月八日、「反経済威圧規制」案を欧州議会と理事会に提出した。

このEU法案で注目すべきは、全会一致方式が採用されていないことである。ハンガリーなど親中の国家によって、効果的な対中政策が阻害されないような仕組みを導入している。

反威圧法案は、「指令」（directive）とは違い、加盟国の個別の立法を必要としない上述の「欧州議会/理事会規則」（regulation）である。その制定に向けた動きは、「地政学的欧州委員会」（フォン・デア・ライエン）と彼女が自ら語るEUの積極的姿勢の表れである。強大化した中国、ウクライナ侵略のロシアという地政学上の緊迫化を通して、EUは統合の深化を進めている。

中国の習近平国家主席による一帯一路政策はその覇権主義的性格が懸念されていたが、「債務の罠」がスリランカで露呈した。ハンガリーは親中、親露政策を堅持しているが、EUおよびG7で唯一協定参加国であったイタリアが二〇二三年一二月一帯一路協力から離脱した。

旧東欧ポーランド、ハンガリー、チェコ・スロバキアで構成されていた対EU協調を目的とした地域協力組織ビジェグラード（一九九一年結成）が、チェコでは大統領に、ポーランドでは首相に親EU、反ロシアの指導者が就任し、実質的な機能停止に追い込まれている。

なお中国経済もコロナ禍での強権的経済政策が破たんし、米経済誌『フォーブス』（二〇二四年二月一八日）によると、習近平政権は二〇二一年からの三年間で、証券市場で、日本とフランスの国内総生産（GDP）の合計に匹敵する時価総額で実に七兆ドル（約一〇五〇兆円）を失ったとのことで、一帯一路の世界戦略の修正を余儀なくされている。

『世界経済評論 IMPACT』（№２３７８ 二〇二一年一二月二七日）に加除訂正を加えた。

3　G7とEU

(1) G7におけるEUの存在

国際政治におけるEUの存在はG7（主要国首脳会議）においても重要である。

二〇二三年五月、第四九回となるG7の広島サミットは歴史に残るものとなった。連邦予算支出の問題でバイデン米大統領の参加は気を揉んだが、最終的にはバイデンの訪日でき、ロシアとの戦争状態にあるウクライナからゼレンスキー大統領も来日できたからである。

G7とは元来アメリカ、イギリス、フランス、ドイツ、イタリア、日本、カナダの七カ国をメンバーとした会議に由来する。しかし忘れてはならないのは、国際統合組織であるEUがそのメンバーであることだ。

EUは国家ではないので、「数に挙げられていないメンバー」（non-enumerated member）と表記されている。往々にして忘れがちで、親ロシア派の中は、「たかが七カ国」と、意図して過小評価するものがいるが、G7における二七カ国（仏独伊は重複するが）を擁するEUの存在を分かっていないためだ。

（2）G7の歴史とEUの参加

G7の設立の背景を言えば、今から五〇年ほども前、一九七三年一〇月の第四次中東戦争を契機に発生した第一次石油ショックによる国際的に深刻な経済危機を契機にする。危機に直面した主要国の間で、世界経済を討議する場の必要性が認識され、フランス大統領ジスカールデスタンが呼び掛けて、一九七五年一一月に第一回会合が行われた。当初は「G5」として開催予定であったが、イタリアも参加を表明し、六カ国で第一回首脳会議が開催された。翌一九七六年にはカナダが加入、以降G7が定着した。その後冷戦終結に伴い一九九八年にはロシアも加わり、G8となった。

ちなみに先進国でないロシアが加盟したために名称が「先進国首脳会議」から「主要国首脳会議」に変更されたともいわれている。

G7の開催は、一九七五年の第一回会合から二〇二三年までに四九回に及ぶ。そのG7の歴史で、二〇二〇年に一度不開催となっている。それは例の単独主義者のトランプ米大統領の時下のことである。外交的にはコロナ禍の広がりが理由とされるが、プーチンと親しい関係にあったトランプ大統領はG7の意義を否定的にみており、さらに自身の所有するホテルを会議場に希望するなど紆余曲折(うよきょくせつ)を経て開催が見送られた。

一九八八年にG8のメンバーとなっていたプーチンのロシアは、二〇一四年のクリミア侵略で同国のG8参加が問題視され資格停止となり、以降G7に戻っている。その年は主要国の首都ではなくEUの首都というべきブリュッセルで開催されている。

　EUがいつからG7に参加したかといえば、G7発足の二年後の一九七七年からである。すなわち、G7の初開催から間もなく、EUはこの会議のメンバーとなっているのである。EU（当時EFC）を代表して初参加したのは、欧州委員会のロイ・ジェンキンス（英労働党出身）であった。

　日本との関連では、一九七九年の第五回のG7が初の東京開催となった。その際、宮中での招待行事の程で、ジェンキンス委員長の皇居正門からの入場について、日本では前例がなく、その待遇を巡り外務省や宮内庁で調整があったように記憶している。これと関係することだが、公式の記念写真撮影はG7の国家首脳だけである。

　記念撮影でいえば、翌年のヴェネチアサミット（一九八〇年）から主要国首脳と並んでいるジェンキンス欧州委員長の姿を確認できる。一つ一つ主権国家の長と同格としてEUは実績を積んで今に至ったといえる。

　広島サミットの映像では七カ国の首脳だけでなく、九名が映っている。なぜ九名なのか。その二名が、まさにEUの代表のゆえにである。すなわちシャルル・ミッシェル欧州理事会常任議長（EU大統領）とフォンデアライエン欧州委員会委員長である。G7は少なくとも七つの主権国家に加えて、EU二四カ国を含めた三一カ国の会合となっているのである。

　どうして主権国家の会合として始まった主要国の会議にEUがメンバーとなっているのだろうか。EUがまだEECやECといわれていた一九七〇年代後半にはこの国際組織が極めて重要な存在となっていたことを示すものである。しかも指摘すべきことは、ドイツ、フランス、イタリアはあくまでそれぞれの主権国家の利益の代表であり、彼らがＥＵ全体の利益を代弁するものではないという国際統合組織ＥＵの性格にも由来するのである。

（3） G7プラスでなく「G7・EU」会合

ところでＡＳＥＡＮ（東南アジア諸国連合）では、日中韓が入る「ＡＳＥＡＮ＋３」という会合もある。日中韓はＡＳＥＡＮ憲章を批准したメンバーではない。それゆえＡＳＥＡＮ・プラスとなる。だが、Ｇ７の場合、ＡＳＥＡＮとは違い、ＥＵはＧ７プラスではない。実態としては「Ｇ７・ＥＵ」というべき会合なのである。

Ｇ７から離れても、ＥＵの統治構造でも、ＥＵのサミットというべき加盟国の首脳の会議で、最高意思協議機関ともいうべき欧州理事会がある。その会議でも、加盟国の首脳に加え、欧州理事会常任議長だけでなく、欧州委員長も加わっている。ＥＵの行政府でＥＵ法の独占的な発案権を持つ欧州委員会が参加しないとＥＵは政策の実践で動けないのである。

人口規模でも、イギリスが離脱したとはいえ、ヨーロッパの主要国の独仏伊を入れて、四億四七〇〇万の人口である。ＥＵの一体性からして、そしてＥＵの制度上からも、主権国家の独仏伊の三国だけで、ＥＵが関わる事柄は決められないのである。Ｇ７でも全く同じことである。

広島サミットの記念写真ではイタリアのメローニ首相が国内の洪水対策で閉会を待たずに帰国した。それにより最終日の写真ではイタリアの首相代行者は正面に向かって左端に立ち、欧州理事会議長は左端から二番目に立ち、主権国家の長の代理とEUの代表であるEU常任議長とは立ち位置が変わっている。各国も首脳の代行者となれば、EU大統領の席次が上位となることを示唆している。

(4) G7はEUの独仏伊の他に二四カ国を加えて三一カ国

G7という表記から、それが主要な主権国家の会合としてだけ、理解されるべきでないことである。EUがG7のメンバーとして、会合開催の早い段階で参加し、EU事項に関しては、EU独自の利害を欧州理事会と欧州委員会の二つの主要機関が代弁していることを、そして、より正確にはG7は「G7・EU」会合であることを我々は改めて意識しておく必要がある。すなわちG7の主要国家だけでなく、スペイン、オランダ、デンマーク、ギリシャ、バルト諸国、ポーランド、ハンガリーなど、自国が参加する独、仏、伊を除く二四の加盟国を含め、二七の全EU加盟国をそのうちに取り込んでいるということを、である。

『世界経済評論 IMPACT』(№3125 二〇二三年九月二五日)に加除訂正を加えた。

4　プーチンの戦争とEU——その地政学的衝撃

(1) プーチンのウクライナ全面侵略

ロシア連邦のウラジミール・プーチン大統領が公然とウクライナの首都に向けて侵略を開始した二〇二二年二月二四日は二一世紀前半の地政学上の大事件と記されることは確実である。ウクライナへの全面侵略戦争は、チェチェンから南オセチア、モルドバの沿ドニエステルやドンバスでの傀儡政権の樹立、クリミア半島の奪取という彼の特異な思想と行動に基づくがゆえに、「プーチンの戦争」と表記しうる。小泉悠『「帝国」ロシアの地政学』(東京堂出版、二〇二二年)もそうした立場に立っている。

国際社会の反発は大きく、侵略から一カ月もたたない三月の国連特別会合では非難決議が採択された。内訳は国連加盟の一九三カ国中、賛成一四一カ国、反対五カ国、棄権三であった。

この非難決議にもかかわらず、プーチンの言う「特別軍事作戦」は、二年半以上続行中である。この間、ロシアによるエネルギー供給や穀物流通で世界は混乱し、途上国では、ウクライナへの全面的な支持が揺らぐ側面も見せつつある。

開戦当初、ロシアの戦費は開戦初期に一日二兆円ともいわれた。ウクライナでいえば、総兵力五〇万強で、開戦から一年半後の二〇二三年六月時点での死傷者を言えば、戦死者は七万人、負傷者は一二万人に上っていると『ニューヨーク・タイムズ』は報じた。民間人の死者については、同じく、国連が九一七七人だとしている。二〇二四年二月ゼレンスキー大統領は死者三万一〇〇〇という報道より低い数字を明らかにした。ずっと秘匿してきた数字で、政治的配慮の数字と言えなくもない。

この侵略戦争は、欧州を舞台とし、穀物とエネルギーの供給阻害で世界を直撃し、「冷戦2」とも称され、EUがウクライナやモルドバ、ジョージアのEU加盟への動きに見るように、旧ソビエト連邦（ソ連）圏諸国のロシア離れの受け皿として機能していることもあり、EUが意味をもつ所以である。

以下、ウクライナ侵略戦争に至るプーチンの論理と開戦理由を一瞥した上で、ヨーロッパでの「プーチンの戦争」の持つEUへの意味とEUの対応を、幾つかのケースに限定して考察する。

(2)「プーチンの戦争」の論理と開戦理由

プーチンの自国認識と戦争の背景を一瞥しておこう。

歴史に目を向ければ、地球の陸地の六分の一を占め人口二億四〇〇〇万だったソ連は一九九一年に一五の共和国に分裂し、一億人ほどが消失して、現在のロシア連邦となった。消失した人口の半分はウクライナであった。

プーチンは一九九一年一二月のソ連崩壊から九年後ロシア連邦の大統領に就任した。プーチンにとってソ連の崩壊は「地政学上での最大の悲劇」であった。ただし、注意すべきは、プーチンの願望は単にソ連への回帰ではなく、一八世紀初頭のピョートル大帝時代のロシアの復活である。彼はレーニンやスターリン、そしてそれ以降のソ連の指導者もほとんど評価していない。自らを彼らを凌ぐ指導者と考えて、むしろロシアの初代皇帝となったピョートル大帝に比している。

二〇二一年七月一二日のプーチン自身の論文「ロシア人とウクライナ人の歴史的一体性」（英文題名は *On the Historical Unity of Russians and Ukrainians*）を著した。そこでウクライナとベラルーシ、ロシアとの歴史的一体性と不可分性を強調している。

ところで、プーチンによる侵略戦争の理由はなんであろうか。外部と内部要因が複雑に絡んでいるが、次の六点が指摘できる。

① ＮＡＴＯの東方拡大

ＮＡＴＯ拡大は冷戦終了から開始された。イスラエルのシュロモ・ベンアミ（Shlomo Ben-Ami）元外相は、侵略直前の二〇二二年二月七日に情報サイト、プロジェクト・シンジケートに「ロシアの復讐」という論考を寄せ、以下のように記している。

「一九九〇年二月にベーカー米国務長官はソ連のゴルバチョフ大統領に、ＮＡＴＯは東に一インチも拡大しないと約束した。同年九月の東西ドイツ統一の枠組決定の会議では、ソ連はドイツのＮＡＴＯ加盟のみを承諾した。だが冷戦末期にロシア西端のレニングラード（現サンクトペテルブルク）からNATOの東端は約一九〇〇キロ離れていたが、現在では一六〇キロほどに縮んだ。」NATO東方拡大はプーチンの危機感を強めたのである。

②　第二はロシア周辺諸国での反ロ、親EU政権の動きである。ウクライナでの二〇〇四年のオレンジ革命や二〇一四年のマイダン革命、ジョージアの親EU化（二〇〇八年）などが起き、プーチンの心胆を寒からしめた。マイダン革命についてはマーシ・ショア（池田年穂訳・岡部芳彦解説）『ウクライナの夜――革命と侵略の現代史』（慶應義塾大学出版会、二〇二二年）（原書名 M. Shore, *The Ukrainian Night*. Yale UP. 2017）参照。モルドバも同様である。

③　第三はウクライナの東部ドンバス地域やクリミア半島のロシアによる奪取に対する国連、米国、EUの消極的対応である。それがウクライナへの全面侵略を決断させた要因と見ることができる。

④　第四はロシアによる欧州へのエネルギー支配の完成がある。特にノルドストリームの稼働で、EUの天然ガス供給はロシアが支配するものとなったこと。シュレーダー、メルケルと続くドイツ政府のロシアエネルギーへの積極的導入と依存の姿勢がそれを容易にした。

⑤　第五としては中国の姿勢がある。対中関係で、北京五輪時のプーチンの中国訪問の際、軍事行動に対する習近平指導部による黙認がウクライナ侵略の決断を促したとみることができる。

⑥ 国内で三度（二〇〇八年、二〇一四年、二〇二〇年）に及ぶロシア連邦憲法改正により全体主義の国家統治が完了したことも指摘できる。これにより長谷川雄之「任期のリセット」（防衛省防衛研究所）にあるように、プーチンは二〇三六年までの実質的な終身独裁が可能となり、司法、行政、立法の当初の三権分立制度を超越する「超大統領制」と言うべき全体主義体制の構築を達成したである。

（3）ロシア勢力圏の後退とゼロサムで進むEU統合、射程はコーカサスへ

言語道断のプーチンの戦争に積極的意味があるとすれば、ウクライナなど周辺国のナショナリズムを不可逆的にし、EU加盟国にヨーロッパ統合の必要性を再認識させ、これを加速させていることにある。当初の三月下旬でウクライナへの無差別攻撃に対する賠償額は五六五〇億ドル（七兆円）と試算されており、これは拡大の一途である。ロシアの侵略を被った歴史のあるバルト三国やポーランドなどへの脅威はおのずと高まる。

二〇一〇年頃からEUはユーロ、難民、さらにコロナと立て続けに危機と試練を迎えた。これを受け、わが国では、親ロシアイデオローグのE・トッドなどを使った欧州統合終焉論、EU崩壊論、ユーロ解体論が多く展開された。日本のこの時期のEU崩壊論などEU認識と問題は拙著『現代欧州統合論—EUの連邦的統合の深化とイギリス』（成文堂、二〇二一年）第二章参照。だが、EUは、長く欧州統合の障害だったイギリスが抜け、銀行同盟を強化してユーロ危機を乗り越え、コロナ危機対策

として財政連邦主義に立つ一四〇兆円を超える復興基金を創設し、脱炭素社会に向かいつつある。この過程で起きたのがプーチンの戦争である。

実際、この戦争の地政学的意味は大きい。EUは一九五一年調印の欧州石炭鉄鋼共同体条約で六カ国で始まったが、一九九一年のソ連崩壊まで加盟国は一二カ国。そして現在二七となり、西バルカン五カ国とウクライナ、モルドバ、南コーカサスのジョージアを入れると潜在的には三五カ国となる。ロシア・中国関係でも同様である。中国政治研究者の中島嶺雄は『中ソ同盟の衝撃――日本の安全と経済はどうなるか』（光文社、一九八二年）を著したが、現在の中ロ関係の主客転倒は決定的である。何より、GDPで米国に次ぐ世界二位の中国と、今や韓国以下の一一位に下げたロシアの経済力を反映して、資源購入や国際決済制度を通したロシアの中国への従属関係となると考えられる。一九九一年から続く「ソ連崩壊の最終章の始まり」とみる所以である。ブルガリア出身の政治学者イワン・クラステフ（Ivan Krastev）も「欧州――蘇る民族主義」（『読売新聞』二〇二二年七月一〇日付）で「ソ連解体の最終段階」と記している。ロシア版NATOというべき「集団安全保障機構」（CSTO）の五カ国も、プーチンの戦争への参加に強い逡巡が見られる。他方、ロシアの影響力の低下とゼロサム関係で、プーチンの戦争は、EUの地政学的重要性をさらに増している。

（4）EU加盟の困難――EUの連邦主義的な意思決定方式

EU加盟希望国の増加はすでに指摘したが、EU加盟は簡単ではない。EUに最後に加盟したのはクロアチアで、一〇年を要した。バルカン諸国で最も早くEU加盟を申請したのは二〇〇八年のモンテネグロで、申請の認定に二年を要し、しかも一二年以上経ってもEU加盟は未達成である。

ウクライナのゼレンスキー大統領や国民のEUのシステムについての理解度は不明である。EU加盟条件を定めたコペンハーゲン基準については既に記したが、（1）政治的基準、（2）経済的基準、（3）法的基準がある。敷衍すれば、（1）は、民主主義、法の支配、人権、少数者の尊重と保護を保障する安定した諸制度。（2）は市場経済が機能し、EU域内の単一市場や競争圧力に対応する能力、（3）は政治、経済、通貨統合の目的の順守を含む加盟国の義務履行の能力とEU法の総体系（アキ・コミュノテール）の実践能力である。加盟国法に優位するEU法はとりわけ重要で、EU法の総体系は数万頁に及ぶ。またEUではEU法制定に当たり、国家を地域とみなす特異な連邦的政治システムを構築している。

EUは「国家」を構成体の「地域」とみなす連邦的制度を採っている。その証明が欧州議会である。議席は加盟各国の人口比であり、二〇二四年六月で定数は七二〇で議決には過半数が必要となる。欧州議会といえば、メルケルの政治指導の下で二〇二〇年末、EU・中国包括的投資協定が全加盟政府の調印にもかかわらず、ウイグル族の人権弾圧を理由に欧州議会によって潰えた。さほどの力を持つ。

さらにEU法を生み出す議決ではEU理事会と欧州議会の共同決定である。理事会での議決は全会一致、単純多数決と、八割の案件で使われる「特定多数決」がある。議決には加盟国数の五五％以上、つまりEU二七カ国中の一五カ国が必要で、加えて賛成国はEU人口の六五％以上と言う二重の要件がある。

ウクライナに戻っていえば、領土はEU内で一位、一人当たりGDPは三七二四ドル（約五一万円）

でEU平均の九分の一しかない。また同国内のオルガルヒの解体や少数者の人権保護（ロシア人人口は一七％）、法の支配などの課題があり、今後、EU加盟条約の交渉と発効に至る長い政治過程が待っている。

（5）EUの対ロシア制裁

EUの対ロシア制裁はエネルギーについては石炭、石油という依存度が低い順から実施され、天然ガスには十分踏み込めていない。二〇二二年六月三日、EUではロシア産原油の輸入禁止を柱とする第六次ロシア制裁が採択された。その中身の中心は、石油エネルギーと金融である。ジェトロによると、海上輸送によるロシア産原油のEUへの輸入は六カ月間、石油精製品については同じく八カ月間の猶予期間の後禁止される。パイプライン経由の原油輸入は、ハンガリーの主張を受けて、禁止対象から除外された。

その他の経過的措置として、ブルガリアは二〇二四年末までの海上輸送でのロシア産原油と石油精製品の輸入が、またクロアチアは二〇二三年末までのロシア産減圧軽油（VGO）の輸入が認められた。金融分野では、ロシア最大手のズベルバンクのほかクレジット・バンク・オブ・モスクワ、ロシア農業銀行の三行、さらにベラルーシ開発復興銀行を国際銀行間通信協会（SWIFT）システムからの排除対象に追加した。七月二六日には、天然ガスのさらなる供給削減の危機を前に、EU理事会が欧州委員会の提案を受け天然ガス消費の一五％の節約を合意した。ただしEUは合意形成を優先し、ハンガリーに使用削減目標の免除で譲歩した。なおEUの対ロシア制裁は、二〇二四年六月現在、第一四弾まで進み中国企業もその中に含まれている。

(6) NATO新戦略とEUの共通安全保障・防衛政策の強化

プーチンの戦争のEUへの軍事的側面でのインパクトと対応では五点が指摘できる。

① NATOの対ロ新戦略

二〇一九年一一月NATOは「脳死状態」とマクロン仏大統領が危機感を語るほどであったが、プーチン戦争で、息を吹き返した。

二〇二二年六月二八日、三〇カ国の首脳会議を開催したNATOは新戦略文書で対ロシア認識を一二年ぶりに一新した。一〇年前の「欧州大西洋のパートナー」の文言を削除し、「NATOの安全や、欧州・大西洋地域の平和と安定にとって最も重大で直接的な脅威」と一八〇度その関係を転換させた。中国についても初めてその脅威に言及した。

② フィンランドとスウェーデンの加盟によるNATOとEUの同期化

プーチンの戦争を契機に、NATOとEUの同期化がみられる。ここで言う「同期化」とは、NATO新戦略に基づくEUの意思決定と任務における同一行動、およびEUとNATOのメンバーの重複をいう。

フィンランドとスウェーデンのＮＡＴＯ加盟については、前者は二〇二二年七月五日のカナダなどの承認を手始めに、加盟各国はその承認に動いた。最後まで残っていたトルコは二〇二三年三月二七日に、ハンガリーは三月三〇日に議会での承認を終えたことで、フィンランドの加盟が決定し、四月三一カ国目の加盟国となった。

スウェーデンについても、トルコとハンガリーがＮＡＴＯ加盟を渋っていた。トルコはスウェーデン内にいるクルド人組織のテロ活動が理由であったが、米国が逡巡していたＦ16戦闘機の獲得もその目的としていた。

他方、ハンガリーはオルバン首相がプーチンとの関係を重視しているため、ウクライナのＥＵ加盟候補国入りにも、ウクライナへの大規模支援にも反対してきた。実際、この支援は四年間で総額五〇〇億ユーロ（七・八兆円）に上る規模のものであった。最終的に、ハンガリー議会の過半数を占めるフィデスは二〇二四年二月二六日にスウェーデンのＮＡＴＯ加盟を承認した。フィンランドとスウェーデンのＮＡＴＯ入りは、第二次世界大戦以降ヨーロッパにおける中立諸国の対外姿勢の大転換を示し、プーチン戦争が招来した象徴的な出来事となった。

これにより、ＮＡＴＯは三二カ国となり、未加盟のＥＵ加盟国は、オーストリア、アイルランド、マルタ、キプロスの四カ国だけとなった。

③ EUの共通安保防衛政策（CSDP）へのデンマークの参加

ＥＵは一九九三年のマーストリヒト条約以降、共通外交安保政策（ＣＦＳＰ）を明記したが、その後CSDPへと、防衛領域に統合を拡大しつつある。デンマークがその事例である。

同国は、EU条約成立時に外交安保分野で唯一、適用除外を得ていた。だがデンマークもその姿勢を改めた。二〇二二年六月一日にCSDPへの参加を問う国民投票が実施され、参加支持が六七％で共同防衛へ舵を切った。

スウェーデン、フィンランドのNATO加盟、そしてスイスのNATOとの合同演習参加の動きと合わせて、ヨーロッパ諸国の対ロ危機感が、バラバラでなくEUレベルでの防衛政策の統一化に踏み出させているといえる。

④「常設軍事協力枠組み」（PESCO）創設

プーチンの戦争を契機に、共通外交安保政策（CFSP）から一歩踏み出した共通安保防衛政策（CSDP）自身も強化されている。読み飛ばしがちだが、防衛という言葉がこの分野での統合の深化を示している。二〇一四年のロシアによるクリミア侵攻を受けて、独仏主導によるEUの共通防衛政策を実体化するため、「常設軍事協力枠組み」（PESCO）が二〇一七年一二月に法制化された。『日本経済新聞』（二〇一七年一二月一五日付）は、「常設の防衛協力枠組み、EUが発足、独仏など二五カ国が参加」と伝えた。

このPESCOは、CSDP遂行のための高度な軍事協力推進の枠組みである。兵器開発への出資や能力開発、および加盟国間の運用上の即応体制の調整と協働で効率化を図り、国ごとの兵器や装備品の開発・生産から共同開発を推進し、もって国際競争力の向上も意図している。

EUの防衛政策の推進はロシア要因だけでなく、米国要因も指摘できる。すなわちトランプがアメリカ第一主義を唱え、欧州防衛についてもドイツ駐留米軍の三分の二を削減して一万二〇〇〇人にする政策を打ち出した。これはEU独自の行動の必要性を促進しているといえる。

⑤インド太平洋戦略の強化

プーチンの戦争でEUとNATOは、ロシアだけでなく、中国への警戒感を強めている。覇権主義の中国を念頭にした「インド太平洋戦略」の構築にもEUは関与を強めている。

上述のNATOの新戦略は中国に対して「野心と威圧的な政策がNATOの利益と安全、価値に挑戦している」とした。実際、EUと中国は貿易摩擦を引き起こし、加えて中国の一帯一路戦略ではハンガリーに橋頭保を形成しつつある。ただしインド太平洋戦略の要の位置にあるインドはロシアの兵器、天然ガス、石油の購入でロシアを助けていることも軽視してはならない。中国に対峙する日本を含む西側にとって、インドは同じ陣営にあると安易に期待しない方がいい。インドのロシア産原油の輸入量は侵略開始当初の三月時点から二カ月で一〇倍の二七六万トンに急増したと七月下旬報じられた。

EUは二〇一八年に「欧州とアジアの連結――EU戦略の基礎的要素」を採択した。EUは一方で中国との貿易関係の重要性があり、他方で、中ロ連携の動向を注視しているといえる。

EU・中国関係は児玉昌己・伊佐淳編『グローバル時代のアジアの国際協力』（芦書房、二〇二〇年）の拙稿「EU外交と21世紀のEU中国関係」（第六章）および中村登志哉「ドイツのインド太平洋戦略」（第三章）参照。

（7）独、仏、ヴィシェグラードへの衝撃と対応

次に、プーチンの戦争が与える主要国の影響と対応を紙幅の都合で、ドイツ、フランス、ヴィシェグラードに限定して見よう。

①ドイツのリトアニア派兵と緑の党フィッシャー元外相のEU共通核保有の提起

EUの中核のドイツはノルドストリーム（NS）に力を入れ、天然ガスへのロシア依存は実に四割に達し、クリミア侵攻後のまさにその年の二〇一四年にメルケルは更にNS2の敷設を始めた。これは一〇〇億ユーロ規模のプロジェクトで五年を要した全長一二二五キロの海底パイプラインであった。ドイツのユニパーやBASF傘下ウィンターシャルのほか、英蘭石油大手シェル、オーストリアのOMV、仏エンジーなど複数の欧州企業が出資し完成している。

メルケル政権は末期においても、天然ガスの役割ではロシア産を問題にせず、「天然ガスは今後数十年にわたってドイツのエネルギー供給に大きく貢献し続ける」との認識を示していた。だが、シュレーダー・メルケルの親ロ、政経分離路線は完全に破綻した。

NHK（二〇二二年四月一四日）によれば、ロシア産天然ガスの供給が完全に停止した場合、ヨーロッパ最大のドイツ経済は、この先二年間で、二二〇〇億ユーロ、日本円にして三〇兆円の損失に相当する、とのドイツの五大経済研究所の見通しが出された。ウクライナ軍事支援でもドイツはEU内

での指導性を発揮できていない。ロシア軍の侵略開始直前の二月一〇日、ショルツ首相は「我々を見くびるな」と大見えを切ったが、供与の約束をした五〇両の自走対空砲のゲパルトは一九七三年配備の旧式兵器で砲弾さえ手当てされておらず、ドイツ国防相は大失態を演じた。

「タマなしゲパルト」は侵略五カ月目の七月下旬ノルウェーからの砲弾の調達で、わずかに五両がウクライナに渡された。「ドイツ製兵器、東欧への供与進まずロシアに配慮か」『フィナンシャル・タイムズ』(二〇二二年七月二九日付)の記事によれば、ポーランドなどの国が旧ソ連製の戦車をウクライナに供与する見返りに、ドイツが西側製の装備を補充する計画もほとんど進まず、野党は政府にウクライナへの重火器供与を義務付けた四月の連邦議会の決議を守っていないとして、ショルツ首相を非難した。

プーチンの侵略によるウクライナの人的被害、物質的被害の拡大を受けて、ドイツも大きくその姿勢を転換させつつある。ウクライナが陥落すれば、バルト三国やドイツの隣国ポーランドが直接的脅威にさらされるからである。

ドイツの脅威の深刻さは、ドイツでは緑の党出身の元外相のヨシュカ・フィッシャーの言説に表れている。緑の党といえば、環境保護政党であるが、その結党時の目的は反原発、反核であった。その党是を捨ててフィッシャーは、ロシアの核の抑止力となるべくEUは独自の核兵器を保有すべきと述べたのである(熊谷徹『日経ビジネス』二〇二四年一月一〇日)。

ドイツ政府はNATO政策でも大きく踏み出した。上記の記事によれば、リトアニア政府との間で二〇二三年一二月一八日、ドイツ連邦軍所属の約五〇〇〇人規模の戦闘部隊をリトアニアに常駐させる合意書に調印した。ドイツにとって、他のNATO加盟国への大規模な連邦軍の常駐は史上初のことである。エストニア、ラトビアと同じく、そのリトアニアは一九三九年の独ソ不可侵条約の秘密議定書で領土がソ連に簒奪された苦い歴史を持っているのである。

② フランスの対応：対ロ消極的姿勢と「欧州政治共同体」構想

エマニュエル・マクロン大統領はプーチンの戦争勃発時からフランスがEU理事会の議長国であったこともあり、密接にプーチンと接触している。マクロンはロシアを完敗させると言うポーランドやバルト諸国の意見にくみせず、対話路線を強調し、ロシアのテロ支援国家認定にも同意せずとし、「ロシアに屈辱を与えてはならない」とも述べていた。そして、二〇二二年五月九日、EU未加盟国を意識して「欧州政治共同体」を突如打ちだした。マクロンは欧州議会での演説でウクライナのEU加盟手続きには数十年かかるとし、欧州政治共同体で、ウクライナなどが仲間に加わることができる旨語った。

マクロンは西側諸国の一員として認定する必要性は認めるものの、この構想が「EU加盟を保証するものではない」と語った。これに対し、リトアニアは即座に、「EU加盟候補国に認定する断固たる決断を下す政治的意志が全くないもの」、と痛烈に批判した。「リトアニア大統領、『欧州政治共同体』創設案を批判」（AFP、二〇二二年五月一一日）。

フランスのマクロンも国内での支持を大きく落としている。イギリスがEUを離脱し、EUは二枚看板の核兵器のカードがフランスだけとなり、米国のトランプの在欧米軍の縮小の危険もあり、ドイツの核戦略での従来の方針が揺らいでいることが、先のフィッシャーのEU共同核の提案に現れているといえる。マクロンは二〇二四年に入り、NATO軍のウクライナ派兵の可能性に言及した。米国もNATO事務総長もこれをすぐさま否定したが、これも、支持率を落としているマクロンのスタンドプレー的発言といえる。

③ハンガリーの親ロシア突出とヴィシェグラードの機能停止

プーチンによる軍事的危機を前にEUの結束の乱れと統合推進の両面が進んでいる。

EU内でのウクライナ侵略戦争の対応では、ハンガリーの突出した親ロシア姿勢のため、一九九一年二月創設の地域協力組織ヴィシェグラードの機能停止を予感させる。特にポーランドとハンガリーは権威主義的政権で、「EUの価値」の順守義務違反に対する制裁措置の阻止で共同戦線を張ってきたが、対ロシア制裁を巡り、露骨に反対するハンガリーがこの地域の信頼と結束を大きく揺がしている。

ポーランドについていえば、同国の憲法裁は二〇二一年一〇月七日EU司法裁判所が同国の裁判官の任命で法の支配が貫徹していないと判示したことに対し、国内法がEU法よりも優先する場合があるとEU法の優越性に挑戦した。両国はEU条約七条による制裁発動の阻止のため、全会一致制を活用し、相互に協力していた。

ただしハンガリーとポーランドではロシアの脅威の捉え方は大きく相違している。ポーランドは、ウクライナはもとより、ロシアの飛び地カリーニングラードや、ロシアと連携姿勢をとるベラルーシと隣接している。歴史的な体験もあり、ロシアの脅威は、ハンガリーとは格段に違いがある。ポーランドはそれゆえウクライナへのEU支援に積極的である。

欧州委員会はポーランドのこの対ウクライナ姿勢を評価し、争点となっているEU法の順守を条件に、コロナ復興基金の資金計画を承認、六月二日、EUの復興基金の中核予算「復興レジリエンス・ファシリティー」（RRF）から二三九億ユーロの補助金と一一五億ユーロの融資を表明した。片やハンガリーはEU首脳会議でロシア産石油の禁輸制裁の例外措置を勝ち取り、ロシア正教のキリル総主教に対するEU制裁の発動も阻んだ。ポーランド政府はハンガリーの石油政策を「欧州の安全に有害だ」と明言した。二〇二三年七月にはハンガリーはエネルギー供給の安全保障を確保するためとして、公然とEUの結束に挑戦し、長期契約分に加え、天然ガス七億立方メートルの追加購入を決めた。

(8) 欧州平和ファシリティ（EPF）とウクライナファシリティ

EUの域外諸国支援は防衛的観点でも拡充されている。その事例が「欧州平和ファシリティ」（EPF）とウクライナファシリティである。

EUは二〇二一年三月に既存の二つのファシリティを一体化し、より広範囲な目的を持つ欧州平和ファシリティを採択した。EPFは、EUの能力を強化することを目的とした予算措置で、EU予算の拠出と同じGNIを基に集めた資金を使用する。このファシリティは安保防衛政策の一貫として、EU条約第四二条（4）と第四三条（2）に基づく、共通安全保障防衛政策（CSDP）の任務および作戦の共通費用を賄い、さらに支援措置の柱としてはEU条約第二八条および第三〇条に基づき、第三国、地域または国際機関に対するEUの行動に資金を提供することを目的としている。

ＥＰＦは元来、紛争予防や平和維持能力の向上を目指すものである。このＥＰＦはウクライナにも適用され、「ウクライナファシリティ」として、ウクライナに対し殺傷兵器やその他装備品の供与を通じた支援が提供されることになった。同基金から初めて、戦争状態にある国のために資金が拠出されたことが注目される。ＥＵはウクライナを欧州における「民主的価値の主要な推進者」として位置づけている。この支援はＥＵの存在にとっても喫緊の地政学的要請である。

「欧州平和ファシリティ」の下、ＥＵは欧州の防衛装備品の製造やウクライナ国軍の訓練や装備提供に資金を拠出する「ウクライナ支援基金」を二〇二四年二月に五〇〇億ユーロ（約七・九兆円）と定め支援パッケージを承認した。これがウクライナ・ファシリティである。これは、ウクライナの復興支援と、ＥＵ加盟促進の資金としても活用され、ファシリティの総予算五〇〇億ユーロは、三三〇億ユーロの借款と一七〇億ユーロのグラントに配分されることになっている。

これにより、ＥＵは同国への最大の支援提供者となり、二〇二三年末にかけてメディアなどで広まり出した「ウクライナ支援疲れ」の論調に終止符を打った。ウクライナファシリティは二〇二四年〜二〇二七年の四年間にわたって提供されることになり、同国経済を再建し、ＥＵ加盟に必要な七項目における進展を促し、同国の改革と投資を通じて、ウクライナの近代化に寄与することを意図している。

（9）ＥＵの年来の制度改革議論への影響

ＥＵでは、加盟国の増大に伴う制度改革は重要案件で、プーチンによるウクライナ侵略とは別個に二〇二一年四月から二〇二二年五月まで「ＥＵの未来検討会議」を開催してきた。この会議の後半の二月にロシアによるウクライナ侵略戦争が開始された。この侵略戦争によりＥＵの意思決定の脆弱さが一層関係者に意識された。五月九日には同会議は、欧州議会、理事会、および欧州委員会に最終報告書を提出した。四九項目の提言ではＥＵの共同軍創設、保健政策の権限強化、欧州議会への法案提案権付与、議会選挙法の改正など欧州議会の権限強化も盛り込まれている。Non-paper by Bulgaria, Croatia, the Czech Republic, Denmark, Estonia, Finland, Latvia, Lithuania, Malta, Poland, Romania, Slovenia, and Sweden on the outcome of and follow-up to the Conference on the Future of Europe. 9 May 2022.

ＥＵ議長国の仏マクロン大統領は閉会式の演説で、二〇〇九年発効のリスボン条約以来となる基本条約見直しへの賛意を表明した。フォンデアライエン欧州委員長も改革実現のために条約改正も排除しない姿勢を見せた。またイタリアのドラギ首相もウクライナ危機などに迅速に対応するため、全会一致から多数決制への移行を主張した。

欧州議会も二〇二二年六月九日、提言を支持し、条約改正に向けた議論入りを宣言する決議を採択した。ＥＵの連邦的統合推進者で英出身のＡ・ダフ元欧州議会議員は、ＥＵの安保防衛政策に対する拒否権廃止の課題が対ロシア制裁とウクライナへの軍事支援の合意困難で浮上したとし、検討会議が求める条約改正を関係者が拒否すれば、欧州議会がＥＵ司法裁判所に提訴することもありうると語っていた。他方、北欧や東欧など一三カ国は「不用意で時期尚早な条約改正の手続き開始は支持しない」との文書を公表、反対姿勢を鮮明にした。

結論

まとめとして第一に指摘すべきは、プーチンの戦争は地政学上でのロシアの不可逆的な後退を招いていることである。核保有国とはいえ、中国との関係も従属的関係にならざるえない。

第二は、プーチン戦争はヨーロッパ統合の地政学的必然性が疑いないものとした。ウクライナ戦争が三年目に入り、独仏についていえば、初期の軍事支援でのドイツの優柔不断やプーチンの敗北を回避を公言するマクロンフランスは姿勢を転換させている。確かに、他のEU加盟国同様、ウクライナ支援疲れはある。しかし、ウクライナ喪失が与える影響の大きさから、危機意識も強くなり、ハンガリーなどの反対を内部に抱えつつも、積極的なウクライナ支援に向かいつつある。

EUの加盟各国は外交からさらに進んで、軍事的結束の必要を改めて痛感し、軍事防衛分野での統一的な政策形成の必要を一層認識し、その方向で進めていくものと言える。

ウクライナへの砲弾一〇〇万発の支援はその際たる事例である。ただし、二〇二四年三月の段階で三〇%程度にとどまるとゼレンスキーが不満を述べた。

第三はEUの意思決定の欠陥が露呈されていることである。EUでは、外交防衛領域に残されている全会一致方式が迅速なEUの行動を阻害している

実際、対ロ第六次制裁の決定では、欧州委員会による提案から採択まで一カ月を要した。石油輸入制限でも、更にはEU内エネルギー使用の一五%削減合意でも、ハンガリーへの例外措置がEUの結

束を乱した。ハンガリーはウクライナのEU加盟交渉入りでも、抵抗し、経済支援では拒否権を行使するほどにも親ロ姿勢を強めている。EUでは軍事や制裁の事項で全会一致が継続すれば、人口一〇〇〇万弱のハンガリーが四億五〇〇〇万人のEUの意思決定を阻害することになる。EUは第Ⅰ部で見たように加盟国が増えれば、格差も現れ、利害対立も拡大する。この戦争中の「EUの未来検討会議」では、理事会の拒否権の廃止と多数決の常態化、欧州議会の立法発議権の付与などの制度改正がクローズアップされている。ハンガリーのウクライナのEU加盟交渉入りに際する三一条の適用は評価される向きもあるが、悪しき前例ともなる。

EU自体は、人口では下位一五カ国でフランス一カ国程度の中小規模の国家の集合体である（図1－4、一四六頁参照）。すなわち単独ではまず意味をなさない。またEU自身が掲げる共通の価値を体現するシステム作りの成否が問われている。プーチンの戦争は、旧ソ連圏の更なる後退とゼロサムで進む異次元のEUの東方拡大の可能性の前で「民主主義の適正規模」や、ハンガリーでみた「加盟国の代表民主主義」と「EUの代表民主主義」の優先順位という政治学的課題を更に顕在化させつつある。

第四に、これに関連して、強調されるべきは、この侵略戦争が持つ政治学的意味である。イアン・クラステフは、「露侵略の歴史を考える……欧州によみがえる民族主義」『読売新聞』（二〇二二年七月一〇日付）で、この侵略戦争を民族主義を巡る衝突」として語っている。確かにそれは一面で正しい。だが、同時にこのプーチンの戦争を「民族主義を巡る戦い」とする理解だけではなく、「民主主義対独裁の戦い」であると強調したい。東方拡大という大きな視野で言うと、EUでは、民主主義の要素は決定的に重要であることを指摘したい。

二〇二二年六月に加盟候補国認定を逃したジョージアでは、首都トビリシでの市民集会で、現政権の辞任と、ＥＵに沿った新政府による民主的政治改革の必要を、野党指導者が主張している。第五としていうべきは、対米関係が不安定になっていることである。米大統領選挙でのトランプ再選の危惧もある。ＥＵの主要機関である欧州中央銀行（ＥＣＢ）のラガルド総裁は二〇二四年一月、トランプ氏が再選されれば欧州にとって明らかな「脅威」になると発言していた。

バイデンがハリスに交代したとはいえ、「アメリカファースト」のトランプが再選されるなら、ウクライナへの軍事的支援の停止と、在欧米軍の縮小、撤退も言い出す可能性（ＥＵには危険性）が高い。それはロシアを増長させ、習近平中国による、台湾とわが国の尖閣の領土への脅威を高めることにもなる。

プーチンの戦争はＥＵを通したヨーロッパ統合の地政学上での重要性を決定的とし、その試みは歴史的正当性をもっていることを示した。そしてプーチンの戦争は日本にとっても北方領土を不法占拠されている中で他人事ではないこと、その帰趨は、中国による台湾侵攻や、尖閣諸島への中国の侵略の可能性も孕んで展開していることが指摘できる。それがゆえに、わが国にとってＥＵとの連携強化の必要性が今まで以上に高まっていると断言できる。

拙稿「プーチンの戦争とＥＵ――その地政学的衝撃」『世界経済評論』（二〇二二年一一月・一二月号）に必要な加除修正を施した。

第Ⅲ部
EU政治研究余滴

筆者の留学直前の欧州大学院大学（ベルギー）の大学案内

COLLEGE OF EUROPE

The Euro-Students of Bruges

Graduates from all over the world come to study at the College of Europe in the tranquil heart of Bruges. Alan Hope talked to a number of them and Paul Marnet took the photographs

Bruges may seem small and provincial, but beneath the surface there is a thriving international community. The reason is the presence in the town for the past 35 rs of the College of Europe.

t is true that the College, a prestigious t-graduate institution for the study of opean affairs, concentrates heavily in courses on the law, economics and inistration of the European Comity, but students are also attracted from countries outside the EEC. institution is paid for by the Comity's 10 governments.

ctor Professor Jerzy Lukaszewski, Poland, is firm about his admissions y. "We welcome students from all

Pyotr Wyganowski, from Poznan, identifies trade as the major influence. A lawyer, he recognised his country's need to trade with the EEC bloc as an important factor in his specialisation. "Despite East-West problems, we still deal with Europe. It is vital to us. If we are to pay our debts, we must trade." A knowledge of EEC law, he suggests, is very useful.

For Dallis Radamaker and Lisa Giarretto, both from California, similar reasons apply. The US is a major trading partner of the EEC, yet both noticed a shortage of courses dealing with the Community at American universities. "There seems to be a conspicuous lack of specialists," Lisa says.

For Sefton Solomon from Joh

dents from Community countries lo forward to *stages* and practical invol ment in the EEC, those from outsi have differing aims.

Thomas Kolly, a law graduate fro Switzerland, does not want to practi law at all. "I would like to work for international organisation, like the R Cross. Studying here carries prestig and is useful for gaining insight. Spea ing other languages, too, is valuable."

Sigrun Skogly, from Oslo, would li to go into her country's Civil Servic Masami, on the other hand, aims at academic career in Japan, involving h special subject, oil politics.

On a less professional

欧州大学院大学の留学生が特集として紹介されたベルギーの週刊誌『*Bulletin*』（1984年1月17日）右端が若き日の筆者。

1　懐かしき欧州大学院大学留学のころ

一九八八年秋、霞が関の東海大学校友会館で開催された第九回日本ＥＣ学会の懇親会の席で、資料面で日頃お世話になっている駐日ＥＣ委員会代表部広報部の市川啓子さんと話す機会があった。その際、欧州大学院大学（ベルギー）について、代表部に問い合わせがあること、それで留学経験のある私（筆者）の名前を出してもいいですかといわれた。

このことがあって以降、注目されているほどにはまだその実際が十分知られていない欧州大学院大学について書くことで、後に続く人になにかの参考になればと考え始めた。ちょうどその頃、本学、つまり純心女子短大の学園誌『草人』の編集部から、なにか書いて欲しいという依頼を受けた。この機会に、私自身、一つの区切りを付けるためにも、この依頼をお引き受けすることにした。ヨーロッパには、こんな大学院大学もあることを知っていただければ幸いである。

ブルージュへの旅

海外旅行者が一九八八年末で、ヨーロッパ最大の経済大国、西ドイツ並みに、年間一〇〇〇万人に達しようという今、ブルージュがどこかを世界地図で正確に指摘できる人もいることだろう。因みに新聞の新年のヨーロッパ・ツアーを扱った広告を子細に見ると、ブルージュが確かに組み込まれている。私はこのヨーロッパの小国ベルギーの「屋根のない歴史博物館」といわれる古都ブルージュに留学した。シンガポール航空、南回りルート、アブダビ経由、二五時間のフライトによってである。一九八三年九月のことであった。

ベルギーというところ

ベルギーは、関東平野とほぼ同じ大きさ、人口一〇〇〇万あまりのヨーロッパの立憲君主国家である。この国は、大きく、南北の二つの地域に分けられる。北部のフラマン地域は、「フラマン語」といってオランダ語の方言を話す。もっともその言語をオランダ語といわれることについては、民族的誇りのため、当然のことながら、激しく嫌う。あの児童文学の傑作『フランダースの犬』の舞台のフランダース地方がまさにこの地域である。この小説についていえば、イギリス人の作家によって書かれているので、我々には意外なことだが、ベルギーではあまり知られていない。最近、日本人観光客の多くの指摘で、その犬を記念した銅像が立ったとか、立たなかったというようなうわさも耳にした。伊達政宗や武田信玄がテレビ化されるや、すぐに伊達マンジュウ、武田マンジュウを売り出すといった、歴史や由来をなんでも商売の種にしてしまう日本人ならば、「ハチ公」ならぬ「フランダースの犬」の銅像を考えるなど、十分ありそうな話ではある。

他方、南部地方は「ワロン語」というフランス語を話す地域である。フランスが全盛を極めていた時代には、この地域はベルギーでも格別な力を誇示して来た。しかし、最近では鉄鋼や石炭の世界的な斜陽化を受けて、こうした産業をその地域内に多数擁してきたワロン地域の地盤の相対的低下がいわれている。近年、ワロン語を話すことを嫌い、フラマン語以外ならむしろ英語を使うことを好むフラマン地方に、日本など先端産業の工場が多数進出している。こうしたベルギーの産業構造の変化の結果、かつての南北の地域社会的な力関係が、北部の優位へと微妙に変化しているともいわれる。このように、ベルギーは、歴史的にみてフランスとオランダの影響をその背後に持つ複合的な国家である。それゆえ、言語の社会生活に占める役割は、単一言語国家の日本人では想像がつかないほど大きい。例えば、公務員の採用試験はフラマン、ワロンの両語が最低限要求されている。また、政治家は二つの言語で演説するし、道路や地下鉄の表示も両語でなされている。したがってベルギーを語る時、言語の問題を指摘せずに話を進めることはできない。少し前、フラマン地方の小都市にフランス語しか話さない市長が誕生し、言語的な均衡を欠くということから、中央政府を揺るがす問題に発展した事があった。この事件は現代ヨーロッパの「国家と社会」を考えるに当って、格好の素材となることは疑いない。

ベルギー初日

空港に到着するや、都心のホテルまではバスかタクシーかでと思っていた矢先、大学の先輩梅原哲也さん（当時、大丸のベルギー駐在）が、出迎えられていた。この予期せぬ幸運により、なんなくホテルに二二キロのサムソナイトのラゲッジを運ぶことができた。予期せざる幸運とは、同氏に留学の件で手紙はしていたが、出張で出迎えは困難という返事をもらっていたからであった。

私にとってヨーロッパはこれが初めてではなかった。大学院時代に修士論文のテーマを決めかねていた私は、一九七七年から一九七八年にかけ、資料収集と語学研修を兼ね、ロンドンに滞在したことがあった。が、五年ぶりのヨーロッパ大陸は、かつて旅行して回った懐かしい地である一方で、今回は、腰を据えて過ごすという緊張に満ちた処女地でもあった。

大学の先輩の御厚意により、海外留学にあって最も緊張する初日を非常に軽快にホテル入りすることができた。ホテルは中央駅の目の前にある四階建てほどの中規模の「エリーゼ」を決めた。早速持参したラジオをひねると、あの懐かしいいいＢＢＣの英語のトーン、ウエストミンスターの時報、初めに入るアナウンサーの語りは、ヨーロッパに来たことを実感させてくれるに十分であった。

ブリュッセルからブルージュへ

四日ほど同じホテルにいて、目指す留学先のブルージュに向かった。もっともこれはいうほど、スムーズにいったわけではない。ブリュッセルに到着してすぐに、日本ではほとんど行われることがなくなったゼネストという、ヨーロッパの最も先鋭的な社会労働現象に直面した。鉄道組合のストライキがあれよあれよという間に各職場に波及して、社会全体を被い、郵便も鉄道も完全に麻痺してしまう大々的な社会の混乱の渦中に置かれたのである。

ブリュッセルからパリやフランクフルトに向かう国際鉄道はもとより、国内の各地に向かう鉄道もすべて動かなくなるという情況に置かれてしまった。ストはさらに長びくような気配を見せていた。困って、ホテルの係に相談すると、観光地ゲント、ブルージュを周遊し、またブリュッセルに戻る観光用のコーチが動いていて、それがホテルの前までやって来るという。渡りに船とばかりに、それを利用することにした。こうして雨の中を観光バスにゆられ、目指すブルージュへとブリュッセルを後にした。

ブルージュでは中心の「マルクト」（フラマン語で「市場マーケット」）の付近で下車した。ブルージュのシンボル、ベル・タワーの横に設置されている観光案内所でホテルを予約した。ホテルはエリーゼとは違い、高級感のするナバラであった。このナバラは、かつての欧州大学院大学の中心寮であったことを後から知ることになる。それから二日後ホテルを出て、寮を決めるために、指定された通りリーダート街にある学寮の一つに向かった。

カレッジは基本的には全寮制になっていた。そこにはガラスの透明な壷に二つ折の紙片が置かれてあった。このクジを引くことで各自、留学中やっかいになる自分の寮を決めるのである。ヨーロッパの学生たちはすでに先輩や友人たちから各寮の特色など聞いており、なかには選んだ寮のクジを交換するものもいたようだ。が、どの寮がどういう特色があるか、知識を持ち合わせていなかった私は、当然のことながらクジの通りに従った。重いラゲッジは大学差し回しのトラックが学寮に運んでくれた。

欧州大学院大学

ブルージュでは、欧州大学院大学が私の留学先であった。場所は市の中心部マルクトから八分ほどのところにある。名称は英仏両語で二つ（COLLEGE OF EUROPE／COLLEGE D'EUROPE）ある。大学の履修項目も二カ国語で記載されてあり、いかにもヨーロッパの多様性とECの民族的な平等の原則をそのまま反映した大学院大学である。学科（DOMINANTE）は法律、行政、経済の三つあり、私はすでに決めていた通り、行政（ADMINISTRATION）学科に籍をおいた。

欧州大学院大学は、EC（ヨーロッパ共同体）を専門に集中的に学ぶ一年制の大学院大学である。

運営資金は、ＥＣ加盟国を中心に広くヨーロッパ諸国が出している。ＥＣ委員会も助成している。創設は一九四九年とその歴史は浅い。ＥＣの前身、欧州石炭鉄鋼共同体の設立と前後して開設された。

当初はヨーロッパの傑出した知識人の一人、ブルフマンス学長の下で、五〇人ほどの規模から出発したという。一九八五年一月にイギリスの経済誌『エコノミスト』が、カレッジの影響力について、イギリスのオックスフォード・ブリッジやフランスのグラン・ゼコールにまでは至っていない、という記事を載せたことがある。しかし、数世紀の歴史を誇るこれらのヨーロッパ有数の名門大学と、設立後わずか三五年余りにしかならない大学が比較されること自体に、この大学の重要性（そしてその背後にあるＥＣ自体の発展）が示されているといえる。実際、多くのＥＣ官僚や、政治指導者がそこから育ち、ＥＣの人脈では隠然たる勢力となっている。そして最近、この大学が一躍脚光を浴びる出来事が起こった。

その事件とは、イギリスのサッチャー首相が、ドロールＥＣ委員長に対して、この欧州大学院大学において、これに反発する一連の挑発的なスピーチの口火をきったことである。ドロールの発言内容は、手短にいうと、一九九二年以降、ヨーロッパの主要政策の大部分が、今後ブリュッセル（ＥＣ委員会）で行われることになるというものであった。大英帝国の遺産を引きずるナショナリスト、サッチャー女史には、この考えはとても承服できるものでなかった。加盟国の国家主権を超越しようとするヨーロッパ主義の牙城ともいえるこの大学の、しかも、毎年恒例となっているＥＣ加盟国首脳による開講記念式典の講演を選んで、この鉄の女性は、反撃の火ぶたを切ったのである。

しかしながら、日本では、欧州大学院大学は今でも一般にほとんど知られていないし、まして五年前はさらにそうだった。そしてこの情況はアメリカにおいても同様であろう。仏語の巧みなアメリカから来た法科のダラスが、カレッジのことを話すと、多くのものがヨーロッパのどこかの大学が主催するサマー・プログラムかそうした類のものをイメージするとこぼしていた。

ともあれ私がこの大学院大学を志望した理由は、指導教授と留学先の結びつきによるものであった。つまり恩師、金丸輝男同志社大学教授が、この五年前にEC研究のため客員研究員として留学され、ルカチェフキー学長と懇意であったことによる。私はイギリスの石油政治についての論文で修士を終え、引き続き博士課程で、ECを次の取り組むべき課題としていた。学問の対象として極めて大きな存在であるECについて、政治学サイドからの研究の取り掛かりを得るには、この大学が最も適切であると考えたのである。

但し、英仏両語がワーキング・ランゲージとして指定されていて、これが留学にあたっての最大の不安な点であった。英語はともかくとして、学び始めて日が浅い仏語には正直なところ、あまり自信がなかった。せっかく留学しても、講義や討論がフォローできなければ、意味がないからである。ただ幸いであったことは、恩師の助言に加え、留学する前年にダニエル・シュトラッセール教授が国際行政学会で来日され、京都にも寄られたことであった。

同氏はフランス人で、大蔵省の事務次官に相当するEC委員会の予算総局長の立場にあり、しかも欧州大学院大学の副理事長で、行政学科におけるEC財務学の担当者であった。その際、恩師の命を受け、同門の友と京都、奈良の名勝を案内して、このECと欧州大学院大学の要人を身近に知り、かつ講義の有様などを聞いていた。このことで、精神的には徐々に準備ができていた。こうして、当時、わが国のECの専門家の間にさえ、ほとんど知られていなかったカレッジを、とにかくこの目で見て来てやろうという気持ちで、留学を決意したのである。

学び手

私が留学した一九八三～一九八四年は、手元の資料によると総数一三三名、地域別内訳はEC加盟国から九四名、加盟予定国（スペイン、ポルトガル）から一九名、EC以外のヨーロッパ諸国から一四名、それ以外の国六名であった。国別の内訳は以下の通りである。フランス　二一、オランダ　一三、ギリシャ　一二、ベルギー　一一、スペイン　一〇、イギリス、ポルトガルの各九、ドイツ、デンマークの各八、イタリア　六、アイルランド　五、ノルウェー、アメリカ、スイス、スウェーデン、オーストリアの各三、ポーランド　二、トルコ、ルクセンブルク、南アフリカの各一名である。日本からは二名で、私の他には現在防衛大学教授の小室程夫（のりお）先生が来られていた。先生は奥様と御一緒であったため、大学近くに住まいを定められた。日本から学んだ者の総数は開校以来一〇名にも満たないであろう。私の学年（年度毎にヨーロッパに貢献した人物の名を冠していて、ベルギー出身の元EC委員長の名から「ジャン・レイ」という）では、アジア人は我々だけであったが、前年度には中国人が一名いた。一度、大学の紹介で、当人の李必昌氏と挨拶を交わしたことがある。聞けば中国財政部、財政科学研究所に所属を持つ留学生であった。カレッジの定員は現在一五〇名に拡大し、将来的には二〇〇名を目指しているといわれる。

年齢的にみれば、自国の大学を出た後、様々なキャリアを経てECを学ぶためにやって来た三〇歳くらいまでの者たちであった。また男女の数の均衡も程よく保たれ、なかには既婚者もいた。大学には四つの寮があり、ほとんどの学生はその一つに入る。国際感覚を身につけうるような配慮のためである。朝食はそれぞれに寮でとり、昼食や夕食は大学から最も近く、規模も大きなポリティナーリ寮でとることになっていた。私は「不運」にも、大学からも最も遠い（といっても歩いて二五分位の）フラミングダムという三階建ての寮に二五名余の学生と入ることになった。

フラミングダム寮

この寮の不便といえば、共同のシャワーしかないことであった。しかしこの寮で寝食を共にし、友情を深めた友人たちが多数できた。その何人かの仲間たちのプロフィルを語れば、次のようであった。

ブライトン出身で、イギリスの三大銀行の一つナショナル・ウェストミンスター銀行を経てきたキース（卒業後、フローレンスのＥＣ大学院の博士課程在学、経済専攻）、ＥＣの専門情報誌『ユーロピアン・レポート』を中心に母国フランスの新聞雑誌に記事を送る忙しい日々を過ごす行政専攻のアン・トレカ、一見気の弱そうに見えたアントワープ出身の法律家ピータ・ヤコブ、オーストリアの出身ハインツ、現在ＥＣ委員会対外総局日本課に勤務するポルトガルのジョワオ、卒業後ハワイの東西センターの大学院に籍をおいたアメリカのパトリック、アパルトヘイトの政策のためＥＣ各国からビザ取得などで冷遇され、移動に困っていた南アフリカのセフトン、環境保護に関心を向ける緑の党の支持者で、戦中の自国の歴史に常に心を痛めていた西ドイツのベンハルト、高校時代アメリカに留学していて巧みなアメリカ英語を操るビクトル（現在、ノルウェー外務省）また同じ寮生同士でラブ・ロマンスを育て、国際結婚に至ったルクセンブルグのジャンポール、同じく寮生と国際結婚を果たしたドイツのモニカ等であった。いずれも心優しき友人たちである。

ポルティナーリ寮

バス・トイレ付きの、多数の部屋を持つ大規模なホテルを買い取って大学の中心的な寮にしたのがポルティナーリ寮である。かつては、ホテル・ナバラがこの中心的寮であった。食事はポルティナーリ寮ですることになっていた。昼食は豪華で、夕食は概して質素であった。決まって魚料理の日があった。誰かに聞くと宗教的理由からだろうと教えてくれた。ある日の夕食でピザが一枚だけということがあり、たまりかねた学生たちが、それに抗議して、ピザをのせた金属の皿をフォークで打ちならし、不満を露にすることがあった。食べ物の恨みは、洋の東西を問わないようだ。但し、カレッジの名誉のためにいえば、安いことだけが取柄の、日本の多くの大学の学生食堂とははるかに異なり、給仕付きの、立派な食堂であった。

ここでは大学の生活が軌道に乗り始めるや、各国学生団が主催するナショナル・パーティーが大々的に行われる。ECの主要な加盟国はほとんどすべてこの大パーティーを主催し、主賓に自国のEC大使を招いた。加盟を目前にしたスペイン学生団は、駐ベルギー大使やフラメンコの舞踊団まで招いて、壮大に敢行した。オーストリアのそれでは、ウィンナ・ワルツにあわせてステップを踏んだ。ドイツ・スイス合同パーティーは仮装舞踏会となり、私もイタリアの女子学生から借りた口紅で顔を半分塗りつぶして、参加した。この時ばかりは、日頃のハードな講義から解放され、ストレスを一挙に爆発させるほどの盛り上がりを見せる。ポルティナーリ寮では素晴らしい特別メニューとなり、アルコールも様々な所から差し入れがあり、ふんだんに提供された。カレッジ出身者でこの寮のパーティーを忘れるものはいないだろう。

教授陣

こうした学生たちを教える教授陣は著名なEC学者で構成されていた。例えば、法律ではヨーロッパ同盟条約草案の起草者の一人ジャンポール・ジャッケ（出身国仏、所属ストラスブール大）、ECの法制度の教科書を出しているラソック（英、エクセター大）。行政では、学科主任でEC政治の専門家ベッセルス（西独、ヨーロッパ研究所）、政策決定過程では権威的なヘレン・ウォーレス女史（英、シビル・サービス・カレッジ）、セレックス（ベルギー、ルーバン・カトリック大）、経済はツカリス（ギリシャ、オックスフォード大）、それに客員として、石油経済学のピーター・オデール（英、エラスムス大）。またEC裁判所からは、EC法の邦訳もあるベスカトール判事も講演に来校された。年度によって若干の異動はあるものの、いずれもEC研究ではその名を馳せる学者たちが講義に当っている。

とりわけオデール教授は修士論文にも引用し、機会があれば是非指導を受けたいと思っていた。履修要項ではエネルギー政策は、フォンテンブロー（仏のハーバート・ビジネス・スクールに相当）のギイ・ド・カルモイ教授担当ということで、それが直前にオデール教授に変更になっていた。私には全く偶然の出来事であった。その後、同教授には研究の指導を受けたのは言うまでもない。

教授陣は前述した通り、事務局と学長を除き、常任の専任教員はほとんどいない。各自、本来の所属をもち、自国の高等研究機関等から、持ち時間を飛行機や汽車で日帰りもしくは泊りがけで駆けつけてこなすというものであった。

講義・講演

講義は英仏二カ国語いずれかで行われた。担当の教授が自分の得意な言語で講義する。もとより、その大半のが両方の言語に精通している教授たちである。学生の質問にも巧みに両語で対応できる様は見ていてほれぼれするほどであった。これに対し、学ぶ側で言語的に素晴らしい運用能力を身に付けているのは、国別にいえば、オランダ人学生団で、これは際だっていた。地理的に限定され、外国語の能力がなければ、大国に囲まれて生きていけないという、生活そのものに根ざした国際主義のためであろう。また、ベルギーの学生たちも同様であった。数カ国のテレビ番組が、自国のそれと同様に楽しめる国ならではのことである。

カレッジでは英仏両語を十分に運用できるということを条件にしている。ただし各個人の語学の能力の差はかなりあった。実際のところ、いかに語学に通じたヨーロッパの秀才たちとはいえ、半数以上の学生がどちらかの言語に強いという情況であった。イギリスの学生はフランス語を苦手としていたし、フランスの学生も英語を苦手としていた。しかし、英仏の学生たちの場合、母国語で講義の半数が受けられるという意味では、別に二つの外国語を要求されるその他の学生から見れば、かなり恵まれているといえる。

各科の特色は、当然専攻の違いを反映したものとなっていた。とりわけ法律は、一回の講義で二〇以上のEC法の判例を扱うという猛烈な詰め込みで、多数の落伍者を出した。行政学科は法律ほどではなかったが、シュトラッセール教授が「EC財政学」の必修講座を持っていて、極めて複雑かつ専門的なECの予算システムを前に、多くの学生が苦しむことになった。

経済学科は英語圏の経済部門における優位性のため、語学的な面では相対的に英語の講義が多かったようだ。一年、二学期制（期間は九月から翌年の六月までの一〇カ月余）ということで、大学の講義等の日程は非常にハードである。この中で、最低九科目、二一〇時間以上をこなさなければならない。しかし、詰め込み教育だけではない。それぞれ関係するEC諸機関での実地の見学や研修も用意されていた。法律学科はルクセンブルクのEC裁判所の見学に行き、その他の学科も必要な機関にいった。行政学科では、ブリュッセルのEC本部への見学旅行や、ストラスグールのヨーロッパ議会への見学旅行もあった。

こうした研修で印象に残っているのが、ヘレン・ウォーレス博士の講義の一環として行われたECの閣僚理事会のシュミレーション・ゲーム（模擬演習）である。いうまでもなく、閣僚理事会はECの意思決定機関で、これをまねるのである。私の年には農相理事会が演習に取り上げられた。学生が各自、あらかじめ定められた国の農相に扮して、その国の立場に立ち、ECの乳製品問題を討議し、一定の妥協を図るという筋書きで行われた。筋書きは一応用意されているものの、最終的にどのように理事会で決着を図るかは、各学生の腕次第であった。乳製品問題は、ECの農政上の重要懸案である。生産の促進を目的として設けられたECの共通農業政策が、農産物の増産のための諸措置をその中に有しているため、自給を達成した後も過剰生産が続き、その結果EC予算に大きな負担をかけているからである。この演習では、実際にブリュッセルのEC理事会の会場であるシャルルマーニュ・ビルを使ってやるというほど徹底したものであった。加盟国の大臣の役柄を与え、実際の理事会の会場で演習を行わせること自体、学生たちにたいするEC関係者の大きな期待が込められているといえる。

模擬演習はこの他にもあった。ヨーロッパ企業が日本との合弁企業を作ることの是非に関する演習が、歯科医師用電動器具の導入をケースにして行われた。ヨーロッパ企業による日本企業との合弁の有無にかかわらず、その技術水準の高さから、日本製品は放っておいてもEC市場を侵食するだろうし、それゆえ合弁は企業経営からみて必要だという立場、他方、それはEC加盟国の既存の企業の存立を結果として脅かすとする立場、この立場の違う国の専門家に扮して行われた。対象となっているのがまさに日本であるから、私としてはなんとも形容のつかない、非常に妙な気分に包まれた。参加したヨーロッパの友人の一人が私に目をやりニヤリとした。

図書館

研究者にとっては、図書館はもっとも重要なものの一つであることは言うまでもない。カレッジのそれは歴史および学生総数からみて、名門の総合大学のそれと比較して蔵書数が劣ることはやむを得ない。しかし、ECの文献や専門誌は網羅的に有しており、その充実度は第一級ものである。帰国後、同窓会報で、日本政府が、国際交流基金を通じて中曽根首相（当時）のEC委員会訪問を記念して、二〇〇冊ほどの書籍をカレッジの図書館に寄贈したことを知った。

これについては、私もその何百分の一かの貢献ができたと思っている。留学中、欧州共同体日本政府代表部の遠藤乙彦一等書記官が大学を訪問された。この時、学長に呼ばれて、応接室でこのカレッジの重要性からみて、我が国が、書籍等、なんらかの形で助成することの意義を述べたことがあったからである。すでに日欧間の経済摩擦は日常のものとなっていたのである。図書館で文献類と共に重要なものはコピー機である。「出版せよ、さもなくば滅びよ」（publish or perish）というアメリカの研究者たちの言葉にも現われている精神情況を別にしても、これがないとどうしようもない。大学では旧式のキャノンのマシーンを置いていた。上部のガラス部分が黄色のスコッチテープで半分塞がれていたのを不思議に思って聞くと、これは必要ないという返事。はじめてB4を含め、このサイズが日本固有のものであることを知った次第だった。

講義や演習の厳しさは述べたが、英語版のEC法令集の重要な部分が破られていたことがある。課題のレポートで必要としていただけにこれには腹がたったが、苦し紛れに破って持ち帰ったものだろうと思えた。書籍についても、ほとんど全ページ、線が引かれているものもあり、線引き魔は日本だけにいるのではないことも知った。学内には学生用にはコピー機は一台しかなく、従って、学外の個人経営のコピーショップの世話になった。ユービックス（コニカ）が数台置いてあって、カレッジの学生はもとより、小学生から大人まで列を作っていた。日本人と知って、その店のオーナーが奥から出て来て、日本ではもうフルカラーのコピー機は出回っているのかを尋ねられた。今から五年以上も前にである。このことにもヨーロッパにおける日本の新製品への期待と信頼の深さを知った次第である。ともあれ、こうしたマシーンに助けられて、帰国までに相当量の資料や文献をコピーして、持ち帰った。但し、その一部は今まだ十分活用されないまま、私の研究室に並べてある。

試験、そして帰国

大学はクリスマス休暇を挟んで前期と後期の二学期制をとっている。クリスマスは近隣の学生たちはそれぞれの国に帰る。寮も閉鎖され、この期間へ帰るところのない寮生は不便を強いられる。私はこの「被害者」であった。もっともこの間、鉄のカーテンの向こうであるポーランドからの留学生エバの好意に甘えて、ワルシャワに飛んだ。これについては、その後のイースター休暇におけるイングランドの旅同様、ここで触れる余裕はない。ともあれ、この休暇を挟んで後期が始まる。また淡々とハードな日程で講義や演習がこなされていく。四月のイースターの休暇があって、学期の終わりに各学科ともそれぞれの科目で試験が実施される。この点は日本と同様である。学生は試験に当たっては、英仏のうち、得意な言語で受験できる。その形式は口頭試問または、ペーパーあるいはその複合によるものであった。私は既にこの留学で、今後の研究を進めるにあたって十分以上のものを得ていたが、他の学生同様に、試験に挑戦した。語学に堪能なヨーロッパの学生たちのノートを借りて来て、試験に備えた科目もあった。試験を前にして緊張した日々が続くのは、いずこも同じである。寮では遅くまで明かりがつき、情報交換や勉強会も開かれた。試験当日には口頭試問のため、学舎の各教室に行列ができる。法律学科では、判例名の紙片が裏にして並べてあり、それから自分で引いたものについての質問をされた。

実際、試験では、限られた時間内に、示された設問を要領よく、しかも知識を試されるという精神的な圧迫のなかで、教授に説明しなければならない。このため、その準備は、自国で相当の訓練を受けたものでさえ大変なものである。行政では、例えば、シュトラッセール教授の場合、事前に用意されている問題の番号を選び、それについて説明を求められる。私の場合は第一次予算条約と、第二次条約の相違が質問された。

運よく十分準備している問題が出た場合は小躍りし、そうでない場合は落ち込む光景が学舎のあちらこちらで見られた。様々な理由で試験を完全に終えることができない学生は、大学や母国の大使館で改めて試験を受けることができた。私は七科目を済ませて、いよいよ帰国する日を迎えた。行政学科の仲間であるイギリスのスチュアート（現在マンチェスター大学の大学院在学）とドイツのアンドレアス（安全保障に関する論文で博士の学位をもち、企業コンサルタントを開業）が資料等をびっしり詰め込んだ荷物を空港まで運んでくれ、最後まで見送ってくれた。こうして、めまぐるしくも充実したブルージュの日々の思い出を胸に秘めて、機上の人となった。

帰国後、私は残した科目の試験を駐日ベルギー大使館でアレンジしてもらい、終えた。その後、しばらくして大学からの通知で、Diplome de Hautes Etudes Europeennes/Diploma of Advanced European Studies の学位を授与されたことを知った。

終わりに

ＥＣを集中的に勉強したいと思っていた私にとって、この大学は期待した以上の場所であった。朝から晩まで、ＥＣＥＣの連続で、さすがに食傷気味の日もあった。しかし、帰国後五年半を経て、このカレッジに学んだことの大きさを改めて思っている。

その後、名古屋大学での第六回ＥＣ学会で、ＥＣの石油政策について発表する機会を得た。そしてこの時の発表をもとに、学会誌に「ＥＣにおける石油精製産業の危機とＥＣ委員会の役割」『日本ＥＣ学会年報　第六号』（一九八六年）を書いた。これはオデール教授や、ウォーレス教授のご教示や指導を間接的に反映している。さらに金丸先生を座長とするＥＣ政治研究会のメンバーを中心にして、『ＥＣ――欧州統合の現在』（創元社、一九八七年）が出版された。

私も参加させていただき、数章を担当した。カレッジへの留学がなければ、それらの箇所は存在しなかったかもしれない。実際、資料の使い方や、その所在へのアクセスでは、以前と比較にならないほどの収穫を得た。

また人との出会いにも得難いものがあった。欧州大学院大学では、実に多くの友人ができた。また小室程夫（のりお）先生との出会いも幸運であった。研究の方法やEC法について、初歩的な質問にも、迷惑な顔をされずに丁寧に教えて頂いた。さらにはヨーロッパ。初日に空港に出迎えられた梅原さんには、数回にわたりブリュッセルの自宅で家庭料理の暖かいもてなしを受けた。精神的に非常に負担のかかる外国での生活にあって、こうした御好意がどれだけ支えになったか分からない。他方、カレッジに学んだヨーロッパやそれ以外の学生にとっても、日本人が存在したことは、彼らのアジア認識においても良かったであろうと心密かに思っている。

一九九二年末に向けてECの市場統合が急展開しているとはいえ、多くの日本人にとっては、いまだにヨーロッパは遠い存在かもしれない。が、私には、この大学と心優しき友人たちをもって、それは常に隣りにある。

［追記］

純心女子短期大学（現長崎純心大学）学園誌『草人』三五号、一九八九年（平成元年）。初出では「ヨーロッパ大学」としていたものを、正確さを期すために「欧州大学院大学」に改めた。なお近年ブルージュ・キャンパスには外交学科が開設され、英語だけで講義が行われている。

2　最終講義録

「45年余の欧州政治研究を振り返って——若い日々、イギリスの石油政治、欧州議会研究、そしてEUの地政学へ」

(1) わが家と高校生のころ

学位審査の外部評価員として久留米大学に来られたことのある松岡昭利長崎県立大学教授が『地図で見る佐世保——古地図と古い写真で見る佐世保の変遷』（文芸堂、一九九七年）を書かれていますが、そこに明治期の当時の大店の宣伝広告が掲載されています。六代前の祖先で次男が児玉家に養子入りした長州萩藩士族三好繁之助にちなむ「三」にカネジャク（カタカナのコの下を抜いた形 ヨ）で飾る屋号の付いた「回船問屋児玉商店」の広告も掲示されているのが確認できます。

曾祖父の城輔は幕末生まれ。明治中期、活躍し、東本願寺佐世保別院の建立にも土地探しから関わっています。しかし、四四歳で亡くなったことから、大正から昭和にかけてわが家はいわゆる業態変更を行い、大正期から八〇年余り旅館業を営みます。母が老いて廃業するまで続けていました。

祖父の亀雄によると、お得意様には海兵三二期首席の堀悌吉（後に中将、海軍部内の条約派と艦隊派の対立で予備役入り）がいて、同期で親友の山本五十六を一度連れてきたことも語っていました。

家業は海軍御用でしたからか、戦中も砂糖や味噌など供給があったと聞いています。もっとも、戦争末期、市街地の七割が焼き尽された一九四五年（昭和二〇年）六月二八日の佐世保空襲では、長州藩ゆかりの文物は焼失してしまったとのことです。

大東亜戦争が終わりましたが、佐世保はやはり良港ということで、アメリカ海軍佐世保基地及び海上自衛隊佐世保地方総監部がおかれ、戦前同様、基地の街として発展していきます。佐世保北高に入学したのが、一九六七年四月です。卒業したのが一九七〇年三月で、「七〇年安保」で記憶される年です。東京の青山高校と並んで全国有数の紛争高。卒業式には粉砕を叫ぶ同級生らに機動隊が導入され、参加者の多くが退学処分になりました。私は受験上京中で、古谷綱正がキャスターを務めていた夕刻のTBSニュースコープでその模様を見ることになります。つまり、事前にTVカメラが現場に入っていたということです。佐世保は上述のごとく、基地の街で、私が高校一年も終わろうとする一九六八年一月には、いわゆるエンタープライズ事件がありました。アメリカの原子力空母の初入港で、ベトナム反戦の反米、反基地闘争がピークに達していました。

この年、父は末期がんで、現在共済病院（明治期には海軍工廠職工共済会病院）で闘病していました。そこは、反エンタープライズ佐世保闘争の激突の場所の平瀬橋（海軍橋）に近く、騒然としていました。

高校では同級生に村上龍がいました。彼は『限りなく透明に近いブルー』（講談社、一九七六年）

で芥川賞をとり、現在はプレゼンターや映画監督としても活躍しています。村上はその後『シックスティ・ナイン』（集英社、一九八七年）を出版し、二〇〇四年に主演妻夫木聡、脚本宮藤官九郎で映画化されました。

小説のタイトルにあるように、私どもが高校三年生時の基地の街で生きる一九六九年当時の佐世保北高生の実際をモデルにした作品です。そんなわけで、普通の高校生とはまるで違って、政治の中に生きていたわけです。市内では米海軍佐世保基地向けの極東放送（ＦＥＮ）が、日本の放送と同様に聴けました。

そんな佐世保と激動期の政治状況の中で、大学は現役入学して七〇年安保を大学生として体験したいと思っていました。今から思うと、実に政治的時代で、政治に染まっていた生徒でした。

後年、西日本新聞社で北京支局長を務め、論説委員長になった同級生で、村上龍とも懇意の中川茂君と再会することになります。その彼によると、高校時代を「児玉は将来政治家になると思っていた」と話してくれました。もとよりそんな気は毛頭なかったのですが、周囲から見ても、実に政治的マインドに満ちた高校生でした。

（2）同志社大学法学部時代

高校は卒業式には出ることなく卒業して、一九七〇年四月に同志社大学法学部政治学科に入学しました。「安保」の年で、日本社会主義青年同盟（社青同）、社会主義学生同盟（社学同）など、キャンパスは新左翼系の赤いヘルメットで埋め尽くされ、重要行事では京都府警の機動隊関係車両も待機していました。

高校生時代から国際反戦デーなどのデモに時に参加していた私でしたが、これらの運動に距離を取るまでになっていました。学生運動もその年の秋になると潮が引くようにその勢いを失っていきます。

大学では、政治を横目で見つつ、もっぱら英語の部活ESSに入ります。講義などは人並みに真面目に受けていました。後に私事し、生涯の恩師となるEU研究の金丸輝男、脇圭平（ドイツ政治思想）、麻田貞雄（日米海軍史）、梅津實（英政治）の先生方がおられました。後に東大に移籍されることになるが、アメリカの弁護士資格を持つ藤倉皓一郎先生のアメリカ合衆国憲法判例特講も思い出に残る講義で、受講要件では英文を読むのが苦にならないものとありました。実に有益でした。アメリカの憲法判例の原文に接して、アメリカの法はこのようなものだと、英米法への関心を深めた。

四年を終えて大学院に入るのですが、当初から院を希望していたわけではなく、就職活動もし、業界大手の生命保険会社に内定をもらいました。しかし秋が深まるにつれ、自身の勉強不足に反比例して、大学院が気になり始めます。

それで、ゼミの先生に相談すると、貴君は就職が決まっているではないかと。それで大学院の試験に落ちれば、決まっているところに行きますと返事し、年度末の二月の試験で受験しました。受験者の数からすると合格者はわずかでした。大学に期待されていると錯覚して、その後一〇年を遥かに超える先の見えない院生時代を過ごすことになります。

法律の先生の中には政治思想や政治学は「趣味学」だといわれる方もおられました。実際、長く苦しい大学院時代だったからこそ、ロンドンやベルギーのブルージュに留学するわけですが、日本で時を消費するより、語学も含め海外で学ぶ方が精神衛生上遥かに良いという思いでした。

(3) 同志社大学大学院修士課程とロンドン留学

同志社大学の大学院では、落ち着いてきたとはいえ、未だ学生運動のさ中のこと、政治学専攻は二年間合格者がでてなく、政治学専攻は募集停止になるのかと噂されていました。当時、同志社の大学院は旧華族会館を受け継いだ新図書館用に解体を待つ古い建物の中にありました。大学院でも先生に恵まれ、京大文学部の今津晃（米国現代史）、ナチス研究の権威、大阪市大の山口定（ドイツ現代政治）先生などもおられて、多くを学びました。

最初専攻したテーマはアメリカ外交史でしたが、歴史学部出身の指導教授と政治学を志向する院生とは、研究の在り方などを巡りかみ合わないところがあり、三年が終わり休学すべきかもと悩んでいました。この悩みを耳にしておられたのが、研究科長の脇圭平先生でした。戦後代表する政治学者の丸山眞男先生の愛弟子でした。

脇先生は京大助教授時代から、長期間ドイツで在外研究を続けられました。帰国後、ほどなく京大を辞し、同志社からの三顧の礼で迎えられ、爾来定年まで在職されます。西洋政治思想を担当され、この間、『知識人と政治』（岩波新書、一九七三年）を出されて吉野作造賞を受賞されます。

私の前後一〇年ほどの政治学専攻の院生で脇先生にお世話になっていないものはいません。その多くは大学で教壇に立ちました。もっともほとんどが定年となりました。

その脇圭平先生が法学部長をされていて、「児玉君、イギリスでも行っておいで、指導教授や後のことは私がやりますから」と助言されます。その後押しがあり、ロンドンに出ることになります。

同志社の場合、学部長は大学院の法学研究科長も兼任することで、大学院の奨学金も二年目に脇先生の推薦でもらえることになりました。大学院では四〇年以上前に、先生の西洋政治思想のクラスで、ハンナ・アーレントの『全体主義の起源』や『人間の条件』を読んでいました。実に先進的な学問的環境を得ていました。

イギリスでは二年弱滞在し、キングスウェイ・プリンストンカレッジの別科での語学の勉強の傍ら、後半は英国際戦略研究所（IISS）に日参し、第四次中東戦争と石油関係の資料を読み、コピーして持ち帰り、修士論文を書くことになります。石油危機がイギリス政治にどう影響したかということでした。ようやくこれならやれるというテーマが見つかったわけです。

休学を終え、帰国復学の後、研究室に挨拶に出向くと、脇圭平先生が「すでに話はしてある、金丸輝男先生の下で学びなさい」ということでした。以降、金丸先生は生涯の恩師となります。

修士論文については、幸いにして、イギリスの上下両院議事録（Hansard）が同志社の図書館に一〇〇年分以上収蔵されている事を英政治研究者の梅津先生から知り、一九七三年から一九七五年の関係する分を徹底的に読みこみ、仕上げます。

筆者は、EUの個別政策領域である石油政策形成もさることながら、国際政治学的に石油政治がどう動くのかに関心を持っていたわけです。これは「H・ウィルソン労働党政権下における北海石油国家管理政策の形成」『同志社法学』（一六八号、一九八一年）となって世に出ます。

文字通り、私にとっての初めての研究論文となります。この論文は、第四次中東戦争という国際的危機をもたらすサウジアラビアの石油戦略の展開の中で、イギリスがどう動いたかを学術的に考察したものです。特にイギリスは七大国際石油資本、いわゆるセブンシスターズの一角を占めるブリティッシュ・ペトローリアム（BP）やロイヤルダッチ・シェルを抱えていました。

下院議会において主要な石油会社の幹部が、「我々の顧客はイギリスだけではない」と語ったことは労働党を非常に刺激します。

これは労働党の中で、ナショナリズムを強く刺激し、ちょうど出始めた自国産石油資源を国家管理に置くという国家戦略を生みました。国家の利益と多国籍企業の行動との差異を背景にした政治的対立でした。

国際政治学では「大東亜戦争」での無条件降伏と国土が焦土化する大惨禍を受けて、一九八〇年代頃まで、軍国主義への深い反省と警戒感から理想主義的平和主義という強いイデオロギーが学界を支配することになります。地政学など一顧だにされない、令和の現在からみれば驚くほどの時代でした。

実際、今となっては常識的で、人口に膾炙されるのが「地政学」です。二〇世紀初頭からドイツの領土の東方拡大のイデオロギーとなった「生存圏」思想も地政学的思想の一種です。しかし、第二次世界大戦期において地政学はヒトラーに利用されたことが祟り、過去の遺物として顧みられることもなくなる、そんな戦後の時代でした。二一世紀の現在、「地政学」と言えば、汗牛充棟というべくも書店に並んでいます。しかしわが国においては、地政学について学術書が登場するのは、「大東亜戦争」での敗戦から四〇年余りたってからのことで、曽村保信『地政学入門』（中央公論、一九八四年）をその嚆矢とするものです。

「石油の一滴は血の一滴」と喝破したフランスのクレマンソーや、「社会主義プラス電化」を言ったロシアのレーニン、石油に乏しい後発資本主義国がゆえにフィアットの工場とソ連の赤い石油の交換をしたイタリアなど、まさに地政学は世界的にも常識でしたが、日本の学界はそれさえも長く忘れられ、対米依存の中で、理想主義的平和主義にどっぷりつかった状況でした。

この時期、ＯＰＥＣや中東産油国の資源ナショナリズムの台頭など、イデオロギーだけでは政治は動かないということも感じさせる出来事が相次ぎました。当時さほど明確に意識していたわけではないですが、資源エネルギーの確保の政治的要請はまさに地政学の重要性を示すものでありました。

私にとっての最初となる上記の北海石油に関する論考は、石油公団で、『北海油田――英国経済は甦えるか』（日本経済新聞社、一九七七年）を書かれた岩佐三郎先生や、同志社の商学部でイギリス経済を研究されておられた内田勝敏先生（後に日本ＥＵ学会理事長）にも褒めていただき、少し自信を得た次第でした。

私の場合、学術とジャーナリズムの境界領域に関心を向けていました。学術では英仏露などの外交文書を駆使した名著『シベリア出兵の史的研究』（有斐閣、一九五五年）で知られる細谷千博（一橋大学）、『平和の代償』（中央公論社、一九六七年）、『時間の政治学』（中公叢書、一九七九年）などで有名な永井陽之助（東工大）の両先生に多くを学びました。またジャーナリズムでは、事実関係を丁寧に拾うスタイルの、イギリスの著名な作家アンソニー・サンプソン（Anthony Sampson）や、堺屋太一『油断』（日本経済新聞社、一九七五年）、ＮＨＫ出身の柳田邦男の『狼がやってきた日』（文芸春秋、一九八二年）もその一例です。作家では同じくジャーナリスト出身の司馬遼太郎、城山三郎、吉村昭さんの作品に影響を受けました。

（4）大学院後期博士課程進学

修士論文を書き終え、博士後期課程に進みます。ロンドンでの語学留学中、妻となる女性と出会い帰国後、所帯も持つことになりました。まさに、不退転の覚悟で研究者の世界に入っていきます。学術的関心についていえば、第四次中東戦争とイギリスにおける石油政策の相互連関であり、さらに、イギリスの「敵対の政治」（Adversary Politics/Adversarial Politics）の石油政策を事例にした研究を進めます。

「敵対の政治」とは、前政権が構築した制度が政権交代でものの見事に打ち砕かれ、新たな制度が構築されるということです。

イギリスは小選挙区制度を採用しており、いったん政権を取れば、二期一〇年は政権を担当するのが常ですが、二期、三期と長期政権となることが多く、一転、最後は嫌われ、野党の地滑り勝利と与党の大敗というパターンが続きます。そうした政治風土の下で、旧来の社会主義的政策を捨てることになる労働党のトーニー・ブレア首相の前までは、鉄の女マギーことマーガレット・サッチャーの政治に見られるように、保守、労働両党ではイデオロギーの差が大きく、保守党と労働党の政権の変化の際に、敵対の政治が実践されます。

この問題意識を基にして書き上げたのが、以下の論文です。拙稿「国営石油公社ＢＮＯＣとイギリスの石油政治（１）（２）」（『同志社法学』第一七七号・第一七八号、一九八三年）。

北海石油に関する論文が一応終わるや、金丸先生から、「児玉君、博士では何をやるかね。石油をやったからアラビア語をやるかね」ということでした。大学の先生はとんでもないことを言われるという気持ちでした。すでに三〇歳を超えて、アラビア語はいくらなんでもと思い、アラビア語は遠慮して、フランス語をやりますと答えました。今はNHKでもアラビア語講座をやっていますが、外務省でもアラビア語の出来るキャリアの外交官もわずかしかいない時代でした。EUは、その前身から仏、独、伊にベネルクスの合計六カ国で構成され、フランスの影響が強いことを知っていました。で、フランス語をといったわけです。では半年したら仏語文献を読むから準備を、といわれます。

京都大学の隣に現在もある日仏学館に出かけます。クラス分けの面接で若い副館長が相手されて、英語風に仏語で自己紹介をすると、君、話せるじゃないか、ということで、Bの2というクラスになりました。

Aに1から3まであり、同様にBも1から3まであり、最終的にはC、つまり上級コースに行きます。ただし自分の実力は自分が一番知っていて、はたしてベルギー留学で「EU財政学」などフォローできるのか不安に満ちていました。

(5) ベルギーの欧州大学院大学(College of Europe)留学

後期博士課程に入り研究を続ける一方、恩師が在外研究で学ばれたベルギーはブルージュにある欧州大学院大学(College of Europe/Collège d'Europe)に行くことを意識し始めていました。ちょうど

ＥＵ（当時ＥＥＣ）の欧州委員会にあっては予算総局長の地位にあり、欧州大学院大学の副理事長もされていたダニエル・シュトラッセール（D. Strasser）先生が国際行政学会のために訪日されており、京都に立ち寄られました。金丸先生の指示もあり、京都を案内することになりました。

シュトラッセール先生は単に欧州委員会の予算総局長というだけでなく、ＥＵ財政学の権威で、Finance of Europe という数カ国語に翻訳されている大著を出されていました。

先生のお相手をして京都をあちこち回ったわけですが、先生の日程が終わるころ、シュトラッセール先生から「貴君は今後どうしますか」、ということを問われて、先生も教壇に立たれているベルギーの大学院に行くつもりです、と答えました。まさに退路を断つ感じでした。

二年後、再度休学しブルージュに到着します。ＥＵ財政学の最初の授業でシュトラッセール先生が演壇から降りてきて、よく来たね、と大きな手で握手を求められたのは驚きであり、嬉しいことでした。ポーランド出身でフランス国籍のルカチェフスキー学長に聞いておられたのでしょう。

居並ぶ欧州の院生が、なぜあんなビッグネームが、極東から来た君のこと知っているのか、と驚いていました。この大学院については、純心女子短大の学園誌『草人』に「懐かしき欧州大学院大学の頃」を書いています（本書収録）。

私が学んだ学年はジャン・レイ（Jean Rey）学年。欧州委員長（一九六七〜一九七〇年）を務めたベルギー出身の自由党系の政治家を追悼してこの名が冠されました。

欧州大学院大学では毎年の学年名には欧州が生んだ世界的にも著名な学者、政治家、哲学者、音楽家、社会運動家などの名が付けられています。ウインストン・チャーチル、モーツアルト、レオナルド・ダビンチ、ソフィ・ショル、ジョン・ロック、カント、モンテスキュー、近年ではハンナ・アーレント学年などなど。この大学院では、オックスフォードやケンブリッジ大学、パリ政治学院などから飛び抜けた秀才が集まっていて、アカデミズムや官界、司法に人材を輩出しています。

私の学年も同様で、キース・ピルビーム（Keith Pilbeam, City, University of London 国際金融論教授）、クリスチャン・ルケンヌ（Christian Lequesne, Siences Po. パリ政治学院教授）、ベルギーの弁護士資格を持つピーター・ジャコブ（Peter Jacob）もいました。さらに司法界ではＥＵ司法裁判所一般裁判所長官を務めるマルク・ファンデアバウデ（Marc Van Der Woude）も。また実業界ではアンドレ・ズルブダチ（Andre Zervudachi クレディ・アグリコール航空部門部長）、ジャーナリストではフランス出身でローマで活躍するアン・トレカ（Ann Treca）、外交官ではルクセンブルグ駐トルコ大使など歴任したジャンポール・セニンガー（Jean-Paul Senninger）、そしてイギリスの法廷弁護士バリスターを交通事故での痛みのため辞め、今は著名なフェルデンクライス整体師になったスチュアート・ハンブリン（Stewart Hamblin）もいました。

彼らとは今も多くファーストネームで付き合っています。ピーターには欧州統合の父で、リヒャルト・クーデンホーフ・カレルギー（ＲＣＫ）の稀覯本『*Pan Europa*』（一九二七年版）をオランダの古書店で見つけたと後年、欲しがっていただろうと贈ってくれました。

これは一九二七年版を戦前訳した鹿島守之助（当時永富守之助）がその翻訳書で触れたパン・ヨーロッパの会員になる葉書も添付されているものでした。反ナチ文書として、いわゆる焚書坑儒の対象にもなっており、まさに稀覯本でした。この書については、二〇一七年七月久留米大学の協定校であるカイロ大学での「アラブと日本の近代化比較」の国際会議でＲＣＫと鹿島について報告します。これは「日本の近代化における『欧州』の受容――外交官永富（鹿島）守之助の場合」『久留米大学比較文化研究』（第五三輯、二〇一八年）として後に発表されます。

私同様EU政治の専門家となったクリスチャンはEU機関の調査出張では誰に会うべきか、そのアレンジも含め助言、助力してくれ有り難いものでした。司法界でトップの一人となったマルクはルクセンブルグの自宅に招いてくれ、EU司法裁判所のオフィスも案内してくれました。また彼は東京大学のロー・スクールでの講義で家族揃っての来日時には、全員で久留米にも来てくれ、出島や雲仙を案内したものでした。これは、ベルギーの欧州大学院大学でご一緒させていただき、EU法のイロハを教えていただいた仏語に堪能な小室程夫教授（神戸大教授）がご存命だったら、マルクと懇意にされていたので、喜ばれたことだと思っています。

教授陣としては先に掲示したエッセイ「懐かしき欧州大学院大学の頃」で書いていますので、そちらで見ていただければと思います。名著『石油と世界権力』（*Oil and World Power* 未邦訳）で名声を得られていたエラスムス大学のピーター・オデール（Peter Odell）先生もおられました。LSEを最後に教壇を去られ、二〇一六年に他界されています。今となっては人間関係も含めて、実に得難い人生での体験をして帰国します。

（6）純心女子短期大学・長崎純心大学時代

一九八八年に長崎の純心女子短期大学に晴れて専任講師として採用となり、初めて大学教員として赴任し、生活も安定し研究を進めていくことになります。すでに三六歳になっていました。

後に長崎純心大学に発展するこの純心短大には縁がありました。これには奇しくもその後お世話になる久留米大学の法学部創設メンバーの一人志津田氏治教授が関係します。日本海商法学会の理事をされた故志津田先生（長崎大学経済学部長）は母方の縁者であり、私の就職について相談に乗ってもらっていました。ご自身の長崎大学での定年も迫っていて、近々久留米に移るといわれます。久留米大学に法学部ができ、そこへの移籍を請われているとのことでした。

それで、長年非常勤を務められていて、片岡千鶴子学長先生などとも長い付き合いのある純心女子短期大学で、憲法系の後任に話をしてあげるといってくださいました。先生の築かれた信頼と実績で一九八八年に私はこの大学に着任することになります。もとより業績審査と面接もしっかり受けました。

担当は日本国憲法の教員で、国際政治も教えてよいということで、ありがたいことでした。当時、純心聖母会と純心女子短大の首脳陣は四年制大学設立を考えていて、実際、私の着任から六年後の一九九四年に四年制の長崎純心大学が開学しました。私もその要員とされていたので、そちらに移籍しました。

長崎純心大学には短大時代から、久留米大学法学部に移籍するまで、一四年にわたってお世話になりました。大村湾が見える高台の静かなキャンパスで、大学教員としてのイロハをここで教えていただいた一四年でした。

新設のカトリック系大学ということで、全国的にも著名な先生を受け入れます。学士院賞受賞の平田寛（美術史）、福祉研究では草分けというべき一番ケ瀬康子、トマス・アキナス研究では最高峰とされる稲垣良典など、実にキラ星のような先生方が着任され、刺激を受けました。

欧州統合といえば、リヒャルト・クーデンホーフ・カレルギー、ジャン・モネ、ロベール・シューマンなどカトリックの政治家、実業家が大きな影響を及ぼしています。

長崎純心大学では姉妹校であるドイツのアイヒシュテット・カトリック大学での研修のための引率や日々のミサなどを通して、多くを学ばせていただきました。一四年間たくさん経験しますが、思い出に残るのはヴァイツゼッカー（Richard von Weizsäcker）元ドイツ連邦大統領と、講演者と質問者の形で意見を述べ合えたことです。

東西ドイツの統一前の一九八一年西ベルリン市長になられ、一九八四年に大統領になられた同氏は、第二次世界大戦終戦四〇年を記念する演説で「過去に目を閉ざす者は、現在にも盲目になる」と語り、ドイツの戦争責任について積極的発言をされていました。大統領職を離れた後も、各国で講演され、毎日新聞の招請で訪日の機会を得て、いくつかの都市を回られました。一九九九年三月、長崎のブリックホールでも講演されました。その時、事前にフロアーから質問をと依頼されて、先生にドイツと日本の若者の保守化について、ドイツから帰国したばかりで研修での体験を基に若い世代の保守化について質問させていただきました。

なお、この時の先生との応答は、嬉しいことに招致委員会編で収録されていることを後年知りました。『平和への対話──ワイツゼッカー氏来日全発言』（毎日新聞社招致大阪実行委員会、一九九九年）。

また筆者の以下のブログで触れています。なお同大統領はこの六年後九四歳で他界されました。そのブログ記事は 2015.01.31 Saturday「ワイツゼッカー Richard von Weizsäcker 統一ドイツ初代大統領の死去の報に接す」二〇一五年一月三一日、児玉昌己研究室（jugem.jp）です。

（7）EUの個別政策領域からEUの諸条約の翻訳と機関間関係の研究へ

大学教員として初めて赴任するのは一九八八年四月だったことは書きましたが、EU（当時EC）といえば、条約改正が頻繁に行われ、統合が進み、一九九三年にはついに現在に続くEUが誕生します。EUの中興の祖、「ミスター・ヨーロッパ」といわれるフランスのジャック・ドロールが欧州委員長に就任し、一九八五年に単一市場の形成に乗り出します。

いわゆる一九九二年末を目指した市場統合を進めるなど、ヨーロッパ統合は高揚期に入って行きます。その完成を境に、マーストリヒト条約によってEUと名を改め、さらに急速に統合を進めて行きます。実際、この時期、EUでは条約改正は頻繁に行われました。単一欧州議定書（一九八七年発効）、マーストリヒト条約（一九九三年）、アムステルダム条約（一九九九年）、ニース条約（二〇〇三年）と改定され、欧州憲法条約（未発効）、現在のEU条約であるリスボン条約（二〇〇九年）と、息をつく暇もないほどEU諸条約の改正を続けます。エネルギーなど政策分野もそれによって大きく影響を受けます。EU条約とその後の条約改正の翻訳については、その全てを恩師が立ち上げ、主導された国際政治統合研究会（同志社）で訳出していくことになり、私も、チームの一員としてこれに加わりました。

この研究会は現在では後輩の鷲江義勝同志社大学教授が恩師の後を継ぎ、富川尚敬和学園大学教授、山本直日本大学教授、外部参加者としては安江則子立命館大学教授などもおられ、研究会を維持しています。私といえば、最近はコロナなどでずいぶん遠ざかっています。

ＥＵ関係の条約のほとんどが日本語で読めるようになっています。それはひとえに同志社のこの金丸研究会の功績に負うものであり、書き残されるにふさわしい業績だと思っています。

単一欧州議定書については金丸輝男編著『ＥＣ――欧州統合の現在』（創元社、一九八七年）付録で、またマーストリヒト条約は、『ＥＵとは何か――欧州統合の解説と条約』（ジェトロ、一九九四年）から翻訳と解説を付して出しています。

さらに久留米大学法学部に移籍して後になりますが、二〇〇九年にリスボン条約が発効することになり、これもチームで翻訳します。恩師が他界されたため、鷲江義勝教授を編著として『リスボン条約による欧州統合の新展開――ＥＵの新基本条約』（ミネルヴァ書房、二〇〇九年）を上梓し、今も信頼できる翻訳となっております。

私は上述のごとく、エネルギー政策という、いわばＥＵの政策領域という「各論」の研究者でしたが、ＥＵ諸条約があまりに頻繁に改正され、それに伴い欧州議会や欧州委員会、理事会というＥＵの機関間の権限関係が大きく変わります。それで、エネルギー政策の捕捉だけでは済まなくなります。それゆえＥＵの条約の変更と機関間の権限関係やＥＵの統治構造の変化の捕捉という仕事に回ることになります。

各論の担当者という舞台俳優が、各論で踊る舞台が使えなくなり、古い舞台から降りて、新たに舞台作りに従事する、そんな状況でした。

私にとってもその時期は過渡期であり、論文のタイトルが示すように、ＥＵのエネルギー政策と機関間関係の連関の研究に取り組んでいます。以下がそれらです。

「ＥＣの石油精製産業の危機とＥＣ委員会の役割」（『日本ＥＣ学会年報――欧州統合の現段階』第六

号、一九八六年）。
「ECの市場統合とエネルギー戦略――その動向と問題」（日本国際政治学会編『国際政治――政治統合に向かうEC』九四号、一九九〇年）。
「ECの意思決定における主要機関の役割」（『エネルギー経済』日本エネルギー経済研究所一二巻一二号、一九九二年）。
天然ガス・電力にみるEEC条約一〇〇条Aの適用事例」（『日本EC学会年報――EC統合の深化と拡大』一二号一九九二年）。

一九八八年大学に職を得た後から、俄然忙しくなります。翌年の一九八九年一一月にはベルリンの壁が落ちます。東独の独裁者ホーネッカーが「一〇〇年後もそびえ立っている」と豪語していた壁がいとも簡単に崩壊し、東独、すなわちドイツ民主共和国も西独に吸収、政治学的には併呑されて、消滅します。

ソビエト連邦で政治経済改革を断行したゴルバチョフの登場で、ソ連自体が揺らいだことが東欧圏全般に及び、ついには一九九一年には米ソ冷戦の一方の旗手だったソビエト連邦自身が崩壊します。それを横目で見つつ、一九九二年末の市場統合を完成させたEUの研究を続けます。一九九三年には、ついにEUが誕生します。それまで構想として存在していたものの、実際にはなかったEuropean Unionという国際統合組織をマーストリヒト条約が地上に生み出します。これにより、機関関係も更に、複雑になっていきます。

とりわけ欧州議会の権限強化は目を見張るものでした。機関間の権限関係では、欧州議会の「独り勝ち」という感じでした。欧州議会研究では金丸輝男先生がパイオニアとして欧州議会選挙法と選挙制度で研究を進められていました。ＥＵ条約の成立で欧州議会の権限強化が進み、同時に国際統合機関であるＥＵにおける民主主義とその正統性の問題が鋭く提起されることになります。

加盟国議会と政府に代わってＥＵが法を制定し、それが加盟国を規律するとすれば、ＥＵ側でそれを担保し民主的正統性を付与するものは何か、という問題が出てきます。ＥＵレベルでの議会制民主主義の制度が十分に発達していない状況が顕著になり、ＥＵの民主主義の欠陥が露呈することになります。

これがいわゆるＥＵの専門用語で「民主主義の赤字」(democratic deficit) といわれるものです。民主主義の欠陥をＥＵでは国際収支に見立てて「赤字」という表現で形容したわけです。

加盟国の議会による意思が理事会では多数決による議決で否定されることもあり、その場合、加盟国の代表民主主義は否定されることになるが、それを担保するものは何かという政治学的な問題が生じます。否定された国家の意思はどうＥＵレベルで救済されるのか、という問題です。

つまり、ＥＵの議会制民主主義を体現するはずの欧州議会の権限が、未成熟という状況から生じる問題です。この「民主主義の赤字」については、日本ＥＵ学会で報告し、以下の論考を出しました。「ＥＵにおける「民主主義の赤字」の解消と欧州議会の役割」(『日本ＥＵ学会年報――ＥＵとアジア』第一七号、一九九七年)。

このあたりから「欧州議会研究者」としての自己の立ち位置を意識し始めます。ＥＵは一九七六年に欧州議会直接選挙法を制定します。それまでの加盟国議会の議員が兼任する制度を根底から改めます。ＥＵが自前の議員を持つことになります。加盟国では自国の国会議員とは別個に、ＥＵの欧州議会議員を持つことになります。

欧州議会選挙は、準備が遅れていたイギリスも含め、一九七九年に史上初の直接選挙が実施されます。金丸先生はこの時期、爆発的に欧州議会の選挙法関係の論考を『同志社法学』に発表されていました。正直のところを言えば、先生があれほど欧州議会選挙法に注力されるのか、私は当時ほとんど理解できていませんでした。

数年後、欧州議会に本格的に取り組むことになって、先生の選挙法と制度に関する政治学的意味について、これは大変な領域であり、学問的に取り組むべき重要領域だと感じた次第です。欧州議会研究では、恩師金丸輝男先生の学問的示唆が実に大きく影響しました。加盟国は近代議会を議会制民主主義、代議制民主主義として数世紀をかけて育んできたわけですが、国際統合組織レベルで議会である欧州議会の権限の拡大の動きに私も一層の関心を向けるようになります。なお金丸先生は同志社大学法学部長、日本EU学会理事長を歴任されました。

実際、この時期、欧州議会ではその実質を形成する動きが進みます。加盟国議会の議員との兼任であった欧州議会は一九七九年の第一回直接選挙を契機にその権威と正統性を格段に高めていきます。五年に一度の選挙で、前回の二〇一九年選挙で九回を重ね、四〇年の歴史を持つに至りました。

現在では、有権者四億人、二七カ国で一斉に六月に選挙が行われ、EUの理事会と共にEU法の制定にあたります。今や欧州議会が関与しない領域はない、というほど欧州議会は力を持っています。

議会研究は近代議会の誕生とともに始まっていますが、フランス国民議会、ドイツ連邦議会など国別の研究は長い歴史を持ちます。EUの立法機関である欧州議会研究はまさに二〇世紀後半においてその緒が付き始めた分野であり、わが国ではほとんど関心が向けられることはありませんでした。現在でも十分意識されているとは思われません。

ちなみに二〇二二年現在でさえ、論文は別として、欧州議会それ自体をタイトルとして扱った学術専門書は、恩師の『ヨーロッパ議会――超国家的権限と選挙制度』（成文堂、一九八二年）と、拙著『欧州議会と欧州統合――EUにおける議会制民主主義の形成と展開』（成文堂、二〇〇四年）を除いて、未だ存在しないというのが状況です。

欧州議会に関わるホットな研究者といえば、有力な先生が周囲にいます。北九州大学から日大法学部に移ったEUの人権政策の山本直、佛教大学で教壇に立つ原田徹、参議院事務局で欧州議会選挙結果を継続的に調査研究し、『立法と調査』（参院事務局）で発表されている根岸隆史の各先生で、時に情報交換をしています。この先の欧州議会の研究の深まりを楽しみにしています。

山本直教授は金丸先生の最後のお弟子さんで、若い時代に一緒に、「欧州議会議院規則」（Rules of Procedure of the European Parliament; Règlement du Parlement européen）の第一四版を基に、日本で初めて翻訳しました。以下がそれです。

児玉昌己・山本直「欧州議会議院規則（1）（2完）」『同志社大学ワールドワイドビジネスレビュー』（第二巻二号二〇〇一年、第三巻第一号、二〇〇二年）。

これが示すように、私共の訳以前には日本では欧州議会議院規則さえ邦訳もされていない状況でした。しかもそれでEUの「統治」が語られるという実に、寒々しい研究状況でした。『議会法』（有斐閣、二〇〇一年）を出され、議会法研究では名高い京都大学法学部の大石眞先生（現在京大名誉教授）に送ると、「待望の翻訳」というコメントを頂き嬉しいことでした。

（8）EUの最終形態とEUの邦語表記問題

EU設立条約が発効し、EUが現実のものとなって欧州議会の権限も確実に高まります。マーストリヒト条約では欧州議会は共同決定手続を得て、EUの立法過程で国家の利益表出機関の閣僚理事会と共同立法権者に近づきます。

その中で、わが国ではこのEUをどう表記するか、研究者により、メディアによりその表記がまちまちでした。報道機関も通信社と新聞社でも異なり、社により、「欧州同盟」や「欧州連合」とバラバラでした。外務省でも当初は「統合体」と訳していたと思います。EUの最終統治形態については現在もそうですが、EU内では対立があり、連邦を志向する勢力と、国家の連合、更には国家の協力機関とする勢力が路線対立をしていました。

ところで、ある国際組織がそのうちに構成国を拘束する上位規範性を持つ法を出す議会があることは、連邦的政治体のメルクマールになります。その内部に、共通する単一の通貨を持つものもそうです。EUの中で、欧州議会の発展はまさしく連邦主義への傾斜と統合の深化の方向性を示すものです。国家の連合体である「東南アジア諸国連合」（ASEAN）には議会は存在しません。国際連合を「人類の議会」（The Parliament of Man）と米国のポール・ケネディは形容しましたが、国連は加盟国の代表からなる国家間の協力機関であり、今のままでは一〇〇年後も国際協力機関であり続けるでしょう。国連は、EUの様に構成国の政治的経済的統合を志向する組織では凡そありません。

日本語では「連合」（Association/Confederation）と「連邦」（Federation/ federal body）という言葉が存在するわけですが、両者は語義的にも別物です。

国家の「連合」を意味する「欧州連合」と表記するのは現地のＥＵ関係者が決定していない国家連合に一方的に踏み込むことを意味していました。

ＥＥＣ条約の頃より、条約の中にエバー・クローサー・ユニオン「絶えず緊密になる同盟」（ever closer union）というＥＵの性格と方向性を表す言葉があります。邦語表記でこれを「絶えず緊密になる連合」とすると、ＥＵの最終到達地点は国家連合以上のものとはなりえません。連邦制の研究者マイケル・バージェスはＥＵという用語の選択について「政府間主義者も連邦主義者も共に快適さをその用語に見い出していた」と書いています。Michels Brugess, *Federalism and European Union; Political ideas, Influences and Strategies in the European Community*. 1989. p. 76.

実際、この後イギリス保守党のＥＵ離脱強硬派が条約上の表記を問題にし、当時の首相デイビッド・キャメロンがこれを今後の条約改正では削除すべきであると主張します。ここにユニオンという語のフェデラルとしての含意を見て取れることができます。

わが国におけるＥＵの表記として「欧州連合」と訳すには学術的に無理があると、英文の論文を書き上げ、これをもってストラスブールの欧州議会に働きかけます。

日本におけるＥＵ表記問題を現地のヨーロッパ人に知ってもらうために、あの有名な共産党宣言の一節、「ヨーロッパに妖怪が徘徊している。共産主義という名の妖怪が」をもじって始めました。以下が冒頭の一文です。

A ghost is haunting Japan. Its name is “Oushu Rengou（欧州連合）.” This modern ghost is troublesome, because she wears a magical hat called “mass media”, producing enormous numbers of newspapers, and is leading the Japanese public to the labyrinth of understandings of the nature of the European Union and the development of European Integration.

具体的には、欧州議会の当時最大会派であった欧州社会党の上級官僚であったリチャード・コルベット（英労働党 Richard Corbett）さんに直接英文論稿を携えてその問題点を提起しました。コルベットさんはオックスフォード大学出身で、スタンダードというべき実証的な欧州議会の書を出されていました。後に、同氏本人が欧州議会議員（任期一九九三年～二〇〇九年に英ヨークシャ・ハンバー選挙区選出）となられます。これに対してコルベットさんは European Economic and Monetary Union はどう訳されているのか、とすぐに問われ、欧州経済通貨同盟とユニオンは「同盟」と訳されていると答えると、すぐにそれはおかしいと日本における「ユニオン」の訳し分けの不整合の状況に直ちに反応していただきました。

しばらくして、赤いバラが印刷された欧州社会党の公用便箋で欧州委員会に問題を指摘したグリーンフォード（Glyn Ford）議員から書面質問書が欧州委員会に出されたと返事をいただきました。これは「欧州連合の使用停止」と「欧州同盟の使用」を求める内容となっています。これについてはその公式回答ともども、拙著『欧州議会と欧州統合』（前掲書）に掲載しています。

「欧州委員会は駐日代表部にたいし、「欧州同盟」という正確な用語を使用し，「欧州連合」という不適切かつ混乱を招く表記を用いることを停止するよう指示するつもりはないか」（Will the

Commission instruct its Tokyo office to use the correct term 'Oushu Doumei' and cease to use the inappropriate and confusing term 'Oushu Rengou'?)（欧州議会からの『EUの日本語表記に関する書面質問書』（Written Question E-0138/96）というのが、それでした。またこの書面質問書と回答書については、イギリスのEU研究者として名高いジョンピンダー（John Pinder）先生にも、この書面質問と論考を送りました。すると、「正しく行動する最初のステップは，正しい言葉を使う事にある」（the first step towards getting actions right was to get words right.）と筆者あて私信で書いていただきました。欧州委員会代表部の答弁書についてのジョン・ピンダー（John Pinder）教授の一九九七年七月八日付筆者宛て私信。ただし、官僚制の常でいったん採用した訳語については、研究社の辞書を引用するなど驚くほど浅薄な内容の回答で、変更されることなく、現在に至っています。答弁書を書いた担当者は問われている事の本質がまるで分かっていなかったのだと思っています。

それでも欧州議会は外国人の筆者の問題提起にも誠実に対応するのだと、今の表現を使うと欧州議会への Love を感じたものです。

その元となった英文論稿が 'The Phrase, 'Oushu Rengou' to indicate the European Union in Japan and the Political Nature of the EU,' *Junshin Journal of Human Studies*. Nagasaki Junshin Catholic University. No.2. 1996 です。

(9) マーストリヒト条約と欧州議会の立法発議請求権

欧州議会は「議会」という名を持つものの、国家の議会とは大きく異なっています。現在でもそうです。

立法発議権がその一つです。議会とその構成員である議員は立法発議を旨とします。しかし欧州議会はそうではありません。自己の組織に関わる、例えば欧州議会選挙法などを除き、立法発議権は欧州委員会の専権事項とされてきました。議会であるのに欧州議会はそれ自身が立法発議をすることはありません。これに興味を持ったわけです。

それで、ルクセンブルグの欧州議会事務局に出向き、わが国の組織に例えると衆参両院の法制局にも相当する研究総局のマッシモ・シルベストロ（Massimo Silvestro）局長に時間を割いていただき面談したことは、貴重な体験でした。一九九五年九月一八日のことであった。

欧州議会では立法権は国家議会とは違い欧州委員会の専権的事項でした。わが国では法案の九割を占める内閣提出法案は、議会多数派からなる与党と一体化した形で国会に提出され、両院で審議され、議決され、法律となっていきます。ＥＵでは一九五〇年代から現在に至るまでＥＵ法案の提出の権限は欧州委員会の排他的権限です。それゆえ、有力加盟国の反対があれば、意識的に法案提出を欧州委員会が躊躇する雰囲気があり、それは欧州統合の停滞、遅滞を招くものとして問題視されていました。

それで、加盟国議会と同様の立法発議権を欧州議会が獲得する可能性はないのかと関心を向けていたわけです。一九九三年に発効するマーストリヒト条約では立法発議請求権が新たに設けられたことで、ルクセンブルグの欧州議会事務局に出向きました。

用向きを述べると、よくこの問題に関心を持ってくれたね、とシルベストロ局長が好意的に対応していただきました。局長自体がこれについて以下の論文を書かれていたのである。Masimo Silvestro, Modifications des Procédures législatives a la suite du traité sur L'Union européenne et renforcement des procédures de contrôle politique et administratif. *Revue du Marche commun et de l'Union européenne*, No 386. mars 1995.「これがその事例だよ」と出していただいたのは、森林保全法案でした。特にドイツが誇りとする「黒い森」（シュバルツバルト）の酸性雨などでの荒廃現象が出てきており、環境保護の一環としての法案でした。

それを見て腰を抜かすほどに驚きました。EU条約で立法発議請求権が欧州議会に新たに付与されたことは触れましたが、その実際は、当該の分野に「立法発議請求権を行使すべし」と一文が出されるだけのものかと思っていたわけでした。だが、なんと何条、何条と、法文化された法律案そのものだったからでした。欧州議会から立法発議権を独占的に行使してきた欧州委員会に対して欧州議会が立法発議請求権が多発すれば、欧州委員会が独占的に持つ立法発議権は侵食されると直感的に思ったのでした。

立法発議請求権についてはいくつか発表しましたが、最近の動向については、阪南大学学長を務められた辰巳浅嗣先生の退職を記念する論集で書くことになります。それは「危機の時代におけるEU・欧州議会の権限強化の動向」『阪南論集　社会科学編』（五一巻三号、二〇一六年）として発行されました。

結論から言うと、欧州議会が欧州委員会に代わり、国家の議会と同様にストレートに立法発議権を獲得するだろうという私の見通しは外れ、欧州議会が欧州委員会と事前に協議し、欧州委員会の中期目標に必要な法案が事前に調整される方向で、現在のところ落ち着いています。この時期はEUという国際統合組織の政治的性格や、欧州委員会に対する欧州議会の非難決議など、EUの統治構造の未熟さに視座を置いた論稿を発表しています。

以下がそれらです。

「アムステルダム条約と欧州議会」（『純心人文研究』第四号、一九九八年）。「サンテール欧州委員会の総辞職とEUの憲法政治」（『同志社大学ワールドワイドビジネス・レビュー』第一巻第一号、二〇〇〇年三月、一〜三五頁）。

「EUの統治構造についての考察——エリート主義の終焉か：欧州委員会と欧州議会の関係を中心に」（『日本EU学会年報』第二一号、二〇〇一年九月）。

こうした研究課題を抱えつつ、長崎での一四年があっという間に過ぎていきます。

日本EU学会の全国大会を長崎でゼミ生などに手伝ってもらい、二〇〇一年一一月に無事実施しました。夕刻は会場からバスを調達し、長崎全日空ホテルに場所を移し片岡千鶴子学長も挨拶され、同ホテルのコック長には卓袱（しっぽく）料理の解説をしていただいたりして、好評でした。全国学会である日本EU学会の長崎開催が長崎純心大学での実質的な最後の仕事となりました。

(10) 久留米大学法学部への移籍と母校欧州大学院大学での在外研究

長崎純心大学では多くのことを学びましたが、大学の専任教員として二度目にして最後の勤務先となる久留米大学法学部に二〇〇二年四月に着任しました。移籍については、ヨーロッパ地域研究を担当されていた中川原徳仁先生から後任に、と話がありました。長崎純心大学では人文学部でした。久留米大学は法学部に日本に青学、広島修道大学と三つしかない国際政治学科を置いており、それが心を惹かれます。医学部もあり、大学病院と医療費の補助は家族が増えた私にとっては魅力でした。また在外研究制度や大学が経費を負担してくれる学術叢書も、更には七〇歳の定年特例の制度もあるとのことで魅力でした。まさにヘッドハンティングの形で移籍します。

久留米大学法学部に移籍して二年後の二〇〇四年の夏から二〇〇五年秋にかけて、ベルギーの母校である欧州大学院大学に在外研究に出させていただきます。

後期博士課程時代に留学したことはすでに書きました。今回は学生ではなく教授としてです。パリ政治学院の教授で欧州大学院大学でも教壇に立っている同級生のクリスチャンに相談すると、「ブルージュがいい、母校じゃないか、私からも手紙を書いておくから」という一声で、母校に戻ることになります。

院生時代、アジアからの留学生はレアでしたから、古手の事務職員さんなどが私のことを覚えてくれていて、有難いことでした。開発部の一室に机とパソコンと電話を用意していただきました。

せっかく卒業生として在外研究しているのだから、特別講義もしてほしいということでSome Comments on the Japan and EU Relations: How the Japanese See European Integration「日本人はEUをどう見ているか」(二〇〇五年三月三一日)というテーマで、法律、経済、行政の全学生に開放された形で話をしました。

行政学研究科の主任教授付のドイツ人アシスタント、ミシャイル・フリーデ(Michael Friedel)君には在外研究の始まりからお世話いただきました。クリスマスにはハイデルベルグに近いイババの実家に、遊びに来た妻や子供ともども招待してくれました。ハイデルベルグの古城でのホットの赤ワインはカップと共にいい思い出です。後に彼は、オーストラリアのモナシュ大学に移りました。

ところで、私といえば、久留米大学に移籍してほどなくして、九州大学に法学博士の学位申請を出しました。一九八〇年代後半から二〇〇〇年代前半までの研究成果を集めて『欧州議会と欧州統合――EUにおける議会制民主主義の形成と展開』(久留米大学法政叢書一三号、二〇〇四年)として一書を出せました。筆者としては初の学術研究書となるものでした。これらの論考で、学位の申請をしたわけです。ちなみに本書については立命館大学に移籍され政策的提言で大活躍されている数理マルクス経済学者の松尾匡先生が、本学在職中に学内の広報誌で初の書評を書いてくれました。以下はその一部です。

「経済学徒たる評者にとっては、すでに欧州全領域で市場が一体化している以上、それを管理する公的枠組みが国ごとに分かれていることは不自然極まりない。この市場全体を統括する統一政府が形成されていくことは、当然の成りゆきに思われた。ところが専門の政治学者や政治評論家の世界ではそうではなかったらしい。その中にあって児玉教授は、欧州統合は統一連邦形成に向かうとの一貫した信念を掲げ、主権国家観念を脱却できない周囲の統合懐疑論と長年闘ってこられた。本書はまずもって、その数々を記した論争の書である。さらにその上、本書は従来顧みられることの少なかった欧州議会について、その歴史と現状を分析したほぼ唯一の研究書である。」

私も、後年松尾先生の書『新しい左翼入門』（講談社、二〇一二年）を講談社の依頼を受け、『週刊現代』（二〇一二年一〇月二〇日号）に書評を出すことになります。

九州大学で外部審査を経て、論文博士すなわち乙六四号として二〇〇五年九月に法学博士の学位を授与されることになりました。この学位取得に当たっては、久留米大学法学部に後に移籍される九州大学大学院の石川捷治先生（現在九大名誉教授）に大変お世話になり、今も深く感謝しております。恩師故金丸輝男先生には上洛し墓前で学位取得を報告したことでした。

（11）選挙とTVメディア出演、NHKラジオ〈歴史再発見〉「ヨーロッパ統合の政治史」連続講話

議会は選挙が重要です。日ごろ小選挙区制度が諸悪の根源と発言していますが、比例制を準則とする欧州議会に影響を受けていました。日本の総選挙や参院選関係ではTV解説もさせていただきました。長崎放送（NBC）からTVQに移籍していた加地良光（現小郡市長）さんからの依頼でした。二〇〇三年の「マニフェスト総選挙」の前後、福岡や長崎のTV局で選挙解説をし、以降数回しました。あの政権転換となった二〇〇九年の四五回総選挙は長崎国際テレビ（NIB）のスタジオで佐藤肖嗣アナと並んで激動を体感しました。

この自民大敗の総選挙では、西日本新聞の井手季彦（元パリ支局長）からの紹介で二〇一〇年に中道左派系の週刊誌『*Le Nouvel Observateur*』のカステロン（Christian Casteran）記者が来訪し、インタビューを受けました。その内容が同誌（デジタル版）二〇一〇年二月一八日付に掲載されました。以下がその一部です。

「民主は中道左派ではなく、民主の勝利というより長期政権で腐敗した自民の自滅、新政権はイデオロギーの一体性を書いたモザイク画」と正確に書かれています。

《Après cinquante-cinq ans de pouvoir absolu de la droite libérale représentée par le Parti libéral-démocrate（PLD）, le Japon a enfin connu une véritable alternance, explique le politologue Masami Kodama, de l'université de Kurume. Ce n'est pas le Parti démocrate qui a gagné mais le PLD, à bout de souffle, corrompu, à l'origine de lourdes inégalités sociales, qui a perdu. ......La nouvelle coalition au pouvoir est une mosaïque sans unité idéologique.》Le Nouvel Observateur L'empire du doute No 2363SEMAINE DU JEUDI 18 Février 2010.

またNHKラジオ第二では〈歴史再発見〉「ヨーロッパ統合の政治史」を三カ月一二回（二〇一一年一月～三月）にわたり話す機会をいただきました。

話をさかのぼれば、純心短大への赴任の翌年の一九八九年にベルリンの壁が落ち、一九九一年にはソ連邦が解体・消滅するという国際政治史上の大激変期を迎えます。NHKはベルリンの壁が落ちるその少し前に院生として留学した欧州大学院大学（College of Europe）を取材したいという話を佐藤邦夫記者から聞きました。それで会うべき人を紹介するなど番組の作成に協力しました。すでにベルギーでの取材が始まった数日後にベルリンの壁が崩壊し、番組作成チームが磯村尚徳キャスターによる特別番組に変更となり、クルーがベルリンに向かうということで、予定していた欧州大学院大学関係の番組は不発に終わりました。番組は幻となったわけですが、佐藤記者とは同じ世代ということもあり、それ以降も連絡を取り続けました。後年同氏の担当される「地球ラジオ」の番組に、当時北京外国語大学の別科で学んでいた長男が同大学の寮から、声の生出演を果たすこともできました。

その後時が経ち佐藤さんは岡山支局を最後に青山のＮＨＫ文化センターに移られました。そこで欧州統合の政治史を話してくれないかという話をいただくことになります。

ほどなくして、文化センターの関係者から話があり、ＮＨＫラジオ第二のシリーズ「歴史再発見」で、全国向けに欧州統合の政治史を話してほしい。そのためにテキストを書き下ろしていただきたいという依頼が来ました。二〇一〇年の夏、年明けから三カ月一二回にわたり放送されるテキストを作り上げ、青山の文化センターでの収録が始まりました。秋から冬にかけて上京し、一回に二～三本ほど収録していきました。それは二〇一一年一月から三月にかけて、オンエアされました。二〇一一年の三月といえば東日本大震災があり、福島原発の連続大爆発をテレビで目撃します。それで最後の数回はキャンセルになるかもと案じていましたが、ラジオ第一とは違い、第二では語学講座や教養講座などが主で、淡々と継続され事なきを得ました。テキストは『ＥＵ・ヨーロッパ統合の政治史――その成功と苦悩』（日本放送協会、二〇一〇年）となりました。

番組は無事終了したのですが、筆者としては講座のテキストは大学の教科書として使うことを意識していたので、芦書房の佐藤隆光部長にＮＨＫとの版権も整えていただき、『欧州統合の政治史――Ｅ

U誕生の成功と苦悩』（芦書房、二〇一五年）として出しました。これは客員教授になった現在でも使用しています。

（12）欧州議会による欧州委員長の選出と欧州政党による予備選挙導入、英国のEU離脱

その後も欧州議会研究を進め、選挙制度、欧州議会選挙分析、欧州委員会の長を選出する権限の実際などを進めます。

選挙制度研究では欧州議会は比例制度の格好の研究対象でした。欧州議会では比例代表制が準則となっています。小選挙区制をとるイギリスのように、有権者の一票が累々たる死票の山とならずに、数学的正確さで議席に反映されるからです。日本では比例をわずかに加味した小選挙区制の中で「一票の格差」を縮小するため、なんと二〇〇〇年以上も昔の米大統領の名を冠したアダムズ方式が何かまともなものとして推奨されています。しかし、人口の多い巨大都市に議席が配分され、地方が議席を再配分で失い、地方都市の衰退に拍車がかかるという異様な状況を生んでいます。

小選挙区制下での一票の格差是正が生む負のスパイラルというべき論理的必然です。これについては、小選挙区批判を書いていた私のブログを見ていた『北海道新聞』の島田季一記者から取材を受け、同紙日曜版の「サンデー討論」（二〇一一年五月八日付）で最高裁前判事の泉徳治先生と紙上討論が組まれました。泉先生は公選法という実定法の立場から、私は政治学の立場からあるべき選挙とはという制度論から一票の格差をめぐり意見を交わしております。

ちなみに比例は連立政治となり政治を不安定にするという解説が教科書にあります。が、これは連立政治の実際を見落としています。確かに比例では連立政権が常態となりますが、連立を組む野党も政策協定を結ぶことで「反対のための反対」でなく、責任政党として機能します。それで比例ではむしろ政権と政治は中期的に安定します。ドイツがその好例です。

これと対照的に非民主的というべき小選挙区制度を採る国にイギリスがあります。「敵対の政治」については既に書きましたが、この制度が故でもあります。それで、小選挙区制の不合理と膨大な死票を出す反民主主義的制度の事例として捉え、欧州議会との比較研究をします。

これが「多党化する欧州議会選挙英選挙区と二〇一〇年の英下院議会選挙――欧州統合運動の英議会政治への影響」『久留米大学比較文化研究年報』（第二一輯、二〇一一年）です。この論考は後述する拙著『現代欧州統合論』（前掲書）に加除訂正を加えて収録しました。

欧州議会といえば、長く諮問機関としての位置づけしかなく、同議会で直接選挙は一九七九年からで、それまでは加盟国議会の議員の兼任でした。しかも立法権もマーストリヒト条約で立法発議請求権を得たに止どまり、更にEUの行政府である欧州委員長の選出についても、理事会の追認機関という具合でした。これに大きな変化を加えたのが、二〇〇九年発効のリスボン条約でした。

欧州議会は初めて欧州委員長の選出において、加盟国首脳からなる欧州理事会の優越的地位を終焉させます。即ち「欧州理事会は欧州議会選挙結果を考慮して」というリスボン条約一七条の一文が加えられ、さらに第一四条で「欧州議会が行政府の長を選出する」と改正されます。欧州議会は欧州委員長の最終決定権者となりました。

『フィナンシャル・タイムズ』によれば、「EUにおける歴史的な権力のシフト」（a historic shift of

power in the EU）の瞬間でした。（Financial Times, June 27 2014.)

まさに、統治構造におけるEUの「議院内閣制への接近」というべき一歩が始まったわけでした。欧州理事会が候補者の指名時に欧州議会の選挙結果に一定の考慮を払うことが必須になりました。また最終的に欧州理事会が指名する候補はそれまでと違い、「欧州議会が承認する」のではなく、「議会が選出する」ということになります。二〇一四年の欧州議会選挙からそれが実践されました。ただし有力プレスメディアでは最近まで欧州委員長を「承認」したとする記事が散見され、条約改正と欧州議会の権限強化の意味に十分理解が及んでいない感じです。

この権限関係の変化がEUの統治構造に与える影響と意味は大変大きなものでした。これによって、欧州議会の五年に一度の選挙がEU政治の中で大きなウエートを持つことになります。

それまでEU内で長く存在してきたEUを単一の選挙区とするEU市民から直接的に選出するいわば大統領制とするか、あるいは欧州議会の最大会派から選ぶべきだとする議院内閣制的なものにするのか、という統治構造を巡る論争に一応の決着を見たわけです。

それまで欧州議会選挙といえば、誰に投票しても、どの党に投票しても行政府の構成に影響を与えられない状況でありました。これを契機に、近代議会とは言い難いそれまでの制度に終止符が打たれます。欧州議会選挙は俄然メディアで注目を浴びることになりました。

それだけでなく欧州議会の各欧州政党はさらに条約に規定されていない慣行を形成します。事前に欧州議会選挙で一位になった場合に備えて、各欧州政党内の予備選挙を欧州議会選挙の前に行い、各欧州政党が欧州委員長候補者を決定して欧州議会選挙に臨むわけです。

欧州議会選挙を前にした各政党の代表を選び、その一名を欧州議会が指名し、議会の候補として欧州理事会に通知するという予備選挙の過程は条約を超えたものでした。各欧州政党が欧州委員長の候補を事前に決めることは、ＥＵ条約の実践上では欧州議会選挙での選挙結果から導き出される論理的帰結でした。欧州議会を支える主要な欧州政党が事前に候補者を選ぶのは、実践的にも理にかなったものでした。

現在 spitzenkandidaten（シュピッチェンカンデダーテン）と呼ばれるものが、これです。英語では lead candidate として知られるシステムです。イギリスの「エコノミスト」誌ではドイツ語のこの言葉をそのまま英語化して spitzenkandidats と複数形の *s* をつけて活用しています。ドイツ政治のＥＵ政治への更なる影響力と重要性を示す証でもありました。

欧州委員会の長についての欧州議会の選出権限については二〇〇九年のリスボン条約の発効後初めての選挙となる二〇一四年の欧州議会選挙に至る政治過程と二〇一九年の欧州議会の選挙とその前段階である spitzenkandidaten の実際の分析をします。このＥＵの統治構造への影響については、日本経済新聞の瀬能繁論説委員（現米州総局ＮＹ駐在）の取材を受け、「議院内閣制に接近」とコメントしました（「波乱の欧州統合（10）」『日本経済新聞』二〇一六年一一月二〇日付）。

ちょうどこの時期、イギリスのＥＵ離脱が英保守党で唱えられ、二〇一六年には国民投票もありました。欧州統合ではイギリスのＥＵ離脱、「ブレグジット」（Britain と Exit の造語）が問題となり、イギリスの総選挙や欧州議会選挙での欧州政党の得票動向にも注視しました。

大分大学のスティーブン・デイ（Stephen Day）教授や同志社大学の力久昌幸先生とは、同年六月の英のＥＵ離脱の是非を問う国民投票の日にロンドンはアールズコートの駅前のパブに集合して、アレコレその見通しについて情報交換したのが、懐かしい思い出です。

未明にホテルから、毎日新聞外信部に依頼されて国民投票の開票確定後コメントを書き送ったことでした。

なおイギリスのEU離脱に関しては二〇一七年五月二三日、久留米大学で開催された日本応用経済学会でゲスト・スピーカーとして招かれ、「Brexit、EUの将来」という題で講演しました。これは大会運営の責任者であった秋本耕二先生（本学経済学部教授）に声をかけていただいてのことでした。三度の食事より数学が好きであろう全国の数理経済学の専門家の皆さんを前にEUの現状や課題を話す機会を得たことは、数学が大の苦手だった私には、晴れがましくも、面はゆいことでした。この時期の研究成果としては以下がそれらです。

拙稿「二〇一四年欧州議会選挙とspitzenkandidaten」（『海外事情』拓殖大学海外事情研究所、二〇一四年、第一二号）。

拙稿「EU政治の主戦場としての二〇一九年欧州議会選挙：Brexit, Spitzenkandidaten 反EUナショナリズム」（『世界経済評論』二〇一九年七月・八月号）。

拙稿「英のEU離脱とフォンデアライエン欧州委員会誕生――重みを増す欧州議会」（『世界経済評論』二〇二〇年七月・八月号）。

内外のエコノミストを執筆陣とする『世界経済評論』での執筆は、ユーロ問題で岩波新書を三冊出されている東北大学名誉教授の田中素香先生の推薦によるものでした。経済学者だけではEUの政治動向は十分フォローし出来ていないということで、声をかけていただいた次第です。

(13) 危機また危機のＥＵ――高まる欧州統合終焉論・ＥＵ崩壊論批判

ＥＵは、当初六カ国で始まりました。そのＥＵはその後イギリスやデンマークなどＥＦＴＡ諸国が加盟し、年一九九一のソ連の崩壊を受け、フィンランドやスウェーデン、オーストリアが加盟し、ついには旧ソ連圏の東欧諸国などが入り二〇〇四年にはチェコ、スロバキア、ハンガリー、ポーランド、バルト三国など一挙に一〇カ国が加盟します。更に三年後ブルガリア、ルーマニアが加盟します。ＥＵが如何に欧州政治で強烈な磁場を放っていたかです。しかし拡大はＥＵ内部での困難を引き起こしました。

域内間の経済格差が広がり、加盟国間の利害も変わってきます。ギリシャが膨大な負債を抱え同国の国債危機、すなわちソブリン危機が表面化し、ギリシャ国債を大量に保有するイタリア、スペインなどの南欧諸国を中心にユーロ危機へと発展します。またＥＵ拡大によりＥＵの国境はトルコやシリア、イラク、アフガニスタンなど中東世界と物理的に隣接していきます。これらを受けて、二〇一五年頃より難民危機が顕在化します。ハンガリーでは国境を閉ざし、難民のＥＵレベルで受け入れ人数の配分の決定に反旗を翻します。

こうしたＥＵの状況を受けてわが国では、メディアの販売姿勢も手伝って、ＥＵの危機から「ＥＵの崩壊」、「ユーロ消滅」、「欧州統合の終焉」と安直に結びつける風潮が広がりました。ＥＵではナショナルなものとの対立は、ＥＵが本来的に持つ連邦的統合ベクトルが故に常態というべきです。私にしてみればＥＵの危機は特段のことではありません。

近代国家が長年疑わずにそれを行使してきた国家主権の貫徹がＥＵでは不可能となる傾向を強めてきました。加盟国の利害表出の場である理事会で本来通常の国際組織であれば、自己の権限が公然と否定されることはありません。加盟国が二七にもなる現在では、個別の国家主権を認めていると、ＥＵとしての意思決定が不可能になります。即ち意思決定において全会一致を維持したままでは欧州統合は機能不全となります。しかも理事会で議決できても、欧州議会での議決も待っています。すでにあらゆる分野で欧州議会はその権限を拡大しています。

まして、バルカン半島や、プーチンによるウクライナ侵略で今般ＥＵの政治的議題となっているウクライナ、モルドバ、ジョージアのＥＵ加盟を展望するに至ってはなおのことです。

西独首相で、後にノーベル平和賞を受賞するヴィリー・ブラントは、ＥＵを通した欧州統合については以下のように語っています。「端的に言って、今でもそうだが、欧州共同体の歴史は危機の総計ということができる。それは危機を通して、危機の中で発展してきた過程であると書き記すことができよう。」Brief as still is, the history of the European Community is the sum of its crises. It might be described as a process of development in crises and through them.（Willy Brandt, *People and Politics: The Years, 1960-75*. 1976.）

「危機を通した欧州統合とＥＵの発展」というこのブラント首相の格言は私のここ数十年の持論ともなり、連邦主義的な方向での統合の進展を実証する努力もしました。

コロナ（Covid19）パンデミックを受けて、緊縮財政一辺倒でＥＵレベルでの財政拡大を警戒して反対してきたドイツも戦略を転換し、独仏の協調で、ＥＵが史上初となる欧州委員会によるＥＵ共同債を発行することになりました。EU自体が起債の当事者となることで、圧倒的に低利な条件で国際金融市場から資金調達ができることになり、これを脱炭素化社会を目指すグリーン・エネルギー戦略と合わせて加盟国のインフラ投資に回すことに踏み出します。財政連邦主義に舵を切るのが「EU共同債」です。一義的にはEUの財政と経済の問題ですが、政治学者から財政連邦主義をとらえ直すために学び直し、以下の論文を書きました。

「ハミルトン・モーメント──EUの連邦的財政金融一体化への一歩としての二〇二〇年のコロナ復興基金」『久留米大学法学』（第八二号、二〇二〇年）がそれです。

わが国ではコロナ以前にも難民危機、ユーロ危機、英のEU離脱と続きEU解体論が有力出版社からのものも含めて社会に横溢します。EU統合の方向性や統治の実際について十分な理解もなく、表面的なユーロ危機、難民危機に幻惑され、自身の期待を極大化したエマニュエル・トッドや浜矩子のものを含め、EU解体論、欧州統合崩壊論が多数出されるに及んで、危機感を覚えた私はこれらを個別に取り挙げ、批判する以下の論考を書きました。

「日本におけるEU認識とその問題」『久留米大学法学』（第八三号、二〇二一年）がそれです。

EUの財政連邦主義に方向を切ったコロナ復興基金を分析した論考と日本のEU認識を扱った上記二論文も含め、これまでの一〇余編の論考と合わせて『現代欧州統合論──EUの連邦的統合の深化とイギリス』（成文堂、二〇二一年）として刊行できました。この久留米大学法政叢書については、東北大学名誉教授の田中素香先生から『世界経済評論』（二〇二一年一一月・一二月号）で以下のように書評をいただきました。

「本書は欧州議会を中軸に据えたスケールの大きなEU統合論である。日本では欧州議会への注目度は高くないが、今や認識を改めるべき時期であろう。」

(14) EUの対外政策研究(I)——朝鮮半島問題

欧州議会を中心としてEUのいわゆる統治構造や加盟国政治を研究してきたわけですが、EUの対外政策については、EUの選挙制度や欧州議会の権限など内政研究に精力を注いできたため、関心はあったものの、研究自体はほとんど進めていませんでした。

その機会はベルギーの母校欧州大学院大学での二〇〇四年～二〇〇五年の在外研究中に訪れます。『フィナンシャル・タイムズ』(二〇〇五年二月一一日付)に新型のICBM「テポドン2」の弾道距離が欧州全域をカバーする記事がグラフィックスと共に出で、その記事をブルージュの研究室で見るに及んで、これはアジアのEU研究者としても取り組むべきだと考えました。

朝鮮半島問題の専門家ではないのですが、EUが朝鮮半島をどうとらえ、いかなる政策を打ち出しているかを見ることは意義があると考えました。また拉致問題や核問題と言えば、米国だけに向いているメディアや拉致被害者にも、EUというファクターを考慮し活用していただく可能性もあると見たからでした。

欧州大学院大学での在外研究から帰国後、韓国EU学会がEUをどう扱っているのかをまず知りたくて、御夫人共に面識があり、韓国EU学会理事長を経験していた金大淳(キムデスン)延世大教授(EU法)に打診しました。金大淳教授は東大の社会科学研究所から早稲田大学に移籍する中村民雄教授(後に日本

ＥＵ学会理事長）のロンドン大学経済学部（ＬＳＥ）の同級生でした。
ちょうど韓国のＥＵ学会で朝鮮半島に関する国際会議が開催され、駐韓国ＥＵ大使も招くことになっているとのことで、「訪韓するならそこで話してはいかが」ということになりました。実にタイムリーなことでした。それでソウルのプレジデントホテルでの大会に向けて英語論考を準備し、報告しました。それは以下となりました。

『韓国ＥＵ学会誌』（第22号英文）Kodama Masami, *The EU Relations with the DPRK: Involvement of the EU and its Implications on the International Politics over the Korean Peninsula.* The Journal of Contemporary European Studies（Republic of Korea）. Vol. 22. Winter 2005. pp.177-207.

また欧州大学院大学での特別講義や韓国ＥＵ学会での報告を基に以下の論考を日本ＥＵ学会機関紙に掲載しました。それは以下です。「ＥＵの北朝鮮政策ＥＵ外交の可能性と限界」『日本ＥＵ学会年報』（第二八号、二〇〇八年）。

これはこの分野の研究が少ないこともあり、慶應義塾大学の研究会で若手研究者から取り挙げられていることを知り、嬉しいことでした。

北朝鮮の核問題については、一〇年後、パリ政治学院が英のカンタベリー・クライストチャーチ大学と組んで出している *European Review of International Studies*（ERIS）誌にパリ政治学院教授でベルギー時代の同級生のクリスチャンから依頼を受け、韓国系米研究者か、在米の韓国研究者の手になる以下の『北朝鮮と東北アジアの安全保障協力』（未邦訳）という書の英文書評を以下に出すことになります。

Book Review: Tae-Hwan Kwak and Seung Ho Joo,（eds.）, *North Korea and Security Cooperation in*

Northeast Asia. Ashgate, 2014. *European Review of International Studies*. Sciences Po. & Canterbury Christ Church University. No.1. 2015.

なお、共産党一党独裁の政治体制を採る中国や核開発にまい進する北朝鮮を抱える東北アジアの安全保障で民主主義国家から成る組織であるＥＵをモデルにするというこの二名の韓国系の編者のＥＵ理解には強い違和感があり、それを指摘した書評となりました。

ちなみに、パリ政治学院も英語で発信の必要から英のカンタベリー・キリスト教大学と組んで創刊したのが、この英語誌の国際問題専門誌（ＥＲＩＳ）でした。

（15）ＥＵの対外政策研究（Ⅱ）――「ユーラシアとＥＵ」、寄附講座で共著刊行と久留米大学公開講座

平成も終わりが近づいた二〇一七年、懇意にしている芦書房の佐藤隆光部長から電話があり、ユーラシア財団 from Asia（旧ワンアジア財団）からアジアでの共同体構想の研究のため、国内外の国公立、私立大学に対して寄附講座の助成を行っているとのことを聞き、申請することを助言されました。

それで、懇意にしている本学経済学部の大矢野栄次現名誉教授、伊佐淳教授など関係者と相談し、書類を作成し、提出しました。これは無事採用となり、五年わたり総額で一〇〇〇万円以上の助成を得ることができました。この助成のおかげで、海外から講演者を招き、以下の三冊を上梓出来ました。

国内でも一〇〇を超える大学が同財団から助成を得ていますが、研究成果を書籍として三冊出したのは久留米大学だけではないかと思っています。第一弾から第三弾の書名は以下です。いずれも児玉と

伊佐淳教授の共編となっています。

『アジアの国際協力と地域共同体を考える』（芦書房、二〇一九年）、『グローバル時代のアジアの国際協力――過去・現在・未来』（芦書房、二〇二一年）、『巨大中国とユーラシア新時代の国際関係』（芦書房、二〇二二年）。

私はEUやハンガリーから見た中国と一帯一路問題、そしてEU域内での中国拠点となりつつあるハンガリーについて、触れることができました。二一世紀に覇権国家としてその存在を強大なものとした中国とEUの関係は対外政策の重要な課題です。特に、「一帯一路」を推進する中国に関して、その少数者であるウイグル族への弾圧が顕在化し、それによって、米国など西側世論が硬化します。

対中関係では、欧州議会の権限を世界に示します。ウイグル族への人権弾圧が高まる中で、二〇二〇年年後半の理事会議長国であったドイツのメルケル首相がクリスマスの土壇場で調印に持ち込んだEU中国包括的投資協定が、翌二〇二一年年五月に欧州議会が本会議で否決されるというドラマティックな展開を迎え、潰え去ることになりました。なおメルケルは二〇一四年のロシアによるクリミア侵略の直後にバルト海を通る海底天然ガスパイプラインのノルドストリーム2にもゴーサインを送るなど、今になってみれば、ロシア、中国への認識が著しく甘かったということで、宰相としての評価は一転つつあります。

話を戻せば、EU加盟二七カ国が集まって二〇二〇年年末に決定したEU中国投資協定を欧州議会がこれを不可としたことは決定的でした。中国も驚いたことでしょう。個別国家の政治分析だけでは、EUと欧州政治は全く見えないという典型的事例となりました。

それらの研究も合わせて、上述のごとくシリーズ第3弾「巨大中国」をタイトルにした書を久留米大学のチームで出せたのは、まさに私が後期博士課程指導資格者として大学からいただいていた定年特例が終わる七〇歳になる年度末のことでした。それで実に記念すべき作品となりました。なおこのプロジェクトでは、学外の先生としては、個人的つながりで数名の方に声をかけて参加いただきました。

政治関係では、第一陣では脇坂紀行（朝日新聞論説委員執筆時）、瀬能繁（日本経済新聞論説委員）、第二陣では渡部恒雄（笹川平和財団上級研究員）、第三弾では中村登志哉（名古屋大学大学院教授）、藤村一郎（鹿児島大学准教授）、山下昭洋（台湾静宜大助理教授）の各氏です。脇坂、瀬能両氏はブリュッセル支局長経験者でEUをよく知るジャーナリストです。

上記の方々には久留米大学の天神サテライト教室で、大家重夫名誉教授（文科省OB、著作権法）から引き継いで、実践している本学の公開講座にも参加していただきました。私が座長を務めた分だけでも、この二〇年間で、延べ二〇〇〇名を遥かに超える一般市民の参加をいただき、各界の著名な講演者を招いてのものとなりました。

その中には西独初代首相コンラート・アデナウアーの自伝を三〇歳代で邦訳された佐瀬昌盛防衛大学校名誉教授、ブリュッセル支局長経験者の福島良典（毎日新聞現論説委員長）、インテリジェンスで著名な専門家の佐藤優氏（外務省OB）も、多忙な中、来ていただきました。佐藤優先生には『神奈川大学評論・特集欧州帰路』（第八三号、二〇一六年）所収の「ロシアから見たフランス」（一二三頁）で「日本の第一級の専門家」と評していただき、光栄なことでした。ブログ記事も一〇年程で、四五〇〇余を出しました。

学界と報道機関やジャーナリズムとの連携、更には久留米大学と福岡の地域連携にも少しなりとも協力できたと思っています。

終わりに

いよいよこの講義も終わりの時がきました。定年の前年の二〇二一年年一一月、学会の理事候補の資格がなくなるのを機会に、長年学会に貢献されたとして、東京大学でドイツ政治を講じる森井裕一先生から名誉会員の就任について、連絡を受けました。
日本EU学会の理事会では全会一致で名誉会員に推薦し、総会に諮りたいが、よろしいですかとの打診がありました。その結果を知らせる日本EU学会理事長の森井先生からのメイルでした。以下がそれです。

日本EU学会名誉会員就任につきまして
児玉昌己先生大変ご無沙汰しております。健やかにお過ごしでしょうか。先生に学会入会時推薦をいただいた私から、こうしてご連絡差し上げるのも感慨深いものがあります。先日の日本EU学会研究大会時に開催されました会員総会において、児玉先生の名誉会員就任が承認されましたので、ご報告申し上げます。
長年の学会へのご貢献に対して、厚くお礼申し上げます。今後とも日本EU学会の活動に対して、ご指導ご鞭撻のほど、何とぞよろしくお願いいたします。森井裕一　日本EU学会理事長（二〇二一年一一月八日)。

微力ですが、学会会員の皆さまにEU研究と学会での活動を評価していただき嬉しいことでした。久留米大学法学部は二〇二二年三月末をもって七〇歳の定年となりました。当日は雨でしたが、医学部や大学病院のある旭町キャンパスの大学本部で教授退任の辞令を受け、その後、名誉教授の授与式に臨みました。ただし、これで大学と関係が消えたわけではなく、四月以降、客員教授の肩書で大学院ともども週二回講義をしております。

EUおよび欧州議会の研究では随分と走ってきたので、一息をと思っていました。しかし、外部の状況はそうそう甘くありません。二〇二二年二月二四日のプーチンロシア大統領によるウクライナの全面侵略という重大事案が発生しました。それに伴い、ウクライナ、モルドバ、ジョージアがEUへの加盟申請を決定し、前二者は加盟候補国という地位を得て、ジョージアについても条件が整い、次第加盟に向けて動くという新たな展開を生んでいます。EUを通した欧州統合の射程は、数年前にわが国で席巻した軽薄なユーロ消滅論やEU崩壊論を一蹴するように、なんとバルカン地域を超えて、コーカサスの旧ソ連を構成していたジョージアにまで直接的に及び始めています。ユーロも「崩壊」どころかクロアチアが二〇二三年参加することが決まり、ブルガリアも続く予定で、着実に発展を見ています。EUは、今はそれまで考慮されることもなかったウクライナやモルドバが加盟候補国として認められ、EU加盟を展望するに至っています。次はジョージアで、コーカサス地域の地図を見ている状況です。

現在、「プーチンの戦争とEU——その地政学的衝撃」を『世界経済評論』二〇二二年一一月・一二月号に執筆中（当時）です。

欧州統合の統治構造というこれまでの研究の継続はもとより、ＥＵの対外関係の研究も力を入れたいと考えてます。いずれ加盟は三五カ国を超えることになるかもしれません。このＥＵについて二一世紀中期には、私どもが知っているＥＵとは異次元の世界を獲得することになるでしょう。政治学的には加盟国の増加を受けて、「民主主義の適正規模」や「ＥＵの民主的正統性と加盟国の代表民主主義」の問題もさらに重要な研究課題になります。旧ソ連共和国の状況についてもＥＵ加盟との関連で、捕捉していこうと考えています。ＥＵと欧州議会という重要となる一方の統合組織の研究の道を金丸輝男先生に教示頂き、周囲の優秀な諸先生の助力を賜りながら、それをライフワークにできていることに感謝しているところです。

尾上修悟西南大名誉教授を始めとする九州ＥＵ研究会の皆様や、ここにお名を記すことが出来なかった内外の多数の大学やメディア関係者、そして終始支えてくれた妻子にも改めて感謝の気持ちでいっぱいです。

今後もＥＵ研究の一兵卒として、身体の許す限り、知的営為を続けてこうと思っております。

最後になりましたが、皆様には深く感謝を申し述べますとともに、これからもご指導ご鞭撻のほどをお願いいし、私の研究史を終えたいと思います。

［付記］

最終講義終了後、「45年余の欧州政治研究を振り返って――若い日々、イギリスの石油政治、欧州議会研究、そしてEUの地政学へ」として『久留米大学法学』（第八六号、二〇二二年、一頁～四三頁）に収録された。今回、本書収録にあたりわずかな加筆と微調整を加えた。

あとがき

ＥＵといえば、ヨーロッパ統合の実戦部隊としてヨーロッパ統合にまい進し、今や東ヨーロッパまで網羅する二七カ国となった。ＥＵ未加盟のスイスやノルウェーなど周辺諸国もＥＵの法規範に自国の法規範を合わせている。

その昔、日本国際政治学会だったか、一九九二年に向けたエネルギー部門の市場統合を話したことがある。終って、フロアーからポーランドはどうなっているのか、問われた。その時、その質問はソ連東欧部会のメンバーにお願いしますと答えた。東欧諸国はまだＥＵ加盟前で、私自身がベルリンの壁のように知的な壁を自分の中に作っていたのだ。それから三五年余がたった。今やそれまで知りもしなかった黒海に面するウクライナやモルドバ、さらにはコーカサスを視野に置くジョージアのことまで学ぶ必要に迫られている。

実際、バルカン諸国やウクライナなどを含めコーカサスまで統合の射程を延伸し、ＥＵは三五の加盟国を目指し進んでいる。イギリスが二〇二〇年一月三一日にＥＵを離脱した後も、人口四億五〇〇〇万余を抱えている。すなわち三億三〇〇〇万人の米国より大きい経済単位となっているのである。

本書のＥＵ法の箇所でみたように、ＥＵはとてつもなく大きな存在といってよい。それは日々成長を続けている。しかも、ＥＵ統合の父、ジャン・モネが「我われは国家を連合するのではなく、人々を一つにしようとしているのである」（Nous ne coalisons pas des États, nous unissons des hommes.）と自身の回顧録の冒頭で語っている。

ヨーロッパ統合は国民国家を超える革命的で独自の思想を有している。それだけでなく統合を可能にする法を生み出す欧州議会と理事会があり、それを執行する欧州委員会を備えている。ＥＵ司法裁判所を最終解釈機関とするＥＵ法のシステムは、すでにみたように、圧倒的な影響を持ちＥＵ加盟国を一元的に統合に誘導している。その規範力はＥＵ域内を超え、世界に及びつつある。

ＥＵ法の権威ハーバード大学のワイラー（H.H.Weiler）が三〇年前に『比較政治研究』の論考（A Quiet Revolution:The European Court of Justice and Its Interlocutors, *Comparative Political Studies*, Vol.26. No.4.1994. p.511）で表題とした「静かな革命」と評した所以（ゆえん）である。

とはいえ、わが国ではあろうことか、専門家の間でも、安直なヨーロッパ統合終焉論やＥＵ解体論を唱える者もいる。ヨーロッパ統合やＥＵのイメージは依然漠としたものである。

ユーロの将来さえ否定的にとるものもいる。ＥＵは発展しているのか、停滞しているのか、その方向性さえ明確には掴めていない有様である。

ＥＵ解体論者や統合終焉論者によれば、ＥＵは没落に向かっているということになる。しかし二〇二四年の現在それらはどうだろう。ヨーロッパ統合の偉大な成果を例に採ってみるだけで、分かる。

すでに導入されて四半世紀余りが経つユーロという自国通貨が、別の通貨に取って換えられるなどありえない。日本円がなくなることがあり得ないように。それは特段の知識も必要とせず、常識からみても分かることだ。

ユーロは現金流通から今や法定通貨として二〇カ国で使われている。このユーロが消滅すると考えるだけでも荒唐無稽というべきである。ギリシャのドラクマといった脆弱な通貨に逆戻りするのか。笑止千万な議論だ。実際、ユーロに関していえば、勢力を伸ばし、権力に近づくにつれ、フランスの反EUナショナリストで国民連合の指導者のマリーヌ・ルペンは下部党員からの反発を受け、ユーロ廃止論を放棄している。EUは確かに存在するユーロやEU自体の困難をその度に制度改革を行いつつ乗り切っている。

EU加盟を申請をする国はイギリスが離脱した後も、増大する一方である。ウクライナもモルドバもEU加盟候補国となった。この両国は二〇二三年一二月の欧州理事会で加盟国交渉の開始さえ決まった。ジョージアもその後に続く状況である。ウクライナはロシアと交戦中にも関わらずである。

あらゆる組織はその興亡を見る際、没落か、発展かをその構成員の数で見ることができる。だとすれば、EUを通したヨーロッパ統合は間違いなく発展しているのである。

ただしEUの予算の純拠出国は一〇カ国で、一七カ国は受け取り超過の国家である。加盟国をこれ以上増やしたがらないという加盟候補国のセルビア大統領の言葉も心に残る。

ヨーロッパ統合の有用性、必要性は一九二三年のリヒャルト・クーデンホーフ・カレルギーの地政学の書『パン・ヨーロッパ』で一〇〇年前に指摘されていた。プーチンロシアの侵略を前に、EUは地政学的にも有用性を確固たるものにしている。しかし、EUの拡大は格差を生む。異なる宗教や言語という異文化の大規模な流入は、社会の保守層を刺激する。加盟国とEU機関で十分な議論がされなかったり、意見が汲み上げられないままで、EUの権限強化が行われるならば、EUに民主主義の機能不全が起きる。二〇二四年六月の欧州議会選挙結果はその現れである。格差解消やEUの価値に係る意思決定などの政治改革に失敗すると、それこそEUは加盟国の国民の反撃を受け、真の危機となる。

我々は、マックス・ウェーバー風に言えば、対象に対する熱い感情を持ちつつも、「距離への習熟」という姿勢で、皮相なEU解体論やヨーロッパ統合終焉論を乗り越え、冷静な実証分析にたってヨーロッパ統合に対する認識を鍛えねばならない。

二一世紀がすでに四半世紀を経る時代、国際情勢はこれまでにまして厳しい。米国の全能（オムニポテンス）の時代は遥かに過去のものとなり、大統領選挙であのトランプの再選さえ言われる。これに加えて、プーチンロシアがその侵略性と凶暴性を露わにし、中国では習近平が独裁を深め、覇権主義に傾斜している。わが国もロシアとの間に領土問題を抱え、他人事ではない。脅威は日々高まっている。

それゆえにこそ、我々は国際社会における法規範で世界をリードするまでになったEUを知らずに済ませられない。わが国は、米国とはもちろんのこと、EUとの連携を強化する必要がある。ヨーロッパ統合の動向とそれを誘導するEUへの無知は、日中戦争や太平洋戦争という戦前、戦中の無残な国家経営の轍（てつ）を踏みかねない。

ヨーロッパ政治は、米国や中国の政治と同様、二一世紀の日本人にとって最重要テーマであることを記して、本書の結論としたい。

猛暑下の　知的営為の　その日々も
終わりてまみゆ　この書と紙香(かお)り

海鳴庵(かいめいあん)（児玉）

金丸輝男編著『ヨーロッパ統合の政治史』有斐閣，1996 年
金丸輝男編著『EC から EU へ――欧州統合の現在』創元社，1995 年
金丸輝男編著『EU とは何か――欧州同盟の解説と条約』ジェトロ，1994 年
行政管理研究センター調査研究編『EC 統合と東欧政策』行政管理研究センター刊，1992 年
「EU の市場統合とエネルギー政策の新動向」行政管理研究センター編『EC 対外政策の展開』行政管理研究センター刊，1991 年
「ヨーロッパからみた湾岸戦争」藤井昇・古沢徳明編著『湾岸戦争は訴える』総合法令，1991 年
金丸輝男編著『EC――欧州統合の現在』創元社，初版 1987 年

●翻訳

鷲江義勝編著『リスボン条約による欧州統合の新展開――EU の新基本条約』（共訳）ミネルヴァ書房，2009 年
「欧州議会議院規則（試訳）（2 完）」『同志社大学ワールドワイドビジネスレビュー』（共訳）第 3 巻第 1 号，2002 年
「欧州議会議院規則（試訳）（1）」『同志社大学ワールドワイドビジネスレビュー』（共訳）第 2 巻第 2 号，2001 年
ブライアン・キャッチポール（児玉昌己訳）『アトラス現代史(4) イギリス』創元社，1992 年
アン・ダルトロップ（金丸輝男監訳）『ヨーロッパ共同体の政治――国家を超えて国家を求めて』（共訳）有斐閣，1984 年

●論文

『世界経済評論 IMPACT』（デジタル版）国際貿易投資研究所，掲載記事ほか多数

編著書一覧

●著書

児玉昌己『現代欧州統合論――EUの連邦的統合の深化とイギリス』成文堂，2021年

児玉昌己『欧州統合の政治史――EU誕生の成功と苦悩』芦書房，2015年

児玉昌己『EU・ヨーロッパ統合の政治史――その成功と苦悩』(NHKカルチャーラジオ・歴史再発見）日本放送出版協会，2011年

児玉昌己『欧州議会と欧州統合――EUにおける議会制民主主義の形成と展開』成文堂，2004年

●編著書

児玉昌己・伊佐淳編『巨大中国とユーラシア新時代の国際関係』芦書房，2022年

児玉昌己・伊佐淳編『グローバル時代のアジアの国際協力――過去・現在・未来』芦書房，2020年

児玉昌己・伊佐淳編『アジアの国際協力と地域共同体を考える』芦書房，2019年

●共著書

鷲江義勝編『EU――欧州統合の現在』（第4版）創元社，2020年

鷲江義勝編著『リスボン条約による欧州統合の新展開――EUの新基本条約』ミネルヴァ書房，2009年

「欧州統合とEUの本質は何か――意味論的考察」『EU加盟国における総合政策と教育改革の政治力学に関する比較研究　平成17−19年度科研補助金成果報告書』（名古屋大学大学院基盤研究B）2008年

辰巳浅嗣他『EU――欧州統合の現在』創元社，2008年

金丸輝男編著『アムステルダム条約』ジェトロ，2000年

瀬川博義・河内信幸編著『現代国際関係論の基礎と課題』建帛社，1999年

●著者略歴

児玉昌己（こだま　まさみ）

久留米大学名誉教授、法学博士（九州大学）。

1952年佐世保市生まれ。同志社大学大学院法学研究科修士課程修了。欧州大学院大学（College of Europe／ベルギー）行政学研究科修了。同志社大学大学院博士後期課程満期退学。長崎純心大学人文学部教授、久留米大学法学部教授を経て現在に至る。その間、欧州大学院大学客員教授ほか、熊本大学、長崎大学、長崎県立大学、広島修道大学、活水女子大学などで非常勤講師、久留米大学公開講座「国際政治経済を観る眼」の座長を20年以上にわたって務める。海鳴庵の号で短歌を詠む。

日本EU学会名誉会員、国連英検A級。専門は国際統合論、ヨーロッパ地域研究など。編著書ほか論文多数（「編著書一覧」参照）。

ヨーロッパ統合とは何か——EU政治研究余滴

■発　行——2024年9月25日

■著　者——児玉昌己

■発行者——中山元春

■発行所——株式会社　芦書房　〒101-0048 東京都千代田区神田司町2–5
電話　03-3293-0556／FAX 03-3293-0557
http://www.ashi.co.jp

■組　版——ニッタプリントサービス

■印　刷——モリモト印刷

■製　本——モリモト印刷

ISBN978-4-7556-1335-7 C0031